SANSKRIT-LEHRBUCH
Materialien für den Elementarunterricht

PETER THOMI

SANSKRIT-LEHRBUCH

Materialien für den Elementarunterricht

BUSKE

Bibliografische Information der Deutschen Nationalbibliothek
Die Deutsche Nationalbibliothek verzeichnet diese Publikation in der Deutschen
Nationalbibliografie; detaillierte bibliografische Daten sind im Internet
über ‹http://dnb.d-nb.de› abrufbar.

ISBN 978-3-87548-777-0

3., durchgesehene Auflage

Satz: Institut für Indologie Wichtrach (Schweiz).
Druck und Bindung: Books on Demand GmbH, Norderstedt.
Papier: alterungsbeständig nach ANSI-Norm resp. DIN-ISO 9706, hergestellt
aus 100% chlorfrei gebleichtem Zellstoff. Printed in Germany.
www.buske.de

Inhalt

Vorwort zur ersten Auflage

Vorliegende „Materialien" sind gedacht für einen Sanskritunterricht, der auf die Lektüre epischer und klassischer Texte vorbereitet. Sie stützen sich in erster Linie auf den von Generationen benutzten „Stenzler" (bis 17. Aufl.).[1] Ihm wurden auch die aus der Literatur stammenden (in der 6. Aufl. von 1892 durch Richard Pischel eingeführten) „Übungsbeispiele" entnommen – z. T. in vervollständigter Form –, ergänzt durch einige Beispiele, die mein Sanskritlehrer Alfred Bloch für seinen Sanskritunterricht gesammelt hat, sowie durch weitere Sentenzen – darum handelt es sich ausschließlich –, vor allem aus Otto Böhtlingks *Indische Sprüche*. Das ursprünglich als Beiheft gedachte *Sandhi: Die Lautregeln des klassischen Sanskrit* (3. Aufl. 2004) wurde aus praktischen Überlegungen in die „Materialien" integriert.

Vereinfachungen bei der Darstellung sind beim Vermitteln von Elementarstoff unumgänglich. (So ist beispielsweise zu beachten, dass verschiedene Verbalwurzeln im Verlaufe der Geschichte nicht nur in der hier angegebenen Präsensklasse flektiert wurden.) Es fragt sich immer wieder, wie sehr man in einem Elementarkurs ins Detail gehen oder es eher bei einer allgemeinen theoretischen Übersicht belassen soll – besonders bei den Konjugationen, wo das Mögliche und das effektiv Vorkommende ganz besonders auseinanderklaffen. In einem Kursus, der auf das klassische Sanskrit ausgerichtet ist, sollte man das Hauptgewicht jedenfalls auf das Nomen, die Absolutiv- und Partizipialkonstruktionen sowie auf die Kompositionslehre legen.

Die „Materialien" sind ein Teamwork: Ulrich Hebeisen, Langnau i. E., hat ihr Entstehen mit einzigartiger Sorgfalt kritisch begleitet und so ganz wesentlich zum Gelingen beigetragen. Ich möchte ihm an dieser Stelle meinen herzlichen Dank ausrichten!

Wichtrach, im März 2007 Peter Thomi

---

1 A. F. Stenzler, *Elementarbuch der Sanskrit-Sprache*, Breslau 1868; 17. Aufl.: Berlin/New York 1980. – Des Weitern wurde vor allem beigezogen: *Sanskrit Grammar* (2. Aufl.) und *The Roots [...] of the Sanskrit Language* von W. D. Whitney sowie die *Altindische Grammatik* von J. Wackernagel und A. Debrunner; ferner das *Handbuch des Sanskrit* von A. Thumb, bearbeitet von R. Hauschild, die *Sanskrit Syntax* von J. S. Speyer und *A Higher Sanskrit Grammar* von M. R. Kale. An Wörterbüchern wurde hauptsächlich das „Kleine Petersburger Wörterbuch" von O. Böhtlingk benutzt.

Vorwort zur zweiten Auflage

Diese zweite Auflage unterscheidet sich von der ersten nur durch kleine Verbesserungen und Ergänzungen; der Haupttitel wurde von „Sanskrit" zu „Sanskrit-Lehrbuch" erweitert. Bei der Durchsicht der ersten Auflage – erschienen 2007 im Verlag des Instituts für Indologie Wichtrach (Schweiz) – durfte ich wiederum auf die Unterstützung von Ulrich Hebeisen zählen.

Michael Hechinger danke ich herzlich für die Aufnahme dieses Lehrbuches in das Programm des Helmut Buske Verlages.

Wichtrach, im Januar 2008   Peter Thomi

Vorwort zur dritten Auflage

Dafür, dass dieses Sanskrit-Lehrbuch in einer weiteren Auflage erscheinen kann, sei dem Buske-Verlag und seinem Verlagsleiter Michael Hechinger herzlich gedankt. Danken möchte ich auch Ulrich Hebeisen sowie Ruth Huber (Lissabon). Beide haben Wesentliches zur Verbesserung von manchem, das in der zweiten Auflage übersehen wurde, beigetragen.

Wichtrach, im April 2016   Peter Thomi

Devanāgarī[1] (Bombayer Duktus)

अ	a	त	ta	ए	e	ते	te
आ	ā	ता	tā	ऐ	ai	तै	tai
इ	i	ति	ti	ओ	o	तो	to
ई	ī	ती	tī	औ	au	तौ	tau
उ	u	तु	tu*				
ऊ	ū	तू	tū*	Anusvāra:		तं	taṃ
ऋ	ṛ	तृ	tṛ	Anunāsika:		तँ	taṁ
ॠ	ṝ	तॄ	tṝ	Visarga:		तः	taḥ
ऌ	ḷ	तॢ	kḷ	Virāma:		त्	t

* Besonders zu merken: रु ru   रू rū

क	ka	ख	kha	ग	ga	घ	gha	ङ	ṅa
च	ca	छ	cha	ज	ja	झ	jha	ञ	ña
ट	ṭa	ठ	ṭha	ड	ḍa	ढ	ḍha	ण	ṇa
त	ta	थ	tha	द	da	ध	dha	न	na
प	pa	फ	pha	ब	ba	भ	bha	म	ma
य	ya	र	ra	ळ	la	व	va		
श	śa	ष	ṣa	स	sa				
ह	ha								

---

1 **देवनागरी** devanāgarī (lipiḥ): vermutl. „die (Schrift) der Götterstadt oder göttlichen Stadt [devanagara] = des Himmels" (vgl. Thumb/Hauschild § 43). – Sanskrit wird heute, wenn nicht in Umschrift, in Devanāgarī geschrieben, ist jedoch nicht an diese Schriftform gebunden (vgl. S. 13, Fn. 3). Der hier verwendete Devanāgarī-Zeichensatz wurde vom Verf. in Anlehnung an traditionelle Drucktypen erstellt; als Vorlage dienten Drucke der Nirnaya-Sagar Press, Bombay. – Empfohlene Schreibanleitung: E. Friedrich, *Einführung in die indischen Schriften*, Teil I: Devanāgarī, 2. Aufl., Hamburg (Helmut Buske) 2006.

Avagraha (Apostroph): ऽ

Interpunktion: । (Daṇḍa)   ॥ (Doppeldaṇḍa)

Zahlen: १ २ ३ ४ ५ ६ ७ ८ ९ १०[1]

Ligaturen

Verbindungen mit vorangehendem r :

तं	rta	ति	rti	ते	rte	तो	rto
तं	rtaṃ	ती	rtī	तै	rtai	तौ	rtau

Verbindungen mit nachfolgendem r (Beispiele):

ग्र	gra	छ्र	chra	द्र	dra	ब्र	bra	भ्र	bhra
द्ग्र	dgra	ज्र	jra	ध्र	dhra	द्ब्र	dbra	द्भ्र	dbhra

Verbindungen mit ś :

श्च	śca	श्न	śna	श्र	śra	श्ल	śla	श्व	śva

Besondere Formen und Verkürzungen:

क्त	kta	त्त	tta	द्भ	dbha	द्व्य	dvya
क्र	kra	त्र	tra	द्म	dma	ब्ज	bja
क्त्र	ktra	त्त्र	ttra	द्य	dya	ह्ण	hṇa
क्ष	kṣa	न्त्र	ntra	द्ध्य	ddhya	ह्म	hma
ङ्म	ṅma	द्द	dda	द्भ्य	dbhya	ह्य	hya
ज्ञ	jña	द्ध	ddha	द्र्य	drya		

---

1 ० wird beim Wort auch als Abkürzungszeichen verwendet.

Verzeichnis der gebräuchlichsten Ligaturen:

क्क	kka	घ्य	ghya	ज्य	jya	त्त्व	ttva
क्त	kta	घ्र	ghra	ज्र	jra	त्थ	ttha
क्त्य	ktya (!)	ङ्क	ṅka	ज्व	jva	त्न	tna
क्त्र	ktra	ङ्क्त	ṅkta	ञ्च	ñca	त्न्य	tnya
क्त्व	ktva (!)	ङ्क्ष	ṅkṣa	ञ्छ	ñcha	त्प	tpa
क्य	kya	ङ्क्ष्व	ṅkṣva	ञ्ज	ñja	त्फ	tpha
क्र	kra	ङ्ख	ṅkha	ञ्श	ñśa	त्म	tma
क्ल	kla	ङ्ग	ṅga	ट्क	ṭka	त्म्य	tmya
क्व	kva	ङ्ग्य	ṅgya	ट्ट	ṭṭa	त्य	tya
क्ष्ण	kṣṇa	ङ्घ	ṅgha	ट्य	ṭya	त्र	tra
क्ष्म	kṣma	ङ्न	ṅna	ट्व	ṭva	त्र्य	trya
क्ष्म्य	kṣmya	ङ्म	ṅma	ड्ग	ḍga	त्व	tva
क्ष्य	kṣya	च्च	cca	ड्ड	ḍḍa	त्स	tsa
क्ष्व	kṣva	च्छ	ccha	ड्य	ḍya	त्स्न	tsna
ख्य	khya	च्छ्य	cchya	ढ्य	ḍhya	त्स्य	tsya
ग्द	gda	च्छ्र	cchra	ण्ट	ṇṭa	त्स्व	tsva
ग्ध	gdha	च्छ्व	cchva	ण्ठ	ṇṭha	थ्य	thya
ग्न	gna	च्म	cma	ण्ड	ṇḍa	द्ग	dga
ग्भ	gbha	च्य	cya	ण्ण	ṇṇa	द्ग्र	dgra
ग्म	gma	ज्ज	jja	ण्म	ṇma	द्द	dda
ग्य	gya	ज्ज्ञ	jjña	ण्य	ṇya	द्द्र	ddra
ग्र	gra	ज्व	jjva	ण्व	ṇva	द्द्व	ddva
ग्र्य	grya	ज्झ	jjha	त्क	tka	द्ध	ddha
ग्ल	gla	ज्ञ	jña	त्त	tta	द्ध्य	ddhya
ग्व	gva	ज्ञ्य	jñya	त्त्य	ttya	द्ध्व	ddhva
घ्न	ghna	ज्ञ	jjña	त्त्र	ttra	द्ब	dba

द्ब्र	dbra	न्व	nva	ल्म	lma	स्त	sta
द्भ	dbha	न्स	nsa	ल्य	lya	स्त्य	stya
द्भ्य	dbhya	प्त	pta	ल्ल	lla	स्त्र	stra
द्म	dma	प्त्य	ptya	ल्व	lva	स्त्व	stva
द्य	dya	प्न	pna	व्य	vya	स्थ	stha
द्र	dra	प्य	pya	व्र	vra	स्थ्य	sthya
द्र्य	drya	प्र	pra	श्च	śca	स्न	sna
द्व	dva	प्ल	pla	श्न	śna	स्प	spa
द्व्य	dvya	प्स	psa	श्म	śma	स्फ	spha
ध्न	dhna	ब्ज	bja	श्य	śya	स्म	sma
ध्म	dhma	ब्द	bda	श्र	śra	स्म्य	smya
ध्य	dhya	ब्ध	bdha	श्ल	śla	स्य	sya
ध्र	dhra	ब्ध्व	bdhva	श्व	śva	स्र	sra
ध्व	dhva	ब्य	bya	ष्क	ṣka	स्व	sva
न्त	nta	ब्र	bra	ष्क्र	ṣkra	ह्ण	hṇa
न्त्य	ntya	भ्य	bhya	ष्ट	ṣṭa	ह्न	hna
न्त्र	ntra	भ्र	bhra	ष्ट्य	ṣṭya	ह्म	hma
न्त्स	ntsa	म्न	mna	ष्ट्र	ṣṭra	ह्य	hya
न्थ	ntha	म्प	mpa	ष्ट्व	ṣṭva	ह्र	hra
न्द	nda	म्ब	mba	ष्ठ	ṣṭha	ह्ल	hla
न्द्र	ndra	म्ब्य	mbya	ष्ण	ṣṇa	ह्व	hva
न्ध	ndha	म्भ	mbha	ष्ण्य	ṣṇya		
न्ध्य	ndhya	म्य	mya	ष्प	ṣpa		
न्ध्र	ndhra	म्र	mra	ष्प्र	ṣpra		
न्न	nna	म्ल	mla	ष्म	ṣma		
न्म	nma	य्य	yya	ष्य	ṣya		
न्य	nya	ल्ग	lga	ष्व	ṣva		
न्र	nra	ल्प	lpa	स्क	ska		

Textbild

A. Sanskrittexte geben in ihrer traditionellen schriftlichen Fixierung nicht Wort-, sondern Lautfolgen, phonetische Notationen, wieder: es folgt Silbe auf Silbe, ohne Unterbrechung, mit Pausen markierenden Daṇḍa und Numerierungen, die – entgegen unserer Gewohnheit – nicht an den Anfang, sondern ans Ende der gezählten Verse oder Abschnitte gesetzt werden.[1]

B. Die *Silben im Lautfluss eines Satzes (oder Verses bzw. Halbverses)* enden – *ohne Rücksicht auf Wortgrenzen* – stets nur mit Vokal, Anusvāra oder Visarga. Bei Zeilenwechseln bleibt die Einheit der prosodischen Silben im Allgemeinen auch optisch gewahrt. Beispiel:

आसीद्राजा āsīdrājā (< āsīt rājā „es war ein König"): आ|सीद्राजा od. आसी|द्राजा od. आसीद्रा|जा

C. Der Buchdruck hat sich im Verlaufe der Zeit der westlichen Schreibweise angenähert und trennt nun üblicherweise – jedoch nur, wenn das vorangehende Wort mit Vokal, Anusvāra oder Visarga endet[2] – die nicht in einem Kompositum stehenden Wörter ebenfalls voneinander ab. Diese Praxis zog schließlich auch die Einführung des Trennstrichs am Zeilenende nach sich.[3]

D. Anmerkung zur „Umschrift": In der Regel weicht man von der reinen Transliteration (nur mit den Pausen des modernen Buchdrucks) ab und transkribiert, wo dies ohne Auflösung des Sandhi möglich ist, wortbezogen: für आसीद्राजा also „āsīd rājā" statt „āsīdrājā".

---

1 In Handschriften können Daṇḍa und/oder Versnummern auch fehlen.
2 sowie bei allenfalls aufgehobenem Satzsandhi; Bsp.: मितभुक् शान्तः für मितभुक्छान्तः (vgl. S. 20, Anm. 1).
3 Das erste gedruckte Sanskritwerk (mit bengalischem Schriftsatz) – der Ṛtusaṃhāra von Kālidāsa: „The Seasons: A Descriptive Poem, by Cálidás, in the Original Sanscrit, Calcutta M.DCC.XCII.", hrsg. vom Engländer Sir William Jones (s. Faksimile-Ed. von 1924, Nachdruck: Osnabrück 1974) – weist diese Worttrennung bereits auf (sie ist allerdings noch nicht konsequent durchgeführt und macht auch vor Komposita nicht immer halt); Trennstriche gibt es noch keine.

Lautsystem

Alphabetische Lautfolge:

a ā i ī u ū ṛ ṝ ḷ e ai o au (ṃ ḥ)[1] k kh g gh ṅ   c ch j jh ñ
ṭ ṭh ḍ ḍh ṇ   t th d dh n   p ph b bh m   y r l v   ś ṣ s   h

Die Laute sind im Sanskrit-Alphabet nach phonetischen Gesichtspunkten gruppiert. Die Stellung der Konsonanten im Alphabet weist – dem Verlauf eines Lautbogens (A → E: Kehle → Lippen) entsprechend – auf den Ort ihrer Erzeugung hin:

	A	B	C	D	E
1	k	c	ṭ	t	p
2	kh	ch	ṭh	th	ph
3	g	j	ḍ	d	b
4	gh	jh	ḍh	dh	bh
5	ṅ	ñ	ṇ	n	m
6	[h]	y	r	l	v
7		ś	ṣ	s	

Systematik:

Die L a u t e werden eingeteilt in
Tonlose (Konsonanten: 1, 2, 7) und Tönende (Vokale; Konsonanten: 3–6)

Die K o n s o n a n t e n werden eingeteilt in
1. Gutturale (od. Velare) (A); Palatale (B); Cerebrale (od. Retroflexe) (C);
   Dentale (D); Labiale (E)
2. Verschlusslaute: nichtaspirierte (1, 3) und aspirierte (2, 4), harte (1, 2) und
   weiche (3, 4)

1 ṃ (A n u s v ā r a) und ḥ (V i s a r g a) haben ihren Platz im Alphabet, gelten jedoch als sekundäre Lautzeichen, welche bestimmte Konsonanten vertreten: ḥ ist die Pausenform (vgl. Sandhi § 0) für s und r. ṃ steht vor allem für auslautendes m vor konsonantischem Anlaut (vgl. Sandhi § 14) und in Handschriften häufig auch für m am Ende einer Verszeile; bei vereinfachter Schreibweise kann ṃ vor Konsonant im Innern eines Wortes einen beliebigen Nasal vertreten. Ein weiteres sekundäres Lautzeichen ist der – in Umschrift als Tilde wiedergegebene – A n u n ā s i k a, welcher die Nasalierung eines l angibt (vgl. Sandhi § 13).

3. Nasale (5)
4. Halbvokale (6 ohne h)
5. Zischlaute (7)
6. Hauchlaut (h)

Die V o k a l e werden eingeteilt in

1. einfache Vokale und Diphthonge; 2. kurze und lange[1]

Anmerkungen zur Aussprache:

ṛ ṝ ḷ   wird heute meist wie r und l mit nachklingendem i bzw. ī ausgesprochen, lautlich also von geschriebenem ri rī li nicht zu unterscheiden.

ṃ   vor k (etc.), c (etc.), ṭ (etc.), t (etc.), p (etc.) – siehe A bis E der Nummern 1 bis 5: wie die entsprechenden Nasale (Nr. 5);[2] sonst wie ṅ (s. u.).

ḥ   stimmloser Hauchlaut; vor einer Pause kann der vorangehende Vokal nachklingen (widerspricht bei gebundener Sprache jedoch der Metrik): devah[a] für देवः devaḥ „ein Gott", devaih[i] für देवैः devaiḥ (I. Pl.).

k t p   wie cc, t und p in ital. „padre" und „tabacco".

ṅ   wie ng in „Engel".

c j ñ   c wie ch in engl. „church", j wie j in engl. „judge", ñ wie gn in franz. „digne".

jñ   wie dnj (etwa in „Dnjepr") oder dschn (mancherorts in Indien auch wie gj).

ṭ ḍ ṇ   ṭ etwa wie t in engl. „tower", ḍ und ṇ etwa wie d und n in engl. „done" und „none".

ś ṣ s   ś und ṣ werden heute meist unterschiedslos wie engl. sh ausgesprochen. s ist stimmlos und scharf wie ss in „Wasser".

y v   y wie dt. j, v wie dt. w; am Ende einer Konsonantenverbindung fast wie i und u.

h   Auch vor nachfolgendem Konsonanten deutlich hörbar. Bsp.: ब्रह्मा brahmā

Die A s p i r a t i o n (bei kh etc.) ist deutlich hörbar wie in „Eckhaus", „Rathaus", „Obhut". D o p p e l k o n s o n a n t e n werden als *ein* Laut gesprochen, aber mit mehr Nachdruck als einfache.

Anmerkung zur Intonation:[3]

Die langen Silben werden gleichmäßig lang gesprochen, die kurzen gleichmäßig kurz. Kein Akzent. Sanskritverse werden oft singend rezitiert, zuweilen nach Tonarten der indischen Musik; hierzu gibt es keine bestimmten Regeln. Man kommt einer korrekten Vortragsweise jedoch am nächsten, wenn man ziemlich langsam und monoton mit genauer Berücksichtigung der Kürzen und Längen spricht. (Vgl. S. 121: Vorbemerkung.)

1   Lang sind im Sanskrit auch e und o, die als Verbindungen von a + i und a + u (vgl. Sandhi § 2) gelten und zu den (als lang eingestuften) Diphthongen gezählt werden.
2   In diesen Fällen lexikografisch oft an der Stelle der analogen Nasale erfasst.
3   Vgl. S. Biswas (Stenzler, 14.–16. Aufl., S. 99 f.).

Sandhi[1]

§ 0   Sanskrit-Wörter enden in der Pause mit einem Vokal [außer ṛ und ḷ],
mit ः ḥ (Visarga)[2] oder mit einem der folgenden sieben Konsonanten:

क् k   ट् ṭ   त् t   प् p   ङ् ṅ   न् n   म् m

Satz-Sandhi

A. Vokale

§ 1   **नास्ति**   nāsti „ist nicht" < na asti

      देवीव   devīva „wie eine Göttin" < devī iva

      साधूक्तम्   sādhūktam „gut gesprochen" < sādhu uktam

a ā	+	a ā	=	-ā-
i ī	+	i ī	=	-ī-
u ū	+	u ū	=	-ū-

§ 2   **नेह**   neha „nicht hier" < na iha

      सोवाच   sovāca „sie sprach" < sā uvāca

      यथर्षिः   yatharṣiḥ „wie ein Ṛṣi" < yathā ṛṣiḥ

a ā	+	i ī	=	-e-
a ā	+	u ū	=	-o-
a ā	+	ṛ	=	-ar-

---

1   संधिः saṃdhi (vgl. S. 19, Fn. 3) „Zusammenfügung, Verbindung". Terminus technicus für „die euphonischen Veränderungen zusammenstoßender Laute" (Böhtlingk). – Die Regeln sind – wie in Elementarbüchern üblich – rein deskriptiv gehalten. Es ist also nicht historisch zu verstehen, wenn beispielsweise § 18 देवस्तत्र devastatra aus devaḥ tatra entstanden sein lässt; geschichtlich gesehen, ist s vor t erhalten geblieben, während es sich vor k kh p ph und den Zischlauten sowie am Ende eines Satzes etc. (in der Pause) zum Visarga ḥ verändert. – Es empfiehlt sich, die Regeln anhand der Beispiele (»hörend«) zu rezipieren.

2   Zum Visarga siehe S. 14, Fn. 1.

§ 3 अद्यैव adyaiva „heute noch“ < adya eva

सौषधिः sauṣadhiḥ „dieses Kraut“ < sā oṣadhiḥ

| a ā | + | e ai | = | -ai- |
| a ā | + | o au | = | -au- |

§ 4 यद्येतत् yadyetat „wenn dieses“ < yadi etat

अस्त्वेतत् astvetat „dieses soll sein“ < astu etat

कर्त्रस्ति kartrasti „es ist tätig“ < kartṛ asti

i ī	vor Vokalen [außer diesen]	=	-y-
u ū	vor Vokalen [do.]	=	-v-
ṛ	vor Vokalen	=	-r-

§ 5 तेऽपि te'pi „auch sie“ (m. Pl.) < te api

देवोऽपि devo'pi „auch ein Gott“ < devo api (Vgl. § 20)

| e | + | a | = | -e'- |
| o | + | a | = | -o'- |

§ 6 वन आस्ते vana āste „er weilt im Vana“ < vane āste

प्रभ एहि prabha ehi „komme, o Herr“ < prabho ehi

तस्मा अदात् tasmā adāt „diesem gab er“ < tasmai adāt

तावुभौ tāvubhau „diese beiden“ < tau ubhau

e o	vor Vokalen [außer a]	=	-a
ai	vor Vokalen	=	-ā
au	do.	=	-āv-

Ausnahmen (zu § 1 u. 4–6):

§ 7 अग्नी इमौ agnī imau „diese beiden Feuer“

गुरू इमौ gurū imau „diese beiden Lehrer“

नयते इमौ nayate ime „diese beiden führen“

अमी अश्वाः amī aśvāḥ „jene Pferde“

हे अर्जुन he arjuna „o Arjuna!“

ī ū e von D u a l f o r m e n und von अमी amī „jene“ (m. Pl.) bleibt un-
verbunden, ebenso der (S c h l u s s -) V o k a l von I n t e r j e k t i o n e n.

B. Konsonanten (ohne Visarga)

§ 8 दिगत्र digatra „die Gegend da" < dik atra

षड्योधाः ṣaḍyodhāḥ „sechs Soldaten" < ṣaṭ yodhāḥ

आसीद्राजा āsīdrājā „es war ein König" < āsīt rājā

ककुबिव kakubiva „wie ein Gipfel" < kakup iva

k	vor Tönenden [außer Nasalen]	=	-g-	
ṭ	do.	=	-ḍ-	
t	do.	=	-d-	(Ausnahmen § 10)
p	do.	=	-b-	

§ 9 वाङ्मे vāṅme „mein Wort" < vāk me

षण्मे ṣaṇme „sechs für mich" < ṣaṭ me

तन्न tanna „das nicht" < tat na

ककुम्न kakumna „kein Gipfel" < kakup na

k	vor Nasalen	=	-ṅ-
ṭ	do.	=	-ṇ-
t	do.	=	-n-
p	do.	=	-m-

§ 10 तच्च tacca „und das" < tat ca

तज्जलम् tajjalam „dieses Wasser" < tat jalam

अभवट्टीका abhavaṭṭīkā „es war ein Kommentar" < abhavat ṭīkā

तड्डीनम् taḍḍīnam „dieser Flug" < tat ḍīnam

तल्लभते tallabhate „er erlangt das" < tat labhate

t vor Palatalen (siehe auch § 16) , Cerebralen und l
wird angeglichen.

§ 11 प्रत्यङ्ङायतनम् pratyaṅṅāyatanam „westlicher Tempel" < pratyaṅ āyatanam

अस्मिन्नेव asminneva „nur bei diesem" < asmin eva

ṅ	nach k u r z e n Vokalen vor Vokalen	=	-ṅṅ-
n	do.	=	-nn-

§ 12 भगवांश्च bhagavāṃśca „und der Erhabene" < bhagavān ca

कुर्वंष्टीकाम् kurvaṃṣṭīkām „eine Ṭīkā verfassend" < kurvan ṭīkām

तांस्तान् tāṃstān „diese und jene" (A. Pl.) < tān tān

n	vor	c	=	-ṃś-
n	vor	ṭ	=	-ṃṣ-
n	vor	t	=	-ṃs-

§ 13 ताञ्जनान् tāñjanān „diese Leute " (A.) < tān janān

ताञ्श्रुत्वा[1] tāñśrutvā „diese gehört habend" < tān śrutvā

महाण्डमरः mahāṇḍamaraḥ „großer Tumult" < mahān ḍamaraḥ

ताल्लोकान् tāllokān

u. तांल्लोकान् tāṃllokān „diese Welten" (A.) < tān lokān

n	vor	j	=	-ñ-
n	vor	ś	=	-ñ-
n	vor	ḍ	=	-ṇ-
n	vor	l	=	-l̃-[2] -ṃl-

§ 14 तं च taṃ ca „und den" (A. Sg.) < tam ca

| m | vor Konsonanten[3] | = | -ṃ (Anusvāra) |

Veränderungen im konsonantischen Anlaut:

§ 15 तव च्छाया tava cchāyā „dein Schatten" < tava chāyā

मा च्छिदत् mā cchidat „er schneide nicht!" < mā chidat

आ च्छायाम ā cchāyām „bis zum Schatten" < ā chāyām

ch- nach k u r z e n Vokalen, मा mā und आ ā = cch-

---

1 auch ताञ्छुत्वा; siehe § 16.

2 Zu l mit Tilde (Anunāsika) siehe S. 14, Fn. 1.

3 Dieses m kann aber auch – meist jedoch nur im Innern eines Kompositums (und hier insbesondere bei der Übernahme in eine europäische Sprache) – als dem nachfolgenden Konsonanten angeglichener, nämlich gutturaler etc. (vgl. Tabelle S. 14), Nasal auftreten bzw. vor einem Labial unverändert bleiben.

§ 16 मितभुक्छान्तः mitabhukchāntaḥ „mäßig essend u. ruhig" < -bhuk śāntaḥ

तच्छ्रुत्वा tacchrutvā „das gehört habend" < tat śrutvā

ताञ्छ्रुत्वा tāñchrutvā „diese gehört habend" < tān śrutvā

k	+	ś	=	-kch-[1]
t	+	ś	=	-cch- (in Kombination mit § 10)
n	+	ś	=	-ñch- (oder -ñś-; vgl. § 13)

§ 17 वाग्घि vāgghi „denn das Wort" < vāk hi

प्रावृड्ढि prāvṛḍḍhi „denn die Regenzeit" < prāvṛṭ hi

तद्धि taddhi „denn das" < tat hi

ककुब्भि kakubbhi „denn der Gipfel" < kakup hi

k	+	h	=	-ggh- (in Kombination mit § 8)
ṭ	+	h	=	-ḍḍh- (do.)
t	+	h	=	-ddh- (do.)
p	+	h	=	-bbh- (do.)

C. Visarga

§ 18 देवश्च devaśca „und ein Gott" < devaḥ ca

तिस्रष्टीकाः tisraṣṭīkāḥ „drei Kommentare" < tisraḥ ṭīkāḥ

देवस्तत्र devastatra „der Gott dort" < devaḥ tatra

ḥ	vor	c ch (ś)[2]	=	-ś-
ḥ	vor	ṭ ṭh (ṣ)	=	-ṣ-
ḥ	vor	t th (s)	=	-s-

§ 19 पुनरस्ति punarasti „ist wieder" < punaḥ[3] asti

कविरपि kavirapi „auch ein Dichter" < kaviḥ api

गुरुर्वदति gururvadati „der Lehrer sagt" < guruḥ vadati

---

1 Dieser Sandhi wird gerne vermieden, wobei es bei ०क् श० (vgl. S. 13, Anm. 2) bleibt. (Die seltenere Schreibweise ०क्श० ist wohl als falsch zu betrachten.)

2 Siehe § 39 & Anm.

3 Vgl. S. 14, Fn. 1.

पुना रोहति	punā rohati „wächst wieder"	< punaḥ rohati
कपी रोहति	kapī rohati „der Affe wächst"	< kapiḥ rohati
तरू रोहति	tarū rohati „der Baum wächst"	< taruḥ rohati

ḥ [außer s-Visarga[1] nach a ā]   vor Tönenden [außer r]   =   -r-
ḥ [do.]   vor r : Visarga fällt weg, ein vorangehender kurzer Vokal wird lang

§ 20

देवो वदति	devo vadati „der Gott sagt"	< devaḥ vadati
देवोऽपि	devo'pi „auch ein Gott"	< devaḥ api
देव उवाच	deva uvāca „der Gott sprach"	< devaḥ uvāca
देवा वदन्ति	devā vadanti „die Götter sagen"	< devāḥ vadanti

s-Visarga[1] nach a ā :

aḥ	vor Tönenden [außer Vokalen]	=	-o
aḥ	+ a	=	-o'-
aḥ	vor Vokalen [außer a]	=	-a
āḥ	vor Tönenden	=	-ā

Sonderfall **सः** saḥ und **एषः** eṣaḥ : Wenn keine Pause vorliegt, stets **स** sa und **एष** eṣa, außer vor a (hier ebenfalls **सोऽपि** so'pi und **एषोऽपि** eṣo'pi „auch dieser" < saḥ api und eṣaḥ api).

Allgemeine Regeln beim Wort

A. Cerebralisation (od. Retroflexierung)

§ 21

रामेण	rāmeṇa „Rāma" (I.)	
रावणः	rāvaṇaḥ „Rāvaṇa"	
रम्येण	ramyeṇa „angenehm" (I.)	
पितॄणाम्	pitr̄̄ṇām „der Väter"	
मुष्णाति	muṣṇāti „er stiehlt"	
पुष्पाणि	puṣpāṇi „Blüten"	

1 Vgl. S. 14, Fn. 1.

Aber:

रथेन	rathena	„mit dem Wagen"
पितॄन्	pitṝn	„die Väter" (A.)
रुन्धन्ति	rundhanti	„sie halten zurück"

Für n steht ṇ : nach r ṛ ṝ und ṣ, sofern zwischen diesen und dem n kein die Zunge beanspruchender Konsonant steht und dem n unmittelbar ein Vokal, Halbvokal oder Nasal folgt.

Ausnahme: **मृन्मयः** mṛnmayaḥ „aus Erde bestehend"

§ 22

वृक्षः	vṛkṣaḥ	„der Baum"
गीर्षु	gīrṣu	„bei Reden"
हविःषु	haviḥṣu	„bei Opferspenden"
हवींषि	havīṃṣi	„Opferspenden" (N./A.)
धेनुषु	dhenuṣu	„bei Kühen"

Aber:

तिस्रः	tisraḥ	„drei" (f.)
अनुसृतः	anusṛtaḥ	„gefolgt"
अनुसरति	anusarati	„er folgt"

Für s steht ṣ : nach k r ṛ ṝ l und allen Vokalen [außer a ā] – ob mit oder ohne Anusvāra/Visarga –, sofern diese dem Zischlaut unmittelbar vorausgehen und der nachfolgende Laut kein r oder ṛ (auch abgestuft: ar ār) ist.

Ausnahmen: u. a. **कुसुमम्** kusumam „Blume"; ferner puṃs „Mann" und hiṃs „verletzen", also **पुंसा** puṃsā (I. Sg.) und **हिंसन्ति** hiṃsanti „sie verletzen", **अहिंसा** ahiṃsā „Nichtschädigung".

§ 23

ईट्टे	īṭṭe „er preist" < īḍ/īṭ-te (vgl. § 33)
तिष्ठति	tiṣṭhati „er steht" < ti stha-ti (von sthā) (in Kombination mit § 22)
द्विष्ठ	dviṣṭha „ihr hasst" < dviṣ-tha (vgl. § 35)
द्विड्ढि	dviḍḍhi „hasse" < dviṣ/dviṭ-dhi (vgl. § 33)
षण्णाम्	ṣaṇṇām „sechs" (G.) < ṣaṣ/ṣaṭ-nām (vgl. § 30)

Aber:

द्विट्सु	dviṭsu „bei Feinden" < dviṣ/dviṭ-su

Unmittelbar auf Cerebrale folgend, werden Dentale [der dentale Zischlaut ausgenommen] cerebral.

Ausnahmen: **षट्तयः** ṣaṭtayaḥ „sechserlei" und **षड्धा** ṣaḍdhā „sechsfach" (Adv.).

B. Palatalisation

§ 24 **याज्ञा**   yācñā „das Bitten"

जज्ञे   jajñe (Perf.) „er wurde geboren" (von jan)

राज्ञा   rājñā „König" (I.) (von rājan)

Aber:

याचनम्   yācanam „das Bitten"

अजीजनत्   ajījanat (Aor.) „er erzeugte"

राजन्   rājan „o König"

Für n steht ñ : wenn unmittelbar nach c und j

C. Vokallängung (siehe auch § 28 u. 38)

§ 25 **गीर्भिः**   gīrbhiḥ „mit Reden" (von gir)

पूर्षु   pūrṣu „bei Städten" (von pur)

आशीर्भिः   āśīrbhiḥ „mit Wünschen" (von āśis/āśiḥ) (vgl. § 33)

आशीर्मुनेः   āśīrmuneḥ „der Segenswunsch des Weisen" < āśiḥ muneḥ

गीः   gīḥ „die Rede" < gir-s

पूः   pūḥ „die Stadt" < pur-s

Aber:

गिरः   giraḥ „Reden"

पुरः   puraḥ „Städte"

Für i u steht ī ū : vor wurzelhaftem r – auch Sandhi-r eines s-Visarga! – mit nachfolgendem Konsonanten. Die Längung tritt auch dann ein, wenn der nachfolgende Konsonant (gemäß § 29) weggefallen ist und das r als Visarga erscheint.

Ähnlich (aber weniger gesetzmäßig) bei wurzelhaftem v: **दीव्यति** dīvyati „er spielt" < div-ya-ti; **सीव्यति** sīvyati „er näht" < siv-ya-ti.

Ausnahmen: **कुर्वन्ति** kurvanti „sie tun", **कुर्यात्** kuryāt (etc.) „er möge tun"; **हविर्भिः** havirbhiḥ (von havis; vgl. § 33).

Spezielle Regeln beim Wort

A. Zur Flexion

I. Wurzeln und Stämme auf Vokale auslautend

Es gelten die Regeln des Satz-Sandhi – bei folgenden Ausnahmen:

§ 26 धियम्   dhiyam „den Gedanken" (A.) < dhī-am

जिह्रियति   jihriyati „sie schämen sich" < jihrī-ati

भुवम्   bhuvam „die Erde" (A.) < bhū-am

आप्नुवन्ति   āpnuvanti „sie erlangen" < āp-nu-anti

i ī u ū wird vor Vokalen oft zu iy uv, besonders dann, wenn sie zur Wurzel gehören oder zwei Konsonanten vorausgehen.

Aber: बभूवुः (etc.) babhūvuḥ (Perf.) „sie wurden" < babhū-uḥ; अभूवम् / अभूवन् abhūvam / abhūvan (Aor.) „ich/sie wurde(n)" < a-bhū-am/-an.

§ 27 अयानि   ayāni „ich möge gehen" < e-āni

रायम्   rāyam „den Besitz" < rai-am

गवा   gavā „mit einer Kuh" < go-ā

e	vor Vokalen	=	ay
ai	vor Vokalen	=	āy
o	vor Vokalen	=	av

§ 28 Sonderregeln zur thematischen Konjugation:

भवामि   bhavāmi „ich bin" < bhava-mi

भवावः   bhavāvaḥ „wir beide sind" < bhava-vas

मोदे   mode „ich freue mich" < moda-e

Aber:

अनयम्   anayam „ich führte" < a-naya-m

a	vor	m- v-	=	ā
a	+	e	=	e

II. Wurzeln und Stämme auf Konsonanten auslautend

Nichtsilbische Flexionsendungen gehen verloren:

§ 29 प्राङ्   prāṅ „östlich" (N. Sg.) < prāñc-s

सन्   san „seiend" (N. Sg.) < sant-s

अबिभः   abibhaḥ „du trugst" < a-bibhar-s

अबिभः   abibhaḥ „er trug" < a-bibhar-t

A u s l a u t r e g e l : Im Auslaut bleibt nur *ein* Konsonant: der erste.[1] [2]

Ausnahme: r lässt sich dann mit einem Auslautkonsonanten verbinden, wenn
beide dem Wortstamm angehören: ऊर्क् ūrk „die Kraft" < ūrj/ūrk-s

Silbische Flexionsendungen:

§ 30 वाचा   vācā „mit einem Wort" < vāc-ā

युधम्   yudham „den Kampf" < yudh-am

मनसा   manasā „mit dem Gemüt" < manas-ā

वच्मि   vacmi „ich sage" < vac-mi

वच्वः   vacvaḥ „wir beide sagen" < vac-vas

Konsonantischer Stammauslaut bleibt vor Vokalen, Halbvokalen und
Nasalen (von einer allfälligen Cerebralisation abgesehen) im Allgemeinen unverändert. (Ausnahme siehe § 32.)

Sonderfall: षण्णाम् ṣaṇṇām „sechs" (G.) < ṣaṣ-nām (vgl. § 34.3; 9 u. 23)

§ 31   बिभर्ति   bibharti „er trägt" < bibhar-ti

पूर्षु   pūrṣu „bei Städten" < pur-su (vgl. § 22 u. 25)

Stammauslautendes r bleibt auch vor allen anderen Lauten unverändert.

---

1 Zur Umwandlung in die entsprechende Pausenform (vgl. § 0) siehe § 34 u. S. 26, Fn. 2.
2 Zur seltenen Dominanz der Konjugationsendung vgl. भूयात् (3. Sg. Prekativ von bhū,
   S. 80) sowie die alternativen Formen अभिनः und अरुणः (2. Sg. Impf. von bhid und rudh,
   S. 75); bei अशात् und अहिनत् (3. u. altern. 2. Sg. Impf. von śās und hiṃs, S. 65 u. 75) vertritt das t evtl. (entgegen § 34.4) den Wurzelauslaut s.

§ 32 बलिभिः balibhiḥ „kräftig" (I. Pl.) < balin-bhis

राजसु rājasu „bei Königen" < rājan-su

हंसि haṃsi „du schlägst" < han-si

Stammauslautendes n : a) fällt bei der Deklination (d. h. beim Nominalsuffix) vor konsonantischem Anlaut weg; b) wird bei der Konjugation (d. h. beim Wurzelstamm) vor s zum Anusvāra.

§ 33 वक्ति vakti „er sagt" < vac-ti

वाक्षु vākṣu „bei Worten" < vāc-su (vgl. § 22)

वाग्भिः vāgbhiḥ „mit Worten" < vāc-bhis

युत्सु yutsu „bei Kämpfen" < yudh-su

युद्भिः yudbhiḥ „mit Kämpfen" < yudh-bhis

द्विट्सु dviṭsu „bei Feinden" < dviṣ-su

द्विड्भिः dviḍbhiḥ „mit Feinden" < dviṣ-bhis

मनोभिः manobhiḥ „mit Gemütern" < manas-bhis

हविर्भिः havirbhiḥ „mit Opferspenden" < havis-bhis

Konsonantischer Stammauslaut [außer r und n][1] vor N i c h t - Vokalen, -Halbvokalen, -Nasalen unterliegt dem Satz-Sandhi. – Gegebenenfalls (siehe Beispiele) ist er zuerst in die phonetisch nächstliegende Pausenform (§ 0) zu verwandeln.[2] (Ausnahmen siehe § 35–39.)

§ 34 1. ñ wird durch ṅ vertreten, die übrigen P a l a t a l e durch k, aber auch durch ṭ:

vāk- „Wort" < vāc-

prāṭ- „Befrager" < prāch-

ūrk- „Kraft" < ūrj-

samrāṭ- „Oberkönig" < samrāj-

dik- „Gegend" < diś-

viṭ- „Volk" < viś-

prāṅ- „östlich" < prāñ- (resp. prāñc-, vgl. § 29)

1 Hierzu § 31 u. 32.
2 Was im Folgenden (§ 34) nicht erläutert wird, lässt sich aus der Tabelle S. 14 erschließen.

2. r wird durch ḥ vertreten:

giḥ-[1] „Rede" < gir-

3. ṣ wird durch ṭ vertreten (Ausnahme siehe 6.):

prāvṛṭ- „Regenzeit" < prāvṛṣ-

4. s wird durch ḥ vertreten:

manaḥ- „Gemüt" < manas-

5. h wird durch k , manchmal auch durch ṭ oder t vertreten:

godhuk- „Melker" < go-duh- (zur Aspiration: § 40)
madhuliṭ- „Biene" < madhu-lih-
upānat- „Schuh" < upānah-

6. Vor Konjugationsendungen (und Verbalsuffixen, vgl. § 45), die mit s beginnen, werden ṣ und h durch k vertreten (Cerebralisation nach § 22):

द्वेक्षि   dvekṣi „du hassest" < dveṣ-si
लेक्षि   lekṣi „du leckst" < leh-si

Zusammenfassung:

c ch j ś	> k (ṭ)
ñ	> ṅ
r	> ḥ
ṣ	> ṭ (k)
ś	> k
s	> ḥ
h	> k (ṭ t)

oder:

k	<	c j (ṣ) ś h
ṅ	<	ñ
ṭ	<	ch j ś ṣ (h)
t	<	(h)
ḥ	<	r s

---

1 N. Sg. nach § 25 (Vokallängung) jedoch गीः gīḥ !

Ausnahmen zu § 33:

§ 35   द्वेष्टि   dveṣṭi „er hasst“ < dveṣ-ti

वष्टि   vaṣṭi „er verlangt“ < vaś-ti

मार्ष्टि   mārṣṭi „er wischt“ < mārj-ti

Vgl. auch § 46

Vor Anfügungen, die mit t th beginnen, wird ṣ in keine Pausenform übergeführt und vertritt seinerseits ś , manchmal auch j .

(Cerebralisation nach § 23.)

§ 36   रुणद्धि   ruṇaddhi „er hält zurück“ < ruṇadh-ti (vgl. § 21)

रुन्द्ध   runddha „ihr haltet zurück“ < rundh-tha

Vgl. auch § 47

gh	+	t th	=	gdh
dh	+	t th	=	ddh
bh	+	t th	=	bdh

Sonderfall: धत्ते dhatte (Ātm.) „er stellt“ < dadh-te ; धत्थ dhattha (Par.) „ihr stellt“ < dadh-tha : Bei dadh- (für dhā) gilt § 33. (Zur Aspiration im Anlaut siehe § 40.)

§ 37   दोग्धि   dogdhi „er melkt“ < doh-ti

दुग्ध   dugdha „ihr melkt“ < duh-tha

Vgl. auch § 48

Folgt t th auf ein h , das endlautend als k oder t erscheint (das erstere vor allem bei Wurzeln, die mit d beginnen), so gilt:

| h [k] | + | t th | = | gdh |
| h [t] | + | t th | = | ddh |

§ 38   लेढि   leḍhi „er leckt“ < leh-ti

लीढ   līḍha (Par.) „ihr leckt“ < lih-tha

लीढ्वे   līḍhve (Ātm.) „ihr leckt“ < lih-dhve

Vgl. auch § 49

Folgt t th dh auf ein h , das endlautend als ṭ erscheint, so verschmelzen die Dentale mit dem h zu ḍh, und ein vorausgehender kurzer Vokal [außer ṛ] wird lang:

| h [ṭ] | + | t th dh | = | ḍh |

§ 39 शास्सि   śāssi „du befiehlst" < śāḥ-si (von śas-)

हिनस्सि   hinassi „du verletzest" < hinaḥ-si (von hiṃs-)

मनस्सु manassu u. मनःसु manaḥsu „bei Gemütern" < manaḥ-su (von manas)

हविष्षु havissu u. हविःषु haviḥṣu „bei Opferspenden" < haviḥ-su (von havis)

Vor Zischlauten wird der Visarga meist angeglichen.

Anmerkung: Diese Angleichung des Visarga an den folgenden Zischlaut kann auch beim Satz-Sandhi beobachtet werden.

Wiederkehrende Aspiration im Anlaut der Wurzel:

§ 40 भुत्   bhut „weise" < budh-s

भुद्भिः   bhudbhiḥ „mit Weisen" < budh-bhis

गोधुक्   godhuk „Melker" < go-duh-s

धुग्धि   dhugdhi „melke" < duh-dhi

धोक्षि   dhokṣi „du melkst" < doh-si

ध्रुक्   dhruk und

ध्रुट्   dhruṭ „verletzend" < druh-s

Analog beim Substitut dadh- für dhā-:

धत्ते   dhatte „er stellt" < dadh-te (vgl. § 36)

धद्ध्वे   dhaddhve „ihr stellt" < dadh-dhve

Wurzeln, die mit g d b beginnen und auf tönende Aspirierte oder h auslauten: Die ursprüngliche Aspiration im Anlaut tritt dann wieder auf, wenn der Auslaut die Aspiration verliert bzw. das auslautende h in einen nichtaspirierten Laut verwandelt wird.

Ausnahme: Wird t th im Anlaut einer Anfügung zu dh, unterbleibt die Aspiration! (Vgl. § 37, ferner § 47 und 48.)

B. Zur Stammbildung durch Suffixe

Die Regeln zur Flexion gelten im Allgemeinen auch bei der Stammbildung durch Suffixe. Im Folgenden einige Sonderregeln und Beispiele zu Spezialfällen:

§ 41   छिन्नः   chinnaḥ „gespalten“ < chid-na-s

       पन्नः   pannaḥ „abgefallen“ < pad-na-s

       वाङ्मयः   vāṅmayaḥ „aus Worten bestehend“ < vāc-maya-s (vgl. § 34.1)

Wird ein konsonantischer Auslaut mit dem Suffix na oder maya verbunden, wird er (meistens) nasal.[1]

§ 42   हतः   hataḥ „geschlagen“ < han-ta-s

       गतः   gataḥ „gegangen“ < gam-ta-s

n (vgl. § 32) und m gehen vor konsonantisch anlautenden Suffixen oft (vgl. § 43) verloren.

§ 43   गम्यताम्   gamyatām „man möge gehen“ < gam-ya-tām

       अनंसीत्   anaṃsīt (Aor.) „er verneigte sich < a-nam-s-īt

       गन्तुम्   gantum „gehen“ < gam-tum

       जगन्वान्   jaganvān (Part. Perf.) „gegangen“ < jagam-vān

Fällt der Wurzelauslaut m nicht weg (§ 42), so bleibt er vor y unverändert, wird vor Zischlauten zum Anusvāra und vor allen anderen Konsonanten zu n.

§ 44   वत्स्यति   vatsyati „er wird wohnen“ < vas-sya-ti

       विवत्सति   vivatsati „er wünscht zu wohnen“ < vivas-sa-ti

       अवात्सीत्   avātsīt (Aor.) „er wohnte“ < a-vās-s-īt

       जिघत्सति   jighatsati „er wünscht zu fressen“ < jighas-sa-ti

Stämme auf s : Vor einem s-Suffix bzw. Suffixen, die mit s beginnen, wird (entgegen § 34.4) s durch t vertreten.[2]

---

1 Zu Besonderheiten bei maya siehe S. 104, Fn. 2.

2 Dies kommt nur bei vas und ghas in Betracht; andere Wurzeln auf s schieben vor dem Fut.- und Des.-Suffix den Bindevokal i ein und werden in anderen Aoristformen flektiert.

§ 45 द्वेक्ष्यति dvekṣyati „er wird hassen“ < dveṣ-sya-ti

लेक्ष्यति lekṣyati „er wird lecken“ < leh-sya-ti

Siehe § 34.6. Gilt auch bei reinem s-Suffix:

अवाक्षीत् avākṣīt (Aor.) „er trug“ < a-vāh-s-īt

§ 46 द्विष्टः dviṣṭaḥ „gehasst“ < dviṣ-ta-s

दृष्टः dṛṣṭaḥ „gesehen“ < dṛś-ta-s

सृष्टः sṛṣṭaḥ „erschaffen“ < sṛj-ta-s

Siehe § 35.

§ 47 बुद्धः buddhaḥ „erwacht“ < budh-ta-s

बोद्धुम् boddhum „erwachen“ < bodh-tum

लब्धः labdhaḥ „erlangt“ < labh-ta-s

लब्धुम् labdhum „erlangen“ < labh-tum

Siehe § 36.

§ 48 दुग्धः dugdhaḥ „gemolken“ < duh-ta-s

दोग्धुम् dogdhum „melken“ < doh-tum

स्निग्धः snigdhaḥ „anhänglich“ < snih-ta-s

नद्धः naddhaḥ „gebunden“ < nah-ta-s

Siehe § 37.

§ 49 लीढः līḍhaḥ „geleckt“ < lih-ta-s

ऊढः ūḍhaḥ „getragen“ < uh-ta-s (von vah-)

रूढः rūḍhaḥ „gewachsen“ < ruh-ta-s

रोढुम् roḍhum „wachsen“ < roh-tum

दृढः dṛḍhaḥ „fest“ < dṛh-ta-s

Statt ā in der Regel o:

वोढुम् voḍhum „tragen“ < vah-tum

सोढुम् soḍhum „bewältigen“ < sah-tum

सोढः soḍhaḥ (und साढः sāḍhaḥ) „bewältigt“ < sah-ta-s

Siehe § 38.

C. Zum Wort im Kompositum

§ 50 वागर्थौ   vāgarthau „Wort und Sinn" < vāc+artha-

मन्माता   manmātā „meine Mutter" < mad+mātṛ-

क्षुत्पिपासे   kṣutpipāse „Hunger und Durst" < kṣudh+pipāsā-

मनोहरः   manoharaḥ „entzückend" < manas/manaḥ+hara-

राजेन्द्रः   rājendraḥ „Oberkönig" < rājan+indra-

स्वाम्यर्थः   svāmyarthaḥ „Sache des Herrn" < svāmin+artha-

वक्तुकामः   vaktukāmaḥ „zu sagen wünschend" < vaktum+kāma-

Stämme auf n sowie Infinitive verlieren als Vorderglied eines Kompositums ihren nasalen Auslaut. Der (verbleibende) Stammauslaut des Vordergliedes unterliegt – in der Pausenform[1] – dem Satz-Sandhi.

§ 51 Veränderung im Anlaut:

उत्थातुम्   utthātum „aufstehen" < ud+sthā-

उत्तब्धः   uttabdhaḥ „aufgerichtet" < ud+stabh- (ta-; vgl. § 47 u. 36)

Nach dem Präfix ud- „auf" fällt anlautendes s der Wurzeln sthā und stabh/ stambh weg.

§ 52 Ausnahme zu § 50:

पुरस्करोति   puraskaroti „er stellt voran" < puras+kṛ-

नमस्कारः   namaskāraḥ „Huldigung" < namas+kāra-

निष्पतति   niṣpatati „er fliegt hinaus" < nis+pat-

हविष्पात्रम्   haviṣpātram „Opfergefäß" < havis+pātra-

धनुष्पाणिः   dhanuṣpāṇiḥ „den Bogen in der Hand" < dhanus+pāṇi-

दुष्कृतः   duṣkṛtaḥ (auch दुःकृतः) „schlecht getan" < dus+kṛta-

चतुष्पदः   catuṣpadaḥ „vierfüßig" < catur [-tus][2]+pada-

Auslautendes s vor tonlosem Guttural und Labial wird in der Regel nicht zum Visarga und gegebenenfalls (§ 22) cerebralisiert.

---

1 in welche er gegebenenfalls umzuwandeln ist (siehe S. 25, Fn. 1).
2 Für catur steht beim Kompositum catus.

Cerebralisation (§ 21–23):

§ 53   रामायणम्   rāmāyaṇam „Rāmas Weg" < rāma+ayana-

पूर्वाह्णे   pūrvāhṇe „frühmorgens" < pūrva+ahna-

वत्सरौघेण   vatsaraugheṇa „nach vielen Jahren" < vatsara+ogha-

अग्रणीः   agraṇīḥ „anführend" < agra+nī-

भूमिष्ठः   bhūmiṣṭhaḥ „auf dem Boden" < bhūmi+stha-

अधिष्ठितः   adhiṣṭhitaḥ „sich befindend in" < adhi+sthita-

Hingegen:

प्राप्नोति   prāpnoti „er erlangt" < pra+āp-nu/no-

उपरिस्थः   uparisthaḥ „oben befindlich" < upari+stha-

Bei Komposita kann die Cerebralisation über die Wortgrenze hinaus wirken; bei Verbalkomposita ist dies häufig, sonst die Ausnahme.

§ 54   Sonderfall Verbalkompositum:

1. Bei Verbalkomposita unterbleibt die Cerebralisation auch dann stets (vgl. § 22), wenn unmittelbar auf das s ein m folgt:

विस्मितः   vismitaḥ „erstaunt" < vi+smi-

2. Cerebralisation tritt auch dann ein, wenn zwischen cerebralisierendem Vokal und s das a-Augment eingeschoben wird:

अभ्यषिचत्   abhyaṣicat (Aor.) „er weihte" < abhi+a-sic-

Deklination

Das Sanskrit hat drei Geschlechter sowie drei Numeri (Singular, Dual, Plural) mit sieben Kasus und einem Vokativ (Anrufeform) als quasi achtem:

1. N o m i n a t i v

2. A k k u s a t i v : a) Der Akkusativ kann auch (mit oder ohne Präposition) die Richtung ausdrücken: ग्रामम् grāmam „ins Dorf". – b) Er gibt auch Antwort auf die Fragen „wie weit?" und „wie lange?". – c) Bei Verben des Sprechens steht die angeredete Person im Akkusativ. – d) Der A. Sg. n. ist die gewöhnliche Form des Adverbs. (Verschiedentlich stehen die Adverbien auch im I. D. od. Ab.)

3. I n s t r u m e n t a l : a) Der Instrumental drückt Mittel und Werkzeug („womit?" „wodurch?"), Grund („weswegen?"), Umstand und Begleitung aus (siehe auch Lok., Anm.); im soziativen Sinn („mit wem?") wird er meist mit einer Präposition verbunden. – b) Auf ein Passivum bezogen, bezeichnet der I. das Agens bzw. das logische Subjekt („von wem?"). – c) Wörter für „gleich" regieren den I.

4. D a t i v („wem?" „für wen?" „wofür?" „wozu?")

5. A b l a t i v : a) Der Ablativ bezeichnet Ursprung, Ursache, Maßgabe („woher?" „warum?" „wonach?" „mit Bezug worauf?"). – b) Er steht bei Verben, die „sich fürchten, verbergen vor, hören, lernen von" bedeuten. – c) Bei Komparativen und verwandten Wörtern wie अन्यः anyaḥ „anderer" drückt der Ab. unser „als" aus.

Anmerkung: Mit Suffix -tas kann von allen Stämmen ein Abl. gebildet werden. – Bsp. मुखतः mukhataḥ von mukha „Mund"; मत्तः mattaḥ von mad u. ततः tataḥ von tad [ta] (S. 50 f.).

6. G e n i t i v : a) Oft hat der Genitiv dativische Bedeutung („wem?" „für wen?"). – b) Bei Gerundiven kann das Agens im Instrumental (siehe 3 b) oder Genitiv stehen.

7. L o k a t i v : Der Lokativ drückt „in, auf, bei, zu" („wo?" „wohin?" wobei?") sowie „unter" (bei Superlativen) aus.

Anmerkung: Eine vom übrigen Satzgefüge losgelöste Partizipialkonstruktion im Lokativ nennt man L o c a t i v u s a b s o l u t u s . – Bsp. एवं गते evaṃ gate „unter solchen Umständen" Seltener gibt es diese Partizipialkonstruktion auch im I n s t r u m e n t a l .

Deklination der Nomina

A. Vokalstämme

Stämme auf a (Maskulina und Neutra):

देवः deva m. „Gott" – फलम् phala n. „Frucht"

	Singular	Dual	Plural
N.	देवः । फलम्	देवौ । फले	देवाः । फलानि
A.	देवम्	देवौ । फले	देवान् । फलानि
I.	देवेन	देवाभ्याम्	देवैः
D.	देवाय	देवाभ्याम्	देवेभ्यः
Ab.	देवात्	देवाभ्याम्	देवेभ्यः
G.	देवस्य	देवयोः	देवानाम्
L.	देवे	देवयोः	देवेषु
V.	देव	देवौ । फले	देवाः । फलानि

Stämme auf ā (Feminina):

माला mālā f. „Kranz"

	Singular	Dual	Plural
N.	माला	माले	मालाः
A.	मालाम्	माले	मालाः
I.	मालया	मालाभ्याम्	मालाभिः
D.	मालायै	मालाभ्याम्	मालाभ्यः
Ab.	मालायाः	मालाभ्याम्	मालाभ्यः
G.	मालायाः	मालयोः	मालानाम्
L.	मालायाम्	मालयोः	मालासु
V.	माले	माले	मालाः

Stämme auf **i u** (Maskulina, Feminina und Neutra):

कविः kavi m. „Dichter"

N.	कविः	कवी	कवयः
A.	कविम्	कवी	कवीन्
I.	कविना	कविभ्याम्	कविभिः
D.	कवये	कविभ्याम्	कविभ्यः
Ab.	कवेः	कविभ्याम्	कविभ्यः
G.	कवेः	कव्योः	कवीनाम्
L.	कवौ (!)	कव्योः	कविषु
V.	कवे	कवी	कवयः

मतिः mati f. „Verstand"

N.	मतिः	मती	मतयः
A.	मतिम्	मती	मतीः
I.	मत्या	मतिभ्याम्	मतिभिः
D.	मत्यै od. मतये	मतिभ्याम्	मतिभ्यः
Ab.	मत्याः od. मतेः	मतिभ्याम्	मतिभ्यः
G.	मत्याः od. मतेः	मत्योः	मतीनाम्
L.	मत्याम् od. मतौ	मत्योः	मतिषु
V.	मते	मती	मतयः

वारि vāri n. „Wasser"

N.	वारि	वारिणी	वारीणि
A.	वारि	वारिणी	वारीणि
I.	वारिणा	वारिभ्याम्	वारिभिः
D.	वारिणे	वारिभ्याम्	वारिभ्यः
Ab.	वारिणः	वारिभ्याम्	वारिभ्यः
G.	वारिणः	वारिणोः	वारीणाम्
L.	वारिणि	वारिणोः	वारिषु
V.	वारि od. वारे	वारिणी	वारीणि

Adjektive auf **i** und **u** können – vom N., A. und V. abgesehen – im Neutrum auch wie Maskulina dekliniert werden.

पशुः paśu m. „Tier"

	Sg.	Du.	Pl.
N.	पशुः	पशू	पशवः
A.	पशुम्	पशू	पशून्
I.	पशुना	पशुभ्याम्	पशुभिः
D.	पशवे	पशुभ्याम्	पशुभ्यः
Ab.	पशोः	पशुभ्याम्	पशुभ्यः
G.	पशोः	पश्वोः	पशूनाम्
L.	पशौ (!)	पश्वोः	पशुषु
V.	पशो	पशू	पशवः

धेनुः dhenu f. „Kuh"

	Sg.	Du.	Pl.
N.	धेनुः	धेनू	धेनवः
A.	धेनुम्	धेनू	धेनूः
I.	धेन्वा	धेनुभ्याम्	धेनुभिः
D.	धेन्वै od. धेनवे	धेनुभ्याम्	धेनुभ्यः
Ab.	धेन्वाः od. धेनोः	धेनुभ्याम्	धेनुभ्यः
G.	धेन्वाः od. धेनोः	धेन्वोः	धेनूनाम्
L.	धेन्वाम् od. धेनौ	धेन्वोः	धेनुषु
V.	धेनो	धेनू	धेनवः

मधु madhu n. „Honig"

	Sg.	Du.	Pl.
N.	मधु	मधुनी	मधूनि
A.	मधु	मधुनी	मधूनि
I.	मधुना	मधुभ्याम्	मधुभिः
D.	मधुने	मधुभ्याम्	मधुभ्यः
Ab.	मधुनः	मधुभ्याम्	मधुभ्यः
G.	मधुनः	मधुनोः	मधूनाम्
L.	मधुनि	मधुनोः	मधुषु
V.	मधु od. मधो	मधुनी	मधूनि

Mehrsilbige Stämme auf ī ū (Feminina):

नदी nadī f. „Fluss" – वधूः vadhū f. „Frau, Ehefrau"

N.	नदी *	नद्यौ	नद्यः	वधूः (!)	वध्वौ	वध्वः
A.	नदीम्	नद्यौ	नदीः	वधूम्	वध्वौ	वधूः
I.	नद्या	नदीभ्याम्	नदीभिः	वध्वा	वधूभ्याम्	वधूभिः
D.	नद्यै	नदीभ्याम्	नदीभ्यः	वध्वै	वधूभ्याम्	वधूभ्यः
Ab.	नद्याः	नदीभ्याम्	नदीभ्यः	वध्वाः	वधूभ्याम्	वधूभ्यः
G.	नद्याः	नद्योः	नदीनाम्	वध्वाः	वध्वोः	वधूनाम्
L.	नद्याम्	नद्योः	नदीषु	वध्वाम्	वध्वोः	वधूषु
V.	नदि	नद्यौ	नद्यः	वधु	वध्वौ	वध्वः

* Ausnahmen: lakṣmī f. „Reichtum, Schönheit, Glück" und agraṇī (vgl. Sandhi § 53) „anführend" haben im N. Sg.: लक्ष्मीः bzw. अग्रणीः.

Einsilbige Stämme auf ī ū (Feminina):

(Vgl. konsonantische Deklination)

धीः dhī f. „Gedanke"

N.	धीः **	धियौ	धियः
A.	धियम्	धियौ	धियः
I.	धिया	धीभ्याम्	धीभिः
D.	धिये od. धियै	धीभ्याम्	धीभ्यः
Ab.	धियः od. धियाः	धीभ्याम्	धीभ्यः
G.	धियः od. धियाः	धियोः	धियाम् od. धीनाम्
L.	धियि od. धियाम्	धियोः	धीषु
V.	धीः **	धियौ	धियः

** Aber स्त्री (N.) bzw. स्त्रि (V.); die Deklination von strī f. „Frau" ist stark von derjenigen der mehrsilbigen Stämme beeinflusst: D., Ab., G., L. Sg. ferner nur स्त्रियै स्त्रियाः स्त्रियाः स्त्रियाम् und neben A. Pl. स्त्रियः auch स्त्रीः.

भूः bhū f. „Erde"

N.	भूः	भुवौ	भुवः
A.	भुवम्	भुवौ	भुवः
I.	भुवा	भूभ्याम्	भूभिः
D.	भुवे od. भुवै	भूभ्याम्	भूभ्यः
Ab.	भुवः od. भुवाः	भूभ्याम्	भूभ्यः
G.	भुवः od. भुवाः	भुवोः	भुवाम् od. भूनाम्
L.	भुवि od. भुवाम्	भुवोः	भूषु
V.	भूः	भुवौ	भुवः

Stämme auf ai o au (Maskulina und Feminina):

राः rai m. „Besitz, Gut" – **गौः** go m. f. „Rind, Kuh" – **नौः** nau f. „Schiff"

N.	राः	रायौ	रायः	गौः	गवौ	गावः
A.	रायम्	रायौ	रायः	गाम्	गवौ	गाः (!)
I.	राया	राभ्याम्	राभिः	गवा	गोभ्याम्	गोभिः
D.	राये	राभ्याम्	राभ्यः	गवे	गोभ्याम्	गोभ्यः
Ab.	रायः	राभ्याम्	राभ्यः	गोः	गोभ्याम्	गोभ्यः
G.	रायः	रायोः	रायाम्	गोः	गवोः	गवाम्
L.	रायि	रायोः	रासु	गवि	गवोः	गोषु
V.	राः	रायौ	रायः	गौः	गवौ	गावः

N.	नौः	नावौ	नावः
A.	नावम्	नावौ	नावः
I.	नावा	नौभ्याम्	नौभिः
D.	नावे	नौभ्याम्	नौभ्यः
Ab.	नावः	नौभ्याम्	नौभ्यः
G.	नावः	नावोः	नावाम्
L.	नावि	नावोः	नौषु
V.	नौः	नावौ	नावः

Stämme auf ṛ/ar :

पिता pitṛ/pitar m. „Vater" – माता mātṛ/mātar f. „Mutter"

N.	पिता	पितरौ	पितरः
A.	पितरम्	पितरौ	पितॄन् । मातॄः
I.	पित्रा	पितृभ्याम्	पितृभिः
D.	पित्रे	पितृभ्याम्	पितृभ्यः
Ab.	पितुः	पितृभ्याम्	पितृभ्यः
G.	पितुः	पित्रोः	पितॄणाम्
L.	पितरि	पित्रोः	पितृषु
V.	पितः	पितरौ	पितरः

Die Maskulinformen der Nomina agentis (s. u.) haben:

नप्ता naptṛ/naptar m. „Enkel"

भर्ता bhartṛ/bhartar m. „Gatte"

स्वसा svasṛ/svasar f. „Schwester" (A. Pl. jedoch स्वसॄः)

ना nṛ/nar m. „Mann" (hier neben नृणाम् auch नॄणाम्; ferner ist im Sg. nur die N.-Form gebräuchlich, die übrigen Kasus werden von नरः nara gebildet)

Nomina agentis :

दाता (दात्री) दातृ dātṛ/dātar „gebend"; m. „Geber"
(Feminina bilden einen ī-Stamm.)

m.	N.	दाता	दातारौ	दातारः
	A.	दातारम्	दातारौ	दातॄन्
	V.	दातः	दातारौ	दातारः
		(sonst wie oben)		

n.	N.	दातृ	दातृणी	दातॄणि
	A.	दातृ	दातृणी	दातॄणि
	I.	दातृणा	दातृभ्याम्	दातृभिः
	D.	दातृणे	दातृभ्याम्	दातृभ्यः
	Ab.	दातृणः	दातृभ्याम्	दातृभ्यः
	G.	दातृणः	दातृणोः	दातॄणाम्
	L.	दातृणि	दातृणोः	दातृषु
	V.	दातृ od. दातः	दातृणी	दातॄणि

Unregelmäßige auf i :

सखा sakhi m. „Freund"

N.	सखा	सखायौ	सखायः
A.	सखायम्	सखायौ	सखीन्
I.	सख्या	सखिभ्याम्	सखिभिः
D.	सख्ये	सखिभ्याम्	सखिभ्यः
Ab.	सख्युः[1]	सखिभ्याम्	सखिभ्यः
G.	सख्युः	सख्योः	सखीनाम्
L.	सख्यौ	सख्योः	सखिषु
V.	सखे	सखायौ	सखायः

पतिः pati m. „Herr; Gatte" kann [außer am Ende eines Kompositums] im Sg. des I. D. Ab. G. und L. ebenfalls diese Formen aufweisen.

B. Konsonantstämme (Konsonantische Deklination)

Die allgemeinen Endungen

m. f. / n.

N.	-s * / –	-au / -ī	-as / -i
A.	-am / –	-au / -ī	-as / -i
I.	-ā	-bhyām	-bhis
D.	-e	-bhyām	-bhyas
Ab.	-as	-bhyām	-bhyas
G.	-as	-os	-ām
L.	-i	-os	-su

* Tritt nicht in Erscheinung (Sandhi § 29).

Lautregeln zur Formenbildung allgemein: Sandhi § 29–34 sowie 21–23 (Cerebralisation).
Zu den Stämmen auf r (Bsp. gir, pur) speziell: Sandhi § 31 u. 25 (Vokallängung).
Zu den Stämmen auf s (Bsp. manas, havis) speziell: Sandhi § 39.

1 Bei einer *Flexionsendung* auf -uḥ (vgl. auch **पितुः** S. 40) – das gilt ganz allgemein auch beim Verbum – kann nicht sicher entschieden werden, ob der Visarga ein r oder – wie sonst bei den Endungen üblich – ein s vertritt (vgl. Whitney, *Sanskrit Grammar* § 169 b).

Erste Abteilung (Maskulina, Feminina und Neutra):

मरुत् marut m. „Wind" – वाक् vāc f. „Sprache"

N.	मरुत्	मरुतौ	मरुतः	वाक्	वाचौ	वाचः
A.	मरुतम्	मरुतौ	मरुतः	वाचम्	वाचौ	वाचः
I.	मरुता	मरुद्भ्याम्	मरुद्भिः	वाचा	वाग्भ्याम्	वाग्भिः
D.	मरुते	मरुद्भ्याम्	मरुद्भ्यः	वाचे	वाग्भ्याम्	वाग्भ्यः
Ab.	मरुतः	मरुद्भ्याम्	मरुद्भ्यः	वाचः	वाग्भ्याम्	वाग्भ्यः
G.	मरुतः	मरुतोः	मरुताम्	वाचः	वाचोः	वाचाम्
L.	मरुति	मरुतोः	मरुत्सु	वाचि	वाचोः	वाक्षु
V.	मरुत्	मरुतौ	मरुतः	वाक्	वाचौ	वाचः

Stämme auf s (m. und f.):

अप्सराः apsaras f. „Apsaras" – आशीः āśis f. „Wunsch"

N.	अप्सराः	अप्सरसौ	अप्सरसः	आशीः	आशिषौ	आशिषः
A.	अप्सरसम्	अप्सरसौ	अप्सरसः	आशिषम्	आशिषौ	आशिषः
	(etc.)			(etc.)		
V.	अप्सरः	अप्सरसौ	अप्सरसः	आशिः	आशिषौ	आशिषः

Neutra – Vor dem Endkonsonanten wird im N., A. und V. der entsprechende Nasal eingeschoben, bei Stämmen auf s ist dies ein Anusvāra; Stämme auf s verlängern dabei den vorhergehenden Vokal:

जगत् jagat n. „Welt" – मनः manas n. „Gemüt"

N. V.	जगत्	जगती	जगन्ति	मनः	मनसी	मनांसि
A.	जगत्	जगती	जगन्ति	मनः	मनसी	मनांसि
I.	जगता	जगद्भ्याम्	जगद्भिः	मनसा	मनोभ्याम्	मनोभिः
	(etc.)			(etc.)		

हविः havis n. „Opferspende" – चक्षुः cakṣus n. „Auge"

N. V.	हविः	हविषी	हवींषि	चक्षुः	चक्षुषी	चक्षूंषि
A.	हविः	हविषी	हवींषि	चक्षुः	चक्षुषी	चक्षूंषि
I.	हविषा	हविर्भ्याम्	हविर्भिः	चक्षुषा	चक्षुर्भ्याम्	चक्षुर्भिः
	(etc.)			(etc.)		

Besondere Stammbildung:

द्यौः div/dyu m. f. „Himmel; Tag"

N. V.	द्यौः	दिवौ	दिवः
A.	दिवम्	दिवौ	दिवः
I.	दिवा	द्युभ्याम्	द्युभिः
D.	दिवे	द्युभ्याम्	द्युभ्यः
Ab.	दिवः	द्युभ्याम्	द्युभ्यः
G.	दिवः	दिवोः	दिवाम्
L.	दिवि	दिवोः	द्युषु

Gemischte Stämme:

पन्थाः path/pathi/panthan/panthā m. „Weg" – आपः ap / [ad] f. Pl. „Wasser"

N. V.	पन्थाः	पन्थानौ	पन्थानः	आपः
A.	पन्थानम्	पन्थानौ	पथः	अपः
I.	पथा	पथिभ्याम्	पथिभिः	अद्भिः
D.	पथे	पथिभ्याम्	पथिभ्यः	अद्भ्यः
Ab.	पथः	पथिभ्याम्	पथिभ्यः	अद्भ्यः
G.	पथः	पथोः	पथाम्	अपाम्
L.	पथि	पथोः	पथिषु	अप्सु

Z w e i t e   A b t e i l u n g (Maskulina und Neutra; Feminina bilden meist einen ī-Stamm):

Stämme auf c/ñc :

1. प्राङ् (प्राची) प्राक् prāc/prāñc „vorwärts gerichtet; östlich"
   m. n.

N. V.	प्राङ् ǀ प्राक्	प्राञ्चौ ǀ प्राची	प्राञ्चः ǀ प्राञ्चि
A.	प्राञ्चम् ǀ प्राक्	प्राञ्चौ ǀ प्राची	प्राचः ǀ प्राञ्चि
I.	प्राचा	प्राग्भ्याम्	प्राग्भिः
D.	प्राचे	प्राग्भ्याम्	प्राग्भ्यः
Ab.	प्राचः	प्राग्भ्याम्	प्राग्भ्यः
G.	प्राचः	प्राचोः	प्राचाम्
L.	प्राचि	प्राचोः	प्राक्षु

So auch:

अपाङ् (अपाची) अपाक् apāc/apāñc „rückwärts gerichtet; westlich“

अर्वाङ् (अर्वाची) अर्वाक् arvāc/arvāñc „zugekehrt“

अवाङ् (अवाची) अवाक् avāc/avāñc „abwärts gerichtet“

2. प्रत्यङ् (प्रतीची) प्रत्यक् pratyac [pratīc] / pratyañc   „entgegen gerichtet; westlich“
m. n.

N. V.	प्रत्यङ् । प्रत्यक्	प्रत्यञ्चौ । प्रतीची	प्रत्यञ्चः। प्रत्यञ्चि		
A.	प्रत्यञ्चम् । प्रत्यक्	प्रत्यञ्चौ । प्रतीची	प्रतीचः । प्रत्यञ्चि		
I.	प्रतीचा	प्रत्यग्भ्याम्	प्रत्यग्भिः		
D.	प्रतीचे	प्रत्यग्भ्याम्	प्रत्यग्भ्यः		
Ab.	प्रतीचः	प्रत्यग्भ्याम्	प्रत्यग्भ्यः		
G.	प्रतीचः	प्रतीचोः	प्रतीचाम्		
L.	प्रतीचि	प्रतीचोः	प्रत्यक्षु		

So auch:

उदङ् (उदीची) उदक् udac [udīc] / udañc „aufwärts gerichtet; nördlich“

न्यङ् (नीची) न्यक् nyac [nīc] / nyañc „abwärts gerichtet“

सम्यङ् (समीची) सम्यक् samyac [samīc] / samyañc „richtig“

Ebenso, jedoch -aśc statt -īc :

तिर्यङ् (तिरश्ची) तिर्यक् tiryac [tiraśc] / tiryañc „waagrecht“; m. „Tier“

3. अन्वङ् (अनूची) अन्वक् anvac [anūc] / anvañc „nachfolgend“
m. n.

N. V.	अन्वङ्। अन्वक्	अन्वञ्चौ । अनूची	अन्वञ्चः। अन्वञ्चि		
A.	अन्वञ्चम् । अन्वक्	अन्वञ्चौ । अनूची	अनूचः । अन्वञ्चि		
I.	अनूचा	अन्वग्भ्याम्	अन्वग्भिः		
D.	अनूचे	अन्वग्भ्याम्	अन्वग्भ्यः		
Ab.	अनूचः	अन्वग्भ्याम्	अन्वग्भ्यः		
G.	अनूचः	अनूचोः	अनूचाम्		
L.	अनूचि	अनूचोः	अन्वक्षु		

So auch:

विष्वङ् (विषूची) विष्वक् viṣvac [viṣūc] / viṣvañc „nach beiden Seiten gewandt“

Stämme auf t/nt :

1 . Partizip Präsens (analog das Part. Futur):

तुदन् (**तुदती** od. **तुदन्ती**) **तुदत्** tudat/tudant [tud (6)] „stoßend"

m. n.

N. V.	**तुदन्** । **तुदत्**	**तुदन्तौ** । **तुदती** u.°न्ती	**तुदन्तः** । **तुदन्ति**
A.	**तुदन्तम्** । **तुदत्**	**तुदन्तौ** । **तुदती** u.°न्ती	**तुदतः** । **तुदन्ति**
I.	**तुदता**	**तुदद्भ्याम्**	**तुदद्भिः**
	(etc.)		

Reduplizierte Wurzeln haben den Stamm nur auf t :

ददत् (**ददती**) **ददत्** dadat [dā (3)] „gebend"

m. n.

N. V.	**ददत्** । **ददत्**	**ददतौ** । **ददती**	**ददतः** । **ददति** u.°न्ति
A.	**ददतम्** । **ददत्**	**ददतौ** । **ददती**	**ददतः** । **ददति** u.°न्ति
I.	**ददता**	**ददद्भ्याम्**	**ददद्भिः**
	(etc.)		

Das Neutrum des N., A., V. Dual (desgleichen der S t a m m d e s F e m i n i n u m s) geht nach folgender Tabelle auf -atī oder -antī aus:

-atī	-antī	-atī oder -antī
Wurzelklassen der athematischen Konjugation	Wurzelklasse 1, 4, 10 Kausative Desiderative	Wurzelklasse 6 Wurzeln auf -ā der Kl. 2 Wurzeln mit Fut.-Suffix (-sya bzw. -iṣya)

2 . -mat/mant und -vat/vant :

Deklination wie beim Partizip Präsens (nichtredupl. Wurzeln), jedoch -mān und -vān im N. Sg. des Maskulinums.

Beispiele:

धीमान् (**धीमती**) **धीमत्** dhīmat/dhīmant „klug"

कृतवान् (**कृतवती**) **कृतवत्** kṛtavat/kṛtavant „getan habend"

भवान् (**भवती**) bhavat/bhavant (höfliches „du" in der 3. Pers.)

3. mahat/mahant – महान् (महती) महत् „groß"

Außer beim V. Sg. stets ā vor n :

m. n.

N.	महान् । महत्	महान्तौ । महती	महान्तः । महान्ति
A.	महान्तम् । महत्	महान्तौ । महती	महतः । महान्ति
I.	महता	महद्भ्याम्	महद्भिः
	(etc.)		
V.	महन् । महत्	महान्तौ । महती	महान्तः । महान्ति

Stämme auf n :

Lautregeln speziell: Sandhi § 32 und 24.

1. -an (nur bei -man und -van nach Konsonant):

m. n.: आत्मा ātman m. „Selbst" – ब्रह्म brahman n. „Brahman"

N.	आत्मा । ब्रह्म	आत्मानौ । ब्रह्मणी	आत्मानः । ब्रह्माणि
A.	आत्मानम् । ब्रह्म	आत्मानौ । ब्रह्मणी	आत्मनः । ब्रह्माणि
I.	आत्मना	आत्मभ्याम्	आत्मभिः
D.	आत्मने	आत्मभ्याम्	आत्मभ्यः
Ab.	आत्मनः	आत्मभ्याम्	आत्मभ्यः
G.	आत्मनः	आत्मनोः	आत्मनाम्
L.	आत्मनि	आत्मनोः	आत्मसु
V.	आत्मन् । ब्रह्म	आत्मानौ । ब्रह्मणी	आत्मानः । ब्रह्माणि

2. -an/n :

m.: राजा rājan [rājñ] „König"

N.	राजा	राजानौ	राजानः
A.	राजानम्	राजानौ	राज्ञः
I.	राज्ञा	राजभ्याम्	राजभिः
D.	राज्ञे	राजभ्याम्	राजभ्यः
Ab.	राज्ञः	राजभ्याम्	राजभ्यः
G.	राज्ञः	राज्ञोः	राज्ञाम्
L.	राज्ञि od. राजनि	राज्ञोः	राजसु
V.	राजन्	राजानौ	राजानः

Wie **राजा** auch das seltene Femininum **सीमा** sīman „Grenze"

n.: **नाम** nāman [nāmn] „Name"

N.	नाम	नाम्नी od. नामनी	नामानि
A.	नाम	नाम्नी od. नामनी	नामानि
I.	नाम्ना	नामभ्याम्	नामभिः
	(etc. wie m.)		
V.	नाम od. नामन्	नाम्नी od. नामनी	नामानि

Besondere Stammbildungen bei -v-an/n :

श्वा śvan [śun] m. „Hund" – **युवा** yuvan [yūn] m. „Jüngling"

N.	श्वा	श्वानौ	श्वानः	युवा	युवानौ	युवानः
A.	श्वानम्	श्वानौ	शुनः	युवानम्	युवानौ	यूनः
I.	शुना	श्वभ्याम्	श्वभिः	यूना	युवभ्याम्	युवभिः
D.	शुने	श्वभ्याम्	श्वभ्यः	यूने	युवभ्याम्	युवभ्यः
Ab.	शुनः	श्वभ्याम्	श्वभ्यः	यूनः	युवभ्याम्	युवभ्यः
G.	शुनः	शुनोः	शुनाम्	यूनः	यूनोः	यूनाम्
L.	शुनि	शुनोः	श्वसु	यूनि	यूनोः	युवसु
V.	श्वन्	श्वानौ	श्वानः	युवन्	युवानौ	युवानः

मघवा maghavan [maghon] m. „gabenreich; Indra"

N.	मघवा	मघवानौ	मघवानः
A.	मघवानम्	मघवानौ	मघोनः
I.	मघोना	मघवभ्याम्	मघवभिः
D.	मघोने	मघवभ्याम्	मघवभ्यः
Ab.	मघोनः	मघवभ्याम्	मघवभ्यः
G.	मघोनः	मघोनोः	मघोनाम्
L.	मघोनि	मघोनोः	मघवसु
V.	मघवन्	मघवानौ	मघवानः

Unregelmäßig:

०हा (०घ्री) -han [-ghn]* „tötend“

* Beim Verlust des a verwandelt sich das h in das ursprüngliche gh zurück.

Beispiel: वृत्रहा vṛtrahan m. „den Vṛtra tötend; Indra“

N.	वृत्रहा	वृत्रहणौ	वृत्रहणः
A.	वृत्रहणम्	वृत्रहणौ	वृत्रघ्नः
I.	वृत्रघ्ना	वृत्रहभ्याम्	वृत्रहभिः
	(etc.)		
V.	वृत्रहन्	वृत्रहणौ	वृत्रहणः

Stämme auf -an/n mit anderen gemischt:

अहः (= ahar) ahan [ahn] / ahar/ahas n. „Tag“

N. V.	अहः	अह्री od. अहनी	अहानि
A.	अहः	अह्री od. अहनी	अहानि
I.	अह्ना	अहोभ्याम्	अहोभिः
D.	अह्ने –	अहोभ्याम्	अहोभ्यः
Ab.	अह्नः	अहोभ्याम्	अहोभ्यः
G.	अह्नः	अह्नोः	अह्नाम्
L.	अह्नि od. अहनि	अह्नोः	अहःसु

अक्षि akṣan [akṣṇ] / akṣi n. „Auge“

N. V.	अक्षि	अक्षिणी	अक्षीणि
A.	अक्षि	अक्षिणी	अक्षीणि
I.	अक्ष्णा	अक्षिभ्याम्	अक्षिभिः
D.	अक्ष्णे	अक्षिभ्याम्	अक्षिभ्यः
Ab.	अक्ष्णः	अक्षिभ्याम्	अक्षिभ्यः
G.	अक्ष्णः	अक्ष्णोः	अक्ष्णाम्
L.	अक्ष्णि od. अक्षणि	अक्ष्णोः	अक्षिषु

So auch:

अस्थि asthan/asthi n. „Knochen“

दधि dadhan/dadhi n. „Sauermilch“

3. -in :

बली (बलिनी) बलि balin „kräftig“

m. n.

N.	बली । बलि	बलिनौ । बलिनी	बलिनः । बलीनि
A.	बलिनम् । बलि	बलिनौ । बलिनी	बलिनः । बलीनि
I.	बलिना	बलिभ्याम्	बलिभिः
	(etc.)		
V.	बलिन् । बलि od. बलिन्	बलिनौ । बलिनी	बलिनः । बलीनि

Stämme auf s/ṃs :

1. Komparativ auf -īyas/īyaṃs :

गरीयान् (गरीयसी) गरीयः garīyas/garīyaṃs „schwerer“

m. n.

N.	गरीयान् । गरीयः	गरीयांसौ । गरीयसी	गरीयांसः । गरीयांसि
A.	गरीयांसम् । गरीयः	गरीयांसौ । गरीयसी	गरीयसः । गरीयांसि
I.	गरीयसा	गरीयोभ्याम्	गरीयोभिः
	(etc.)		
V.	गरीयन् । गरीयः	गरीयांसौ । गरीयसी	गरीयांसः । गरीयांसि

2. Partizip Perfekt auf -vas/vaṃs :

विद्वान् (विदुषी) विद्वत् vidvas [viduṣ] / vidvaṃs „wissend“ (vgl. S. 91)

m. n.

N.	विद्वान् । विद्वत् (!)	विद्वांसौ । विदुषी	विद्वांसः । विद्वांसि
A.	विद्वांसम् । विद्वत्	विद्वांसौ । विदुषी	विदुषः । विद्वांसि
I.	विदुषा	विद्वद्भ्याम्	विद्वद्भिः
D.	विदुषे	विद्वद्भ्याम्	विद्वद्भ्यः
Ab.	विदुषः	विद्वद्भ्याम्	विद्वद्भ्यः
G.	विदुषः	विदुषोः	विदुषाम्
L.	विदुषि	विदुषोः	विद्वत्सु
V.	विद्वन् । विद्वत्	विद्वांसौ । विदुषी	विद्वांसः । विद्वांसि

3. **पुमान्** puṃs/pumaṃs „Mann" (Sandhi § 22, Ausn.)

N.	पुमान्	पुमांसौ	पुमांसः
A.	पुमांसम्	पुमांसौ	पुंसः
I.	पुंसा	पुंभ्याम्	पुंभिः
D.	पुंसे	पुंभ्याम्	पुंभ्यः
Ab.	पुंसः	पुंभ्याम्	पुंभ्यः
G.	पुंसः	पुंसोः	पुंसाम्
L.	पुंसि	पुंसोः	पुंसु
V.	पुमन्	पुमांसौ	पुमांसः

Deklination der Pronomina[1]

a) **अहम्** mad „ich" – **वयम्** asmad „wir"

N.	अहम्	आवाम्	वयम्
A.	माम् od. मा	आवाम् od. नौ	अस्मान् od. नः
I.	मया	आवाभ्याम्	अस्माभिः
D.	मह्यम् od. मे	आवाभ्याम् od. नौ	अस्मभ्यम् od. नः
Ab.	मत्	आवाभ्याम्	अस्मत्
G.	मम od. मे	आवयोः od. नौ	अस्माकम् od. नः
L.	मयि	आवयोः	अस्मासु

b) **त्वम्** tvad „du" – **यूयम्** yuṣmad „ihr"

N.	त्वम्	युवाम्	यूयम्
A.	त्वाम् od. त्वा	युवाम् od. वाम्	युष्मान् od. वः
I.	त्वया	युवाभ्याम्	युष्माभिः
D.	तुभ्यम् od. ते	युवाभ्याम् od. वाम्	युष्मभ्यम् od. वः
Ab.	त्वत्	युवाभ्याम्	युष्मत्
G.	तव od. ते	युवयोः od. वाम्	युष्माकम् od. वः
L.	त्वयि	युवयोः	युष्मासु

---

1 Zur Ablativform auf -tas siehe S. 34.

c) **सः सा तत्** tad [ta] „er – sie – es; der – die – das(jenige); dieser – diese – dieses"

	m. n.			f.		
N.	सः* | तत्	तौ | ते	ते | तानि	सा	ते	ताः
A.	तम् | तत्	तौ | ते	तान् | तानि	ताम्	ते	ताः
I.	तेन	ताभ्याम्	तैः	तया	(etc. wie	ताभिः
D.	तस्मै	ताभ्याम्	तेभ्यः	तस्यै	m. n.)	ताभ्यः
Ab.	तस्मात्	ताभ्याम्	तेभ्यः	तस्याः		ताभ्यः
G.	तस्य	तयोः	तेषाम्	तस्याः		तासाम्
L.	तस्मिन्	तयोः	तेषु	तस्याम्		तासु

* Meist nur **स** (siehe Sandhi § 20)

So auch:

एषः एषा एतत् etad [eta] „dieser"; ferner: enad [ena] „dieser", wobei nur folgende Formen gebräuchlich: A. **एनम् एनाम् एनत् – एनौ एने एने – एनान् एनाः एनानि**; I. Sg. **एनेन एनया एनेन**; G. u. L. Dual **एनयोः**

d) **यः या यत्** yad [ya] „welcher – welche – welches" (relativ)

	m. n.			f.		
N.	यः | यत्	यौ | ये	ये | यानि	या	ये	याः
A.	यम् | यत्	यौ | ये	यान् | यानि	याम्	ये	याः
I.	येन	याभ्याम्	यैः	यया	(etc. wie	याभिः
D.	यस्मै	याभ्याम्	येभ्यः	यस्यै	m. n.)	याभ्यः
Ab.	यस्मात्	याभ्याम्	येभ्यः	यस्याः		याभ्यः
G.	यस्य	ययोः	येषाम्	यस्याः		यासाम्
L.	यस्मिन्	ययोः	येषु	यस्याम्		यासु

Dieser Deklination folgen auch:

    अन्यः अन्या अन्यत् anya „anderer"

    इतरः इतरा इतरत् itara „anderer"

    कतमः कतमा कतमत् katama „welcher?" (von vielen)

    कतरः कतरा कतरत् katara „welcher?" (von zweien)

Ferner – mit Ausnahme des N. u. A. Sg. Neutrum:

    एकः एका एकम् eka „ein, einzig"; „einer" (von vielen)

    एकतरः एकतरा एकतरम् ekatara „einer" (von zweien)

विश्वः विश्वा विश्वम् viśva „ganz, all, jeder"
सर्वः सर्वा सर्वम् sarva do.

Ferner – mit Ausnahme des N. u. A. Sg. Neutrum; außerdem können N. Pl. des Mask. sowie Ab. u. L. Sg. des Mask./Neutr. auch nominal dekliniert sein (vgl. देवाः देवात् देवे):

अधरः अधरा अधरम् adhara „unterer"
अन्तरः अन्तरा अन्तरम् antara „innerer; anderer"
अपरः अपरा अपरम् apara „anderer"
अवरः अवरा अवरम् avara „hinterer; westlich"
उत्तरः उत्तरा उत्तरम् uttara „oberer, nördlich"
दक्षिणः दक्षिणा दक्षिणम् dakṣiṇa „rechter; südlich"
परः परा परम् para „anderer; höchst"
पूर्वः पूर्वा पूर्वम् pūrva „früher; östlich"
स्वः स्वा स्वम् sva „eigen"

e) कः का किम् kim [ka] „wer – was? welcher – welche – welches?"

	m. n.					f.		
N.	कः | किम्	कौ | के	के | कानि			का	के	काः
A.	कम् | किम्	कौ | के	कान् | कानि			काम्	के	काः

(etc. wie tad und yad)

f) अयम् इयम् इदम् idam [a / i (ima)] „dieser – diese – dieses (hier)"

	m. n.			f.		
N.	अयम् | इदम्	इमौ | इमे	इमे | इमानि	इयम्	इमे	इमाः
A.	इमम् | इदम्	इमौ | इमे	इमान् | इमानि	इमाम्	इमे	इमाः
I.	अनेन	आभ्याम्	एभिः	अनया	(etc. wie m. n.)	आभिः
D.	अस्मै	आभ्याम्	एभ्यः	अस्यै		आभ्यः
Ab.	अस्मात्	आभ्याम्	एभ्यः	अस्याः		आभ्यः
G.	अस्य	अनयोः	एषाम्	अस्याः		आसाम्
L.	अस्मिन्	अनयोः	एषु	अस्याम्		आसु

g) **असौ असौ अदः** adas [amu (amī)] *„jener – jene – jenes (dort)“*

	N.	असौ । अदः	अमू	अमी । अमूनि	असौ	अमू	अमूः
A.		अमुम् । अदः	अमू	अमून् । अमूनि	अमूम्	अमू	अमूः
I.		अमुना	अमूभ्याम्	अमीभिः	अमुया	(etc.	अमूभिः
D.		अमुष्मै	अमूभ्याम्	अमीभ्यः	अमुष्यै	wie	अमूभ्यः
Ab.		अमुष्मात्	अमूभ्याम्	अमीभ्यः	अमुष्याः	m. n.)	अमूभ्यः
G.		अमुष्य	अमुयोः	अमीषाम्	अमुष्याः		अमूषाम्
L.		अमुष्मिन्	अमुयोः	अमीषु	अमुष्याम्		अमूषु

Deklination der adjektivischen Kardinalia

एकः एका एकम् eka *„ein“*:
Siehe S. 51, d (Ferner).

द्वौ द्वे द्वे (Dual) dvi [dva] *„zwei“*:
Siehe Stämme auf a/ā, S. 35.

त्रयः तिस्रः त्रीणि tri *„drei“*

	m. n.	f.
N. V.	त्रयः । त्रीणि	तिस्रः
A.	त्रीन् । त्रीणि	तिस्रः
I.	त्रिभिः	तिसृभिः
D. Ab.	त्रिभ्यः	तिसृभ्यः
G.	त्रयाणाम्	तिसृणाम्
L.	त्रिषु	तिसृषु

चत्वारः चतस्रः चत्वारि catur *„vier“*

	m. n.	f.
N. V.	चत्वारः । चत्वारि	चतस्रः
A.	चतुरः । चत्वारि	चतस्रः
I.	चतुर्भिः	चतसृभिः
D. Ab.	चतुर्भ्यः	चतसृभ्यः
G.	चतुर्णाम्	चतसृणाम्
L.	चतुर्षु	चतसृषु

Ohne Unterscheidung der Geschlechter:

पञ्च pañcan *„fünf“* – **षट्** ṣaṣ *„sechs“* – **अष्टौ** aṣṭan *„acht“*

	पञ्च	षट्	अष्टौ
N. V.	पञ्च	षट्	अष्टौ
A.	पञ्च	षट्	अष्टौ
I.	पञ्चभिः	षड्भिः	अष्टाभिः
D. Ab.	पञ्चभ्यः	षड्भ्यः	अष्टाभ्यः
G.	पञ्चानाम् (!)	षण्णाम् (Sandhi § 30)	अष्टानाम् (!)
L.	पञ्चसु	षट्सु	अष्टासु

aṣṭan kann auch allgemein wie pañcan dekliniert werden. Wie pañcan gehen ferner:
सप्त saptan *„sieben“*; **नव** navan *„neun“*; **दश** daśan *„zehn“*

Konjugation

Im A k t i v kennt das Sanskrit zwei verschiedene Verbalformen: P a r a s m a i-
p a d a und Ā t m a n e p a d a (wörtl. „Wort für/mit Bezug auf anderes" und
„Wort mit Bezug auf sich selbst"). Gewisse Verben haben Par.-, andere Ātm.-
Formen, wieder andere werden auf beide Arten konjugiert; das ist aber häufig ohne inhaltliche Bedeutung.[1]
Eine P a s s i v f o r m kann auch von objektlosen Verben gebildet werden. Beispiel: statt तिष्ठति tiṣṭhati „er steht" auch तेन स्थीयते tena sthīyate „von ihm wird
gestanden".

Es gibt die folgenden Tempora (bzw. Modi):

Zum „Präsenssystem", weil vom Präsensstamm gebildet, gehören:
P r ä s e n s (= Indikativ Präs.)
O p t a t i v – drückt Wunsch, Aufforderung, Überlegung, Vermutung, Möglich-
    keit oder Bedingung aus und steht überdies bei allgemeinen Aussagen
    und Regeln (wo man im Deutschen nur oder auch Ind. Präs. verwendet).
I m p e r a t i v (kann auch konjunktivische Bedeutung haben)
I m p e r f e k t

Zu den „allgemeinen Tempora" gehören:
F u t u r
K o n d i t i o n a l – wird in irrealen Bedingungssätzen neben dem Optativ ver-
    wendet.
P r e k a t i v – optativartig, drückt einen verstärkten Wunsch aus.
P e r f e k t und A o r i s t – beide werden im klassischen Sanskrit, zusammen
    mit dem Imperfekt, unterschiedslos als Tempora der Vergangenheit ge-
    braucht.

Einen eigentlichen K o n j u n k t i v, etwa zur Bildung indirekter Rede, kennt das klassische
Sanskrit nicht – ebenso nicht die indirekte Rede.
Im klassischen Sanskrit dominiert ein ausgesprochen nominaler Stil. Es werden hier nur we-
nige der zahlreichen Konjugationsformen regelmäßig angetroffen.

---

1 Selten – und in der Regel nur bei den „allgemeinen Tempora" – kann ein Ātmanepada
   passive Bedeutung haben. – Bsp. मोक्ष्यसे mokṣyase „du wirst befreit werden"

Vorbemerkung zur Formenbildung: Im Imperfekt, Konditional und Aorist wird konsonantisch anlautenden Wurzeln ein a vorangesetzt (das sog. Augment); bei v o k a - l i s c h anlautenden Wurzeln tritt stattdessen Vṛddhi ein: आक्षत् (Impf.) „er besprengte" von ukṣ (6); ऐत् (Impf.) „er ging" von i (2)

Präsens (Indikativ, Optativ, Imperativ) und Imperfekt: Das Präsenssystem und seine zehn Wurzelklassen[1]

Nach der t h e m a t i s c h e n Konjugation – der Stamm endigt mit dem „Themavokal" a – gehen die Wurzelklassen 1, 4, 6 und 10 ; nach der a t h e m a - t i s c h e n Konjugation – ohne den „Themavokal" a und mit uneinheitlicher, d. h. lautlich abgestufter, Stammbildung – gehen die Klassen 2, 3, 5, 7, 8 und 9 .

A . Thematische Konjugation

Die Wurzelklassen und ihre Formenbildung:

1:   Wurzel (guṇ.)* mit a + Endung: नयति nayati „er führt" von nī [ne] (Sandhi § 27)

    * Ausnahme:[2]
      Bsp. जीवति von jīv „leben"; निन्दति von nind „tadeln"

4:   Wurzel mit ya + Endung: पश्यति paśyati „er sieht" von paś

6:   Wurzel mit a + Endung: तुदति tudati „er stößt" von tud

10: Wurzel (guṇ. / vṛddh.)* mit aya + Endung: चोरयति „er stiehlt" von cur [cor]

    * Allgemeine Regel, gültig insbesondere auch für die Kausative (S. 99): Von den kurzen Vokalen i u ṛ vor Konsonant abgesehen, welche guṇiert werden (bzw. unverändert bleiben[2]), tritt beim Wurzelvokal meist Vṛddhi ein.

---

1 Zur Definition der Wurzel: „Die grundlegende Einheit des altindoarischen Verbalsystems bildet die ‚Wurzel', i. e. dasjenige ein(/zwei)silbige Morphem, von dem aus [...] die [...] Tempusstämme [...] des Verbs und die Verbalnomina gebildet werden und welches als verbales Lexem Träger der lexikalischen Bedeutung des Verbs ist." (Ch. H. Werba, *Verba Indoarica*, Pars I, Wien 1997, S. 127.)
2 Siehe S. 103, Anm 2.

Wurzeln mit besonderer Stammbildung:

गच्छति gam (1) „gehen"		जायते jan (4) „geboren werden"	
यच्छति yam (1) „zügeln, bändigen"		विध्यति vyadh (4) „durchbohren"	
जिघ्रति ghrā (1) „riechen"		भ्रश्यति bhraṃś (4) „fallen"	
तिष्ठति sthā (1) „stehen"		किरति kṛ/kar (6) „streuen"	
पिबति pā (1) „trinken"		इच्छति iṣ (6) „wünschen"	
गूहति guh (1) „verhüllen"		ऋच्छति ṛ/ar (6) „gehen"	
सीदति sad (1) „sitzen"		पृच्छति pracch (6) „fragen"	
दशति daṃś (1) „beißen"		कृन्तति kṛt (6) „schneiden"	
सजति sañj (1) „hängen"		मुञ्चति muc (6) „loslassen"	
ताम्यति tam (4) „erstarren"		लिम्पति lip (6) „beschmieren"	
भ्राम्यति bhram (4) „umherschweifen"		लुम्पति lup (6) „plündern"	
शाम्यति śam (4) „ruhig werden"		विन्दति vid (6) „finden"	
श्राम्यति śram (4) „müde werden"		सिञ्चति sic (6) „begießen"	

Die Endungen der thematischen Konjugation:

	Parasmaipada			Ātmanepada		
Präs.	-mi	-vas	-mas	-e	-vahe	-mahe
	-si	-thas	-tha	-se	-ethe	-dhve
	-ti	-tas	-nti	-te	-ete	-nte
Opt.	-īyam	-īva	-īma	-īya	-īvahi	-īmahi
	-īs	-ītam	-īta	-īthās	-īyāthām	-īdhvam
	-īt	-ītām	-īyur[1]	-īta	-īyātām	-īran
Imp.	-āni	-āva	-āma	-ai	-āvahai	-āmahai
	—	-tam	-ta	-sva	-ethām	-dhvam
	-tu	-tām	-ntu	-tām	-etām	-ntām
Impf.	a...-m	a...-va	a...-ma	a...-i	a...-vahi	a...-mahi
	a...-s	a...-tam	a...-ta	a...-thās	a...-ethām	a...-dhvam
	a...-t	a...-tām	a...-n	a...-ta	a...-etām	a...-nta

Lautregeln zur Formenbildung: Sandhi § 1–3, 27 u. 28.

1 Vgl. S. 41, Fn. 1.

Konjugation der ersten Klasse (analog die vierte, sechste und zehnte Klasse)

नयति P. / नयते Ā. nī (1) „führen"

	Singular	Dual	Plural
Parasmaipada:			
Präs.	नयामि	नयावः	नयामः
	नयसि	नयथः	नयथ
	नयति	नयतः	नयन्ति
Opt.	नयेयम्	नयेव	नयेम
	नयेः	नयेतम्	नयेत
	नयेत्	नयेताम्	नयेयुः
Imp.	नयानि	नयाव	नयाम
	नय	नयतम्	नयत
	नयतु	नयताम्	नयन्तु
Impf.	अनयम्	अनयाव	अनयाम
	अनयः	अनयतम्	अनयत
	अनयत्	अनयताम्	अनयन्
Ātmanepada:			
Präs.	नये	नयावहे	नयामहे
	नयसे	नयेथे	नयध्वे
	नयते	नयेते	नयन्ते
Opt.	नयेय	नयेवहि	नयेमहि
	नयेथाः	नयेयाथाम्	नयेध्वम्
	नयेत	नयेयाताम्	नयेरन्
Imp.	नयै	नयावहै	नयामहै
	नयस्व	नयेथाम्	नयध्वम्
	नयताम्	नयेताम्	नयन्ताम्
Impf.	अनये	अनयावहि	अनयामहि
	अनयथाः	अनयेथाम्	अनयध्वम्
	अनयत	अनयेताम्	अनयन्त

B. Athematische Konjugation

Die Wurzelklassen und ihre Formenbildung:

2: Wurzel + End.: द्वेष्टि dveṣṭi (Sandhi § 35) / द्विषन्ति dviṣanti von dviṣ [dveṣ] „hassen"

3: Wurzel (redupl.) + Endung: जुहोति juhoti / जुह्वति juhvati (!) von hu [juhu/juho] „opfern"

5: Wurzel mit **nu / no** + End.: सुनोति sunoti / सुन्वन्ति sunvanti von su „pressen"

7: Wurzel mit Nasal (ṅ ñ n ṃ) / **na** vor dem Endkonsonanten + Endung: भिनत्ति bhinatti / भिन्दन्ति bhindanti von bhid „spalten" (Bei einigen Wurzeln ist der Nasal bereits in der Grundform enthalten; vgl. S. 75.)

8: Wurzel mit **u / o** + Endung: तनोति tanoti / तन्वन्ति tanvanti von tan „dehnen"

9: Wurzel mit **nī** (vor Vokal **n**) / **nā** + Endung: अश्नाति aśnāti / अश्नीमः aśnīmaḥ / अश्नन्ति aśnanti von aś „essen"

Die Endungen der athematischen Konjugation:

	Parasmaipada			Ātmanepada		
Präs.	-mi	-vas	-mas	-e	-vahe	-mahe
	-si	-thas	-tha	-se	-āthe	-dhve
	-ti	-tas	-anti	-te	-āte	-ate (!)
Opt.	-yām	-yāva	-yāma	-īya	-īvahi	-īmahi
	-yās	-yātam	-yāta	-īthās	-īyāthām	-īdhvam
	-yāt	-yātām	-yur	-īta	-īyātām	-īran
Imp.	-āni	-āva	-āma	-ai	-āvahai	-āmahai
	– -hi -dhi	-tam	-ta	-sva	-āthām	-dhvam
	-tu	-tām	-antu	-tām	-ātām	-atām (!)
Impf.	a...-am	a...-va	a...-ma	a...-i	a...-vahi	a...-mahi
	a...-s	a...-tam	a...-ta	a...-thās	a...-āthām	a...-dhvam
	a...-t	a...-tām	a...-an	a...-ta	a...-ātām	a...-ata (!)

Zur 2. Sg. des Imp. Par.: Die *vokalischen* Verbalstämme der Klassen 2, 3, 7 und 9 haben im Allgemeinen die Endung -hi, die *konsonantischen* (mit Ausnahme der Klasse 9, s. d.) die Endung -dhi; Klasse 8 hat keine Endung, ebenso (mit Ausnahme, s. d.) die Klasse 5.

Lautregeln zur Formenbildung allgemein: Sandhi § 29 (Nichtsilbische Flexionsendungen) u. 30–40 (Silbische Flexionsendungen) sowie 21–23 (Cerebralisation). – Zu den Stämmen auf i ī u ū und Diphthong speziell: Sandhi § 26 u. 27.

Konjugation der zweiten Klasse

1. Beispiel: **द्वेष्टि द्विषन्ति** P. / **द्विष्टे द्विषते** Ā. dviṣ (2) „hassen"

Parasmaipada:

Präs.	द्वेष्मि	द्विष्वः	द्विष्मः
	द्वेक्षि (Sandhi § 34.6)	द्विष्ठः	द्विष्ठ
	द्वेष्टि (Sandhi § 35)	द्विष्टः	द्विषन्ति
Opt.	द्विष्याम्	द्विष्याव	द्विष्याम
	द्विष्याः	द्विष्यातम्	द्विष्यात
	द्विष्यात्	द्विष्याताम्	द्विष्युः
Imp.	द्वेषाणि	द्वेषाव	द्वेषाम
	द्विड्ढि (Sa. § 34.3 u. 23)	द्विष्टम्	द्विष्ट
	द्वेष्टु	द्विष्टाम्	द्विषन्तु
Impf.	अद्वेषम्	अद्विष्व	अद्विष्म
	अद्वेट् (Sandhi 34.3)	अद्विष्टम्	अद्विष्ट
	अद्वेट्	अद्विष्टाम्	अद्विषन् (vgl. S. 66: i)

Ātmanepada:

Präs.	द्विषे	द्विष्वहे	द्विष्महे
	द्विक्षे	द्विषाथे	द्विड्ढे
	द्विष्टे	द्विषाते	द्विषते
Opt.	द्विषीय	द्विषीवहि	द्विषीमहि
	द्विषीथाः	द्विषीयाथाम्	द्विषीध्वम्
	द्विषीत	द्विषीयाताम्	द्विषीरन्
Imp.	द्वेषै	द्वेषावहै	द्वेषामहै
	द्विक्ष्व	द्विषाथाम्	द्विड्ढ्वम्
	द्विष्टाम्	द्विषाताम्	द्विषताम्
Impf.	अद्विषि	अद्विष्वहि	अद्विष्महि
	अद्विष्ठाः	अद्विषाथाम्	अद्विड्ढ्वम्
	अद्विष्ट	अद्विषाताम्	अद्विषत

2. Beispiel: **दोग्धि दुहन्ति** P. / **दुग्धे दुहते** Ā. duh (2) „melken"

Parasmaipada:

Präs.	दोह्मि	दुह्षः	दुह्षः
	धोक्षि (Sandhi § 34.6)	दुग्धः (Sandhi § 37)	दुग्ध
	दोग्धि (Sandhi § 37)	दुग्धः	दुहन्ति
Opt.	दुह्याम्	दुह्याव	दुह्याम
	दुह्याः	दुह्यातम्	दुह्यात
	दुह्यात्	दुह्याताम्	दुह्युः
Imp.	दोहानि	दोहाव	दोहाम
	धुग्धि (Sa. § 34.5 u. 8)	दुग्धम्	दुग्ध
	दोग्धु	दुग्धाम्	दुहन्तु
Impf.	अदोहम्	अदुह्म	अदुह्म
	अधोक् (Sa. § 34.5)	अदुग्धम्	अदुग्ध
	अधोक्	अदुग्धाम्	अदुहन्

Ātmanepada:

Präs.	दुहे	दुह्वहे	दुह्महे
	धुक्षे	दुहाथे	धुग्ध्वे
	दुग्धे	दुहाते	दुहते
Opt.	दुहीय	दुहीवहि	दुहीमहि
	दुहीथाः	दुहीयाथाम्	दुहीध्वम्
	दुहीत	दुहीयाताम्	दुहीरन्
Imp.	दोहै	दोहावहै	दोहामहै
	धुक्ष्व	दुहाथाम्	धुग्ध्वम्
	दुग्धाम्	दुहाताम्	दुहताम्
Impf.	अदुहि	अदुह्वहि	अदुह्महि
	अदुग्धाः	अदुहाथाम्	अधुग्ध्वम्
	अदुग्ध	अदुहाताम्	अदुहत

Zur Aspiration im Anlaut: Sandhi § 40 (inkl. – mit Bezug auf § 37 – Ausnahme)

3. Beispiel: **लेढि लिहन्ति** P. / **लीढे लिहते** Ā. lih (2) „lecken"

Parasmaipada:

Präs.	**लेह्मि**	**लिह्लः**	**लिह्मः**
	लेक्षि (Sandhi § 34.6)	**लीढः** (Sandhi § 38)	**लीढ**
	लेढि (Sandhi § 38)	**लीढः**	**लिहन्ति**
Opt.	लिह्याम्	लिह्याव	लिह्याम
	लिह्याः	लिह्यातम्	लिह्यात
	लिह्यात्	लिह्याताम्	लिह्युः
Imp.	**लेहानि**	**लेहाव**	**लेहाम**
	लीढि	लीढम्	लीढ
	लेढु	लीढाम्	लिहन्तु
Impf.	अलेहम्	अलिह्व	अलिह्म
	अलेट् (Sa. § 34.5)	अलीढम्	अलीढ
	अलेट्	अलीढाम्	अलिहन्

Ātmanepada:

Präs.	लिहे	लिह्वहे	लिह्महे
	लिक्षे	लिहाथे	लीढे (Sandhi § 38)
	लीढे	लिहाते	लिहते
Opt.	लिहीय	लिहीवहि	लिहीमहि
	लिहीथाः	लिहीयाथाम्	लिहीध्वम्
	लिहीत	लिहीयाताम्	लिहीरन्
Imp.	**लेहै**	**लेहावहै**	**लेहामहै**
	लिक्ष्व	लिहाथाम्	लीढ्वम्
	लीढाम्	लिहाताम्	लिहताम्
Impf.	अलिहि	अलिह्वहि	अलिह्महि
	अलीढाः	अलिहाथाम्	अलीढ्वम्
	अलीढ	अलिहाताम्	अलिहत

4. Beispiel: **एति यन्ति** P. i (2) „gehen"

Präs.	एमि	इवः	इमः
	एषि	इथः	इथ
	एति	इतः	यन्ति
Opt.	इयात्	इयाताम्	इयुः (etc.)
Imp.	अयानि	अयाव	अयाम
	इहि	इतम्	इत
	एतु	इताम्	यन्तु
Impf.[1]	आयम्	ऐव	ऐम
	ऐः	ऐतम्	ऐत
	ऐत्	ऐताम्	आयन्

Unregelmäßige der zweiten Klasse:

a) **अस्ति सन्ति** P. as (2) „sein"

Präs.	अस्मि	स्वः	स्मः
	असि	स्थः	स्थ
	अस्ति	स्तः	सन्ति
Opt.	स्याम्	स्याव	स्याम
	स्याः	स्यातम्	स्यात
	स्यात्	स्याताम्	स्युः
Imp.	असानि	असाव	असाम
	एधि (!)	स्तम्	स्त
	अस्तु	स्ताम्	सन्तु
Impf.	आसम्	आस्व	आस्म
	आसीः	आस्तम्	आस्त
	आसीत्	आस्ताम्	आसन्

---

1 Vgl. Vorbemerkung zur Formenbildung S. 55.

b) रोदिति रुदन्ति P. rud (2) „weinen"

Präs.	रोदिमि	रुदिवः	रुदिमः
	रोदिषि	रुदिथः	रुदिथ
	रोदिति	रुदितः	रुदन्ति
Opt.	रुद्यात्	रुद्याताम्	रुद्युः (etc.)
Imp.	रोदानि	रोदाव	रोदाम
	रुदिहि	रुदितम्	रुदित
	रोदितु	रुदिताम्	रुदन्तु
Impf.	अरोदम्	अरुदिव	अरुदिम
	अरोदः od. अरोदीः	अरुदितम्	अरुदित
	अरोदत् od. अरोदीत्	अरुदिताम्	अरुदन्

So auch:

अनिति अनन्ति an (2) „atmen"

श्वसिति श्वसन्ति śvas (2) „schnaufen; atmen"

स्वपिति स्वपन्ति svap (2) „schlafen"

c) ब्रवीति ब्रुवन्ति P. brū (2) „sprechen"

Präs.	ब्रवीमि	ब्रूवः	ब्रूमः
	ब्रवीषि	ब्रूथः	ब्रूथ
	ब्रवीति	ब्रूतः	ब्रुवन्ति
Opt.	ब्रूयात्	ब्रूयाताम्	ब्रूयुः (etc.)
Imp.	ब्रवाणि	ब्रवाव	ब्रवाम
	ब्रूहि	ब्रूतम्	ब्रूत
	ब्रवीतु	ब्रूताम्	ब्रुवन्तु
Impf.	अब्रवम्	अब्रूव	अब्रूम
	अब्रवीः	अब्रूतम्	अब्रूत
	अब्रवीत्	अब्रूताम्	अब्रुवन्

d) **स्तौति** od. **स्तवीति स्तुवन्ति** P. stu (2) „preisen"

Präs.	स्तौमि od. स्तवीमि	स्तुवः	स्तुमः
	स्तौषि od. स्तवीषि	स्तुथः	स्तुथ
	स्तौति od. स्तवीति	स्तुतः	स्तुवन्ति
Opt.	स्तुयात्	स्तुयाताम्	स्तुयुः (etc.)
Imp.	स्तवानि	स्तवाव	स्तवाम
	स्तुहि	स्तुतम्	स्तुत
	स्तौतु od. स्तवीतु	स्तुताम्	स्तुवन्तु
Impf.	अस्तवम्	अस्तुव	अस्तुम
	अस्तौः od. अस्तवीः	अस्तुतम्	अस्तुत
	अस्तौत् od. अस्तवीत्	अस्तुताम्	अस्तुवन्

So auch:

रौति od. **रवीति रुवन्ति** ru (2) „brüllen"
नौति (nur so) **नुवन्ति** nu/nū (2) „preisen"

e) **शेते शेरते** Ā. śī (2) „liegen" (in allen Formen guṇiert)

Präs.	शये	शेवहे	शेमहे
	शेषे	शयाथे	शेध्वे
	शेते	शयाते	शेरते (!)
Opt.	शयीय	शयीवहि	शयीमहि
	शयीथाः	शयीयाथाम्	शयीध्वम्
	शयीत	शयीयाताम्	शयीरन्
Imp.	शयै	शयावहै	शयामहै (etc.)
	शेष्व	शयाथाम्	शेध्वम्
	शेताम्	शयाताम्	शेरताम् (!)
Impf.	अशयि	अशेवहि	अशेमहि
	अशेथाः	अशयाथाम्	अशेध्वम्
	अशेत	अशयाताम्	अशेरत (!)

f) **हन्ति घ्नन्ति** P. han [ghn] (2) „schlagen"

Präs.	हन्मि	हन्वः	हन्मः
	हंसि (Sandhi § 32)	हथः	हथ
	हन्ति	हतः	घ्नन्ति
Opt.	हन्यात्	हन्याताम्	हन्युः (etc.)
Imp.	हनानि	हनाव	हनाम
	जहि (!)	हतम्	हत
	हन्तु	हताम्	घ्नन्तु
Impf.	अहनम्	अहन्व	अहन्म
	अहन्	अहतम्	अहत
	अहन्	अहताम्	अघ्नन्

g) **शास्ति शासति** (!) P. śās [śis] (2) „anweisen"

Präs.	शास्मि	शिष्वः	शिष्मः
	शास्सि	शिष्ठः	शिष्ठ
	शास्ति	शिष्ठः	शासति (S. 66: i)
Opt.	शिष्याम्	शिष्याव	शिष्याम
	शिष्याः	शिष्यातम्	शिष्यात
	शिष्यात्	शिष्याताम्	शिष्युः
Imp.	शासानि	शासाव	शासाम
	शाधि [1]	शिष्टम्	शिष्ट
	शास्तु	शिष्टाम्	शासतु (do.)
Impf.	अशासम्	अशिष्व	अशिष्म
	अशाः od. अशात्	अशिष्टम्	अशिष्ट
	अशात् [2]	अशिष्टाम्	अशासुः (do.)

---

1 śādhi < śāḥ-dhi (vgl. Sandhi § 20).
2 Vgl. S. 25, Fn. 2.

h) Weitere Wurzeln mit besonderer Stammbildung:

चष्टे चक्षते Ā. cakṣ (2) „sehen": caṣ vor Konsonant bzw. caṭ (caḍ) vor dh (ḍh) und cak vor s (ṣ) (Sandhi § 34.3/6 u. 35; zur 2. Pl. des Präs., Imp. u. Impf.: § 23)

माष्टि मृजन्ति P. mṛj/marj [mṛṭ] (2) „reinigen": Vṛddhi statt Guṇa (Sandhi § 34.1 u. 35)

वष्टि उशन्ति P. vaś [vaṭ] (2) „verlangen": uś [uṭ] in den tiefstufigen Formen (do.)

सूते सुवते Ā. sū (2) „gebären": in allen Formen ohne Guṇa (Sandhi § 26)

i) Wurzeln mit Endungen der dritten Klasse:

In der 3. Pl. des Impf. Par. hat vid „wissen" die Endung -uḥ; dies kann auch bei dviṣ „hassen" der Fall sein, ferner bei den Wurzeln auf -ā (wobei das ā dann wegfällt):

अविदुः „sie wussten"

अद्विषन् oder अद्विषुः „sie hassten"

अयान् oder अयुः „sie gingen" (von yā)

Die wenigen der zweiten Klasse zugerechneten reduplizierten Wurzeln – etwa gṛ/gar (bzw. jāgṛ/jāgar) „wachen, erwachen" – sowie śās „anweisen" (s. o.: g) werden nach der dritten Klasse konjugiert (enden in der 3. Pl. des Präs., Imp. und Impf. Par. also auf -ati -atu und -uḥ).

Konjugation der dritten Klasse

जुहोति जुह्वति P. / **जुहुते जुह्वते** Ā. hu [juhu] (3) „opfern"

Parasmaipada:

Präs.	जुहोमि	जुहुवः	जुहुमः
	जुहोषि	जुहुथः	जुहुथ
	जुहोति	जुहुतः	जुह्वति (!)
Opt.	जुहुयाम्	जुहुयाव	जुहुयाम
	जुहुयाः	जुहुयातम्	जुहुयात
	जुहुयात्	जुहुयाताम्	जुहुयुः
Imp.	जुहवानि	जुहवाव	जुहवाम
	जुहुधि*	जुहुतम्	जुहुत
	जुहोतु	जुहुताम्	जुह्वतु (!)
Impf.	अजुहवम्	अजुहुव	अजुहुम
	अजुहोः	अजुहुतम्	अजुहुत
	अजुहोत्	अजुहुताम्	अजुहवुः (!) **

* So bei hu , nach Vokal sonst ०हि (vgl. S. 58): **बिभृहि** „trage" (von bhṛ/bhar [bibhṛ])
** Vor der Endung -uḥ werden auslautende Vokale guṇiert, also auch: **अबिभरुः** „sie trugen"

Ātmanepada:

Präs.	जुह्वे	जुहुवहे	जुहुमहे
	जुहुषे	जुह्वाथे	जुहुध्वे
	जुहुते	जुह्वाते	जुह्वते
Opt.	जुह्वीत	जुह्वीयाताम्	जुह्वीरन् (etc.)
Imp.	जुह्वै	जुहवावहै	जुहवामहै
	जुहुष्व	जुह्वाथाम्	जुहुध्वम्
	जुहुताम्	जुह्वाताम्	जुहुताम्
Impf.	अजुह्वि	अजुहुवहि	अजुहुमहि
	अजुहुथाः	अजुह्वाथाम्	अजुहुध्वम्
	अजुहुत	अजुह्वाताम्	अजुह्वत

Unregelmäßige der dritten Klasse:

a) **ददाति ददति** P. / **दत्ते ददते** Ā. dā [dadā/dad] (3) „geben"

Parasmaipada:

Präs.	ददामि	दद्वः	दद्मः
	ददासि	दत्थः	दत्थ
	ददाति	दत्तः	ददति
Opt.	दद्याम्	दद्याव	दद्याम
	दद्याः	दद्यातम्	दद्यात
	दद्यात्	दद्याताम्	दद्युः
Imp.	ददानि	ददाव	ददाम
	देहि (!)	दत्तम्	दत्त
	ददातु	दत्ताम्	ददतु
Impf.	अददाम्	अदद्व	अदद्म
	अददाः	अदत्तम्	अदत्त
	अददात्	अदत्ताम्	अददुः

Ātmanepada:

Präs.	ददे	दद्वहे	दद्महे
	दत्से	ददाथे	दद्ध्वे
	दत्ते	ददाते	ददते
Opt.	ददीय	ददीवहि	ददीमहि
	ददीथाः	ददीयाथाम्	ददीध्वम्
	ददीत	ददीयाताम्	ददीरन्
Imp.	ददै	ददावहै	ददामहै
	दत्स्व	ददाथाम्	दद्ध्वम्
	दत्ताम्	ददाताम्	ददताम्
Impf.	अददि	अदद्वहि	अदद्महि
	अदत्थाः	अददाथाम्	अदद्ध्वम्
	अदत्त	अददाताम्	अददत

b) **दधाति दधति** P. / **धत्ते दधते** Ā. dhā [dadhā/dadh] (3) „setzen, stellen"

Parasmaipada:

Präs.	दधामि	दध्वः	दध्मः
	दधासि	धत्थः	धत्थ
	दधाति	धत्तः	दधति
Opt.	दध्याम्	दध्याव	दध्याम
	दध्याः	दध्यातम्	दध्यात
	दध्यात्	दध्याताम्	दध्युः
Imp.	दधानि	दधाव	दधाम
	धेहि (!)	धत्तम्	धत्त
	दधातु	धत्ताम्	दधतु
Impf.	अदधाम्	अदध्व	अदध्म
	अदधाः	अधत्तम्	अधत्त
	अदधात्	अधत्ताम्	अदधुः

Ātmanepada:

Präs.	दधे	दध्वहे	दध्महे
	धत्से	दधाथे	धद्ध्वे
	धत्ते	दधाते	दधते
Opt.	दधीय	दधीवहि	दधीमहि
	दधीथाः	दधीयाथाम्	दधीध्वम्
	दधीत	दधीयाताम्	दधीरन्
Imp.	दधै	दधावहै	दधामहै
	धत्स्व	दधाथाम्	धद्ध्वम्
	धत्ताम्	दधाताम्	दधताम्
Impf.	अदधि	अदध्वहि	अदध्महि
	अधत्थाः	अदधाथाम्	अधद्ध्वम्
	अधत्त	अदधाताम्	अदधत

Zur Aspiration im Anlaut: Sandhi § 40

c) **मिमीते मिमते** Ā. mā [mim (mimī)] (3) „messen"

Präs.	मिमे	मिमीवहे	मिमीमहे
	मिमीषे	मिमाथे	मिमीध्वे
	मिमीते	मिमाते	मिमते
Opt.	मिमीय	मिमीवहि	मिमीमहि
	मिमीथाः	मिमीयाथाम्	मिमीध्वम्
	मिमीत	मिमीयाताम्	मिमीरन्
Imp.	मिमै	मिमावहै	मिमामहै
	मिमीष्व	मिमाथाम्	मिमीध्वम्
	मिमीताम्	मिमाताम्	मिमताम्
Impf.	अमिमि	अमिमीवहि	अमिमीमहि
	अमिमीथाः	अमिमाथाम्	अमिमीध्वम्
	अमिमीत	अमिमाताम्	अमिमत

d) **जहाति जहति** P. hā [jahā/jah (jahī od. jahi)] (3) „verlassen"

Präs.	जहामि	जहीवः od. जहिवः	जहीमः od. जहिमः
	जहासि	जहीथः od. जहिथः	जहीथ od. जहिथ
	जहाति	जहीतः od. जहितः	जहति
Opt.	जह्याम्	जह्याव	जह्याम
	जह्याः	जह्यातम्	जह्यात
	जह्यात्	जह्याताम्	जह्युः
Imp.	जहानि	जहाव	जहाम
	जहीहि od. जहिहि *	जहीतम् od. जहितम्	जहीत od. जहित
	जहातु	जहीताम् od. जहिताम्	जहतु
Impf.	अजहाम्	अजहीव od. अजहिव	अजहीम od. अजहिम
	अजहाः	अजहीतम् od. अजहितम्	अजहीत od. अजहित
	अजहात्	अजहीताम् od. अजहिताम्	अजहुः

* Ferner auch **जहाहि**

Konjugation der fünften Klasse (analog die seltene achte Klasse)

Beispiel für v o k a l i s c h auslautende Wurzeln:

सुनोति सुन्वन्ति P. / **सुनुते सुन्वते** Ā. su (5) „pressen"

Parasmaipada:

Präs.	सुनोमि	सुनुवः od. सुन्वः	सुनुमः od. सुन्मः
	सुनोषि	सुनुथः	सुनुथ
	सुनोति	सुनुतः	सुन्वन्ति
Opt.	सुनुयाम्	सुनुयाव	सुनुयाम
	सुनुयाः	सुनुयातम्	सुनुयात
	सुनुयात्	सुनुयाताम्	सुनुयुः
Imp.	सुनवानि	सुनवाव	सुनवाम
	सुनु	सुनुतम्	सुनुत
	सुनोतु	सुनुताम्	सुन्वन्तु
Impf.	असुनवम्	असुनुव od. असुन्व	असुनुम od. असुन्म
	असुनोः	असुनुतम्	असुनुत
	असुनोत्	असुनुताम्	असुन्वन्

Ātmanepada:

Präs.	सुन्वे	सुनुवहे od. सुन्वहे	सुनुमह od. सुन्महे
	सुनुषे	सुन्वाथे	सुनुध्वे
	सुनुते	सुन्वाते	सुन्वते
Opt.	सुन्वीत	सुन्वीयाताम्	सुन्वीरन् (etc.)
Imp.	सुनवै	सुनवावहै	सुनवामहै
	सुनुष्व	सुन्वाथाम्	सुनुध्वम्
	सुनुताम्	सुन्वाताम्	सुन्वताम्
Impf.	असुन्वि	असुनुवहि od. असुन्वहि	असुनुमहि od. असुन्महि
	असुनुथाः	असुन्वाथाम्	असुनुध्वम्
	असुनुत	असुन्वाताम्	असुन्वत

Beispiel für k o n s o n a n t i s c h auslautende Wurzeln:

अश्नोति अश्नुवन्ति P. / अश्नुते अश्नुवते Ā. aś (5) „erreichen, erlangen"

Parasmaipada:

Präs.	अश्नोमि	अश्नुवः	अश्नुमः
	अश्नोषि	अश्नुथः	अश्नुथ
	अश्नोति	अश्नुतः	अश्नुवन्ति
Opt.	अश्नुयात्	अश्नुयाताम्	अश्नुयुः (etc.)
Imp.	अश्नवानि	अश्नवाव	अश्नवाम
	अश्नुहि (!)	अश्नुतम्	अश्नुत
	अश्नोतु	अश्नुताम्	अश्नुवन्तु
Impf.	आश्नवम्	आश्नुव	आश्नुम
	आश्नोः	आश्नुतम्	आश्नुत
	आश्नोत्	आश्नुताम्	आश्नुवन्

Ātmanepada:

Präs.	अश्नुवे	अश्नुवहे	अश्नुमहे
	अश्नुषे	अश्नुवाथे	अश्नुध्वे
	अश्नुते	अश्नुवाते	अश्नुवते
Opt.	अश्नुवीत	अश्नुवीयाताम्	अश्नुवीरन् (etc.)
Imp.	अश्नवै	अश्नवावहै	अश्नवामहै
	अश्नुष्व	अश्नुवाथाम्	अश्नुध्वम्
	अश्नुताम्	अश्नुवाताम्	अश्नुवताम्
Impf.	आश्नुवि	आश्नुवहि	आश्नुमहि
	आश्नुथाः	आश्नुवाथाम्	आश्नुध्वम्
	आश्नुत	आश्नुवाताम्	आश्नुवत

Besondere Stammbildung:

a) श‍ृणोति श‍ृण्वन्ति P. śru [śr̥] (5) „hören"

b) **करोति कुर्वन्ति** P. / **कुरुते कुर्वते** Ā. kṛ [kur] / kar (8) „tun"

Parasmaipada:

Präs.	करोमि	कुर्वः (nur so)	कुर्मः (nur so)
	करोषि	कुरुथः	कुरुथ
	करोति	कुरुतः	कुर्वन्ति
Opt.	कुर्याम्	कुर्याव	कुर्याम
	कुर्याः	कुर्यातम्	कुर्यात
	कुर्यात्	कुर्याताम्	कुर्युः
Imp.	करवाणि	करवाव	करवाम
	कुरु	कुरुतम्	कुरुत
	करोतु	कुरुताम्	कुर्वन्तु
Impf.	अकरवम्	अकुर्व (nur so)	अकुर्म (nur so)
	अकरोः	अकुरुतम्	अकुरुत
	अकरोत्	अकुरुताम्	अकुर्वन्

Ātmanepada:

Präs.	कुर्वे	कुर्वहे (nur so)	कुर्महे (nur so)
	कुरुषे	कुर्वाथे	कुरुध्वे
	कुरुते	कुर्वाते	कुर्वते
Opt.	कुर्वीय	कुर्वीवहि	कुर्वीमहि
	कुर्वीथाः	कुर्वीयाथाम्	कुर्वीध्वम्
	कुर्वीत	कुर्वीयाताम्	कुर्वीरन्
Imp.	करवै	करवावहै	करवामहै
	कुरुष्व	कुर्वाथाम्	कुरुध्वम्
	कुरुताम्	कुर्वाताम्	कुर्वताम्
Impf.	अकुर्वि	अकुर्वहि (nur so)	अकुर्महि (nur so)
	अकुरुथाः	अकुर्वाथाम्	अकुरुध्वम्
	अकुरुत	अकुर्वाताम्	अकुर्वत

Konjugation der siebten Klasse

1. Beispiel: **युनक्ति युञ्जन्ति** P. / **युङ्क्ते युञ्जते** Ā. yuj (7) „verbinden" (Sandhi § 34.1)

Parasmaipada:

Präs.	युनज्मि	युङ्क्वः	युङ्क्मः
	युनक्षि	युङ्क्थः	युङ्क्थ
	युनक्ति	युङ्क्षः	युञ्जन्ति
Opt.	युञ्ज्याम्	युञ्ज्याव	युञ्ज्याम
	युञ्ज्याः	युञ्ज्यातम्	युञ्ज्यात
	युञ्ज्यात्	युञ्ज्याताम्	युञ्ज्युः
Imp.	युनजानि	युनजाव	युनजाम
	युङ्ग्धि	युङ्क्म्	युङ्क्
	युनक्तु	युङ्क्ताम्	युञ्जन्तु
Impf.	अयुनजम्	अयुङ्क्व	अयुङ्क्म
	अयुनक्	अयुङ्क्म्	अयुङ्क्
	अयुनक्	अयुङ्क्ताम्	अयुञ्जन्

Ātmanepada:

Präs.	युञ्जे	युङ्क्वहे	युङ्क्महे
	युङ्क्षे	युञ्जाथे	युङ्ग्ध्वे
	युङ्क्ते	युञ्जाते	युञ्जते
Opt.	युञ्जीय	युञ्जीवहि	युञ्जीमहि
	युञ्जीथाः	युञ्जीयाथाम्	युञ्जीध्वम्
	युञ्जीत	युञ्जीयाताम्	युञ्जीरन्
Imp.	युनजै	युनजावहै	युनजामहै
	युङ्क्ष्व	युञ्जाथाम्	युङ्ग्ध्वम्
	युङ्क्ताम्	युञ्जाताम्	युञ्जताम्
Impf.	अयुञ्जि	अयुङ्क्वहि	अयुङ्क्महि
	अयुङ्क्थाः	अयुञ्जाथाम्	अयुङ्ग्ध्वम्
	अयुङ्क्	अयुञ्जाताम्	अयुञ्जत

2. Beispiel: **भिनत्ति भिन्दन्ति** P. bhid (7) „spalten"

Präs.	भिनद्मि	भिन्द्धः	भिन्द्मः
	भिनत्सि	भिन्त्थः	भिन्त्थ
	भिनत्ति	भिन्तः	भिन्दन्ति
Opt.	भिन्द्याम्	भिन्द्याव	भिन्द्याम
	भिन्द्याः	भिन्द्यातम्	भिन्द्यात
	भिन्द्यात्	भिन्द्याताम्	भिन्द्युः
Imp.	भिनदानि	भिनदाव	भिनदाम
	भिन्द्धि	भिन्तम्	भिन्त
	भिनत्तु	भिन्ताम्	भिन्दन्तु
Impf.	अभिनदम्	अभिन्द्ध	अभिन्द्म
	अभिनत् od. अभिनः[1]	अभिन्तम्	अभिन्त
	अभिनत्	अभिन्ताम्	अभिन्दन्

Weitere Beispiele:

अनक्ति अञ्जन्ति P. / **अङ्क्ते अञ्जते** Ā. añj [aṅk] (7) „salben" (Sandhi § 34.1)

इन्द्धे इन्धते (Impf. **ऐन्द्ध**)[2] Ā. idh od. indh (7) „entzünden" (Sandhi § 36)

छिनत्ति छिन्दन्ति P. chid (7) „abschneiden"

पिनष्टि पिंषन्ति P. piṣ [piṭ] (7) „zerreiben" (Sandhi § 34.6, 35)

रुणद्धि रुन्धन्ति P. rudh (7) „zurückhalten" (Sandhi § 36)

(2. Sg. Impf. auch **अरुणः**)[1]

हिनस्ति हिंसन्ति P. hiṃs (7) „verletzen" (Sandhi § 39)

(2. Sg. Imp.: **हिन्धि**; 3. Sg. Impf. **अहिनत्** – so auch alternativ die 2. Sg. Impf.)[1]

---

1 Vgl. S. 25, Fn. 2.
2 Siehe S. 55: Vorbemerkung zur Formenbildung

Konjugation der neunten Klasse

क्रीणाति क्रीणन्ति P. / **क्रीणीते क्रीणते** Ā. krī (9) „kaufen"

Parasmaipada:

Präs.	क्रीणामि	क्रीणीवः	क्रीणीमः
	क्रीणासि	क्रीणीथः	क्रीणीथ
	क्रीणाति	क्रीणीतः	क्रीणन्ति
Opt.	क्रीणीयाम्	क्रीणीयाव	क्रीणीयाम
	क्रीणीयाः	क्रीणीयातम्	क्रीणीयात
	क्रीणीयात्	क्रीणीयाताम्	क्रीणीयुः
Imp.	क्रीणानि	क्रीणाव	क्रीणाम
	क्रीणीहि*	क्रीणीतम्	क्रीणीत
	क्रीणातु	क्रीणीताम्	क्रीणन्तु
Impf.	अक्रीणाम्	अक्रीणीव	अक्रीणीम
	अक्रीणाः	अक्रीणीतम्	अक्रीणीत
	अक्रीणात्	अक्रीणीताम्	अक्रीणन्

* K o n s o n a n t i s c h auslautende Wurzeln bilden die 2. Sg. Imp. mit -āna.
Bsp. **अशान** von aś (9) „essen"

Ātmanepada:

Präs.	क्रीणे	क्रीणीवहे	क्रीणीमहे
	क्रीणीषे	क्रीणाथे	क्रीणीध्वे
	क्रीणीते	क्रीणाते	क्रीणते
Opt.	क्रीणीत	क्रीणीयाताम्	क्रीणीरन् (etc.)
Imp.	क्रीणै	क्रीणावहै	क्रीणामहै
	क्रीणीष्व	क्रीणाथाम्	क्रीणीध्वम्
	क्रीणीताम्	क्रीणाताम्	क्रीणताम्
Impf.	अक्रीणि	अक्रीणीवहि	अक्रीणीमहि
	अक्रीणीथाः	अक्रीणाथाम्	अक्रीणीध्वम्
	अक्रीणीत	अक्रीणाताम्	अक्रीणत

Besondere Stammbildung:

a) Verschiedene Wurzeln kürzen den auslautenden Vokal:

पुनाति पुनन्ति P. / पुनीते पुनते Ā. pū [pu] (9) „reinigen"

लुनाति लुनन्ति P. lū [lu] (9) „schneiden, abschneiden"

b) Inliegender Nasal geht verloren:

बध्नाति बध्नन्ति P. bandh [badh] (9) „binden"

जानाति जानन्ति P. / जानीते जानते Ā. jñā [jā] (9) „kennen"

c) गृह्णाति गृह्णन्ति P. / गृह्णीते गृह्णते Ā. grah [gṛh] (9) „greifen"

Die Passivform des Präsenssystems

Allgemeine Formenbildung:

Wurzel (tiefstufig)* mit **ya** + Ātm.-Endung der themat. Konj. (+ Augment im Impf.)

* Verben mit Präsensstamm auf -aya: um -aya gekürzter Präsensstamm.

Beispiele:

नीयते von nī (1) „führen"

अहन्यत von han (2) „schlagen"

कार्यते von कारयति Kaus. von kṛ/kar (8) „tun"

Einige Sonderfälle:

उच्यते [1] von vac (2) „sagen"

गृह्यते [1] von grah (9) „greifen"

बध्यते von bandh (9) „binden"

खायते (auch खन्यते) von khan (1) „graben"

तायते (auch तन्यते) von tan (8) „dehnen"

गीयते von gā (4) „singen"

दीयते von dā (3) „geben"

धीयते von dhā (3) „setzen, stellen"

पीयते von pā (1) „trinken"

स्थीयते von sthā (1) „stehen"

जीयते von ji (1) „siegen"

श्रूयते von śru (5) „hören"

स्तूयते von stu (2) „preisen"

क्रियते von kṛ/kar (8) „tun"

ह्रियते von hṛ/har (1) „nehmen"

स्मर्यते von smṛ/smar (1) „sich erinnern"

कीर्यते von kṝ/kar (6) „streuen"

पूर्यते von pṝ/par (3) „füllen"

ज्ञाप्यते von ज्ञापयति[2] Kaus. von jñā (9) „kennen"

1 Siehe S. 103, Anm. 1.   2 Vgl. S. 99 (Wurzeln auf ā).

Futur (einfaches) und Konditional

Formenbildung:

Wurzel (guṇiert) mit **sya** oder (wurzelspezifisch) **iṣya** + Endung* des Ind. Präs. bzw. Impf. (der themat. Konj.)

* Verben mit Präsensstamm auf -aya: auf -ay gekürzter Präsensstamm mit iṣya + Endung

नेष्यति von nī (1) „führen"

Parasmaipada:

	Fut.		
Fut.	नेष्यामि	नेष्यावः	नेष्यामः
	नेष्यसि	नेष्यथः	नेष्यथ
	नेष्यति	नेष्यतः	नेष्यन्ति
Kond.	अनेष्यम्	अनेष्याव	अनेष्याम
	अनेष्यः	अनेष्यतम्	अनेष्यत
	अनेष्यत्	अनेष्यताम्	अनेष्यन्

Ātmanepada:

Fut.	नेष्ये	नेष्यावहे	नेष्यामहे
	नेष्यसे	नेष्येथे	नेष्यध्वे
	नेष्यते	नेष्येते	नेष्यन्ते
Kond.	अनेष्ये	अनेष्यावहि	अनेष्यामहि
	अनेष्यथाः	अनेष्येथाम्	अनेष्यध्वम्
	अनेष्यत	अनेष्येताम्	अनेष्यन्त

Weitere Beispiele:

क्षंस्यते von kṣam (1/4) „sich gedulden"	करिष्यति von kṛ/kar (8) „tun"
गास्यति von gā (4) „singen"	ग्रहीष्यति (!) von grah (9) „greifen"
द्रक्ष्यति (!) von dṛś/darś „sehen"	नशिष्यति von naś (4) „vergehen"
पक्ष्यति von pac (1) „kochen"	auch नङ्क्ष्यति (!)
भेत्स्यति von bhid (7) „spalten"	भविष्यति von bhū (1) „sein, werden"
भोत्स्यति °ते von budh (1/4) „erwachen"	हनिष्यति von han (2) „schlagen"
वेक्ष्यति von viś (6) „eintreten" (Sandhi § 40)	चोरयिष्यति von cur (10) „stehlen"

Periphrastisches Futur

Formenbildung:

1. / 2. Person: Wurzel (guṇiert) mit (i)tā + Ind. Präs. von **as** (2) „sein"
3. Person: Wurzel (guṇiert) mit (i)tā – (i)tārau – (i)tāraḥ[1] (stets m.!)

Lautregeln speziell: Sandhi § 43 u. 46–49.

नेता von nī (1) „führen"

Parasmaipada:

नेतास्मि	नेतास्वः	नेतास्मः
नेतासि	नेतास्थः	नेतास्थ
नेता	नेतारौ	नेतारः

Ātmanepada (sehr selten):

नेताहे (!)	नेतास्वहे	नेतास्महे
नेतासे	नेतासाथे	नेताध्वे
नेता	नेतारौ	नेतारः

(as „sein" verfügt nur hier über Ātmanepada-Formen.)

Weitere Beispiele:

एता von i (2) „gehen"

कर्ता von kṛ/kar (8) „tun"

गन्ता von gam (1) „gehen"

ग्रहीता (!) von grah (9) „greifen"

जनिता von jan (4) „geboren werden"

जेता von ji (1) „siegen"

तप्ता von tap (1) „erwärmen"

दाता von dā (3) „geben"

द्रष्टा (!) von dṛś/darś „sehen"

नशिता von naś (4) „verschwinden"

याता von yā (2) „gehen"

योद्धा von yudh (4) „kämpfen"

लब्धा von labh (1) „erlangen"

निन्दिता[2] von nind (1) „tadeln"

भविता von bhū (1) „sein, werden"

रक्षिता von rakṣ (1) „schützen"

वक्ता von vac (2) „sagen"

सोढा von sah (1) „bewältigen"

स्थाता von sthā (1) „stehen"

हन्ता von han (2) „schlagen"

---

1 Vgl. Nomina agentis, S. 40.
2 Siehe S. 103, Anm. 2.

Prekativ (oder Benediktiv)

Formenbildung:

Parasmaipada: Wurzel (tiefstufig)* mit **yās** + Endung**

* In der Regel wie bei der Passivform des Präs.; auslautendes -ā wird jedoch meist zu -e.
** Vgl. Impf. und 3. Pl. Optativ der athemat. Konj. (bzw. die Konj. div. Aoristformen).

Ātmanepada (selten):
Wurzel (tiefst.)* mit **s** (evtl. mit vorangehendem Bindevokal) + Endung**

* Auslautende -i/ī -u/ū werden meist guṇiert (siehe Beispiel).[1]
** Vgl. Opt. der athemat. Konj.; dem t th der Endungen geht jedoch ein s bzw. ṣ voran.

भूयात् P. von bhū (1) „sein, werden“

भूयासम्	भूयास्व	भूयास्म
भूयाः	भूयास्तम्	भूयास्त
भूयात्[2]	भूयास्ताम्	भूयासुः

जेषीष्ट Ā. von jī (1) „siegen“

जेषीय	जेषीवहि	जेषीमहि
जेषीष्ठाः	जेषीयास्थाम्	जेषीध्वम् od. जेषीढ्वम् (!)
जेषीष्ट	जेषीयास्ताम्	जेषीरन्

Weitere Beispiele:[3]

उच्यात् von vac (2) „sagen“
गृह्यात् u. ग्रहीषीष्ट (!) von grah (9) „greifen“
बध्यात् von bandh (9) „binden“
गेयात् von gā (4) „singen“
देयात् u. दासीष्ट von dā (3) „geben“
धेयात् u. धासीष्ट von dhā (3) „setzen, stellen“

स्तूयात् von stu (2) „preisen“
क्रियात् u. कृषीष्ट von kṛ/kar (8) „tun“
स्मर्यात् von smṛ/smar (1) „sich erinnern“
कीर्यात् von kṝ/kar (6) „streuen“
पूर्यात् von pṝ/par (3) „füllen“

1 Vgl. 4. Aorist-Form, S. 87.
2 Vgl. S. 25, Fn. 2.
3 Vgl. die Passivformen S. 77.

Perfekt (einfaches)

Formenbildung:

Reduplizierte Wurzel* + Endung (meist mit Bindevokal i vor Konsonant)

* Keine Reduplikation gibt es bei vid (2) „wissen" (Perfektformen mit präsentischer Bedeutung): वेद विदुः – und (ohne 1. u. 3. Sg. Par. sowie ohne die bindevokalfreie Form der 2. Sg. Par.) bei gew. Wurzeln mit mittlerem a/ā , wobei sich letzteres in e verwandelt. Bsp. पपात पेतुः von pat (1) „fliegen, fallen" (siehe auch unten 3. Beispiel). (Überdies kennen verschiedene Verben nur das periphrastische Perfekt; siehe S. 85.)

Die Endungen (inkl. Bindevokal):

Parasmaipada			Ātmanepada*		
-a -au**	-va/-iva	-ma/-ima	-e	-vahe/-ivahe	-mahe/-imahe
-tha/-itha	-athur[1]	-a	-se/-iṣe	-āthe	-dhve/-idhve
-a -au**	-atur	-ur	-e	-āte	-ire (nur so)

* Beim Perfekt auch mit passivischer Bedeutung (gilt ebenso fürs periphrastische, S. 85).

** Bei Wurzeln auf -ā und Diphthong, die hier wie Wurzeln auf -ā behandelt werden (vgl. unten 4. Beispiel).

Anmerkungen: a) Verschiedene Wurzeln haben in der 1. u. 3. Sg. Par. in der Zweitsilbe statt Guṇa (auch) Vṛddhi.
b) -ḍhve statt -dhve (2. Pl. Ātm.) nach u ṛ und manchmal auch nach dem Bindevokal i.
c) Ein Wurzelauslaut auf i/ī wird vor -ire (3. Pl. Ātm.) zu y – Bsp. निन्यिरे ninyire < ninī-ire von nī (1) „führen"; od. zu iy – Bsp. शिश्रियिरे śiśriyire < śiśri-ire von śri (1) „sich hinbegeben"

1. Beispiel: चकार चक्रुः P. / चक्रे चक्रिरे Ā. von kṛ/kar (8) „tun"

Par.	चकर od. चकार	चक्रव	चक्रम
	चकर्थ	चक्रथुः	चक्र
	चकार	चक्रतुः	चक्रुः
Ātm.	चक्रे	चक्रवहे	चक्रमहे
	चक्रषे	चक्राथे	चक्रढ्वे
	चक्रे	चक्राते	चक्रिरे

1 Vgl. S. 41, Anm. 1.

2. Beispiel: **ददर्श दद्रशुः** P. / **दद्दशे दद्दशिरे** Ā. von dr̥ś/darś „sehen"

Par.	ददर्श	दद्दशिव	दद्दशिम
	दद्दशिथ	दद्दशथुः	दद्दश
	ददर्श	दद्दशतुः	दद्दशुः
Ātm.	दद्दशे	दद्दशिवहे	दद्दशिमहे
	दद्दशिषे	दद्दशाथे	दद्दशिध्वे
	दद्दशे	दद्दशाते	दद्दशिरे

3. Beispiel: **बबाज भेजुः** P. / **भेजे भेजिरे** Ā. von bhaj (1) „zuteilen; teilhaftig werden"

Par.	बबाज od. बबज	भेजिव	भेजिम
	बभक्थ od. भेजिथ	भेजथुः	भेज
	बबाज	भेजतुः	भेजुः
Ātm.	भेजे	भेजिवहे	भेजिमहे
	भेजिषे	भेजाथे	भेजिध्वे
	भेजे	भेजाते	भेजिरे

4. Beispiel: **ददौ ददुः** P. / **ददे ददिरे** Ā. von dā (3) „geben"

Par.	ददौ	ददिव	ददिम
	ददाथ od. ददिथ	दद्थुः	दद
	ददौ	ददतुः	ददुः
Ātm.	ददे	ददिवहे	ददिमहे
	ददिषे	ददाथे	ददिध्वे
	ददे	ददाते	ददिरे

Weitere Beispiele:

Vokalisch beginnende Wurzeln:

आश आशुः von aś (9) „essen"

आनंश (!) **आनशुः** u. **आनशे आनशिरे** von aś (5) „erreichen"

आस आसुः von as (2) „sein"

आस आसुः von as (4) „werfen"

आह आहुः von ah „sagen" (auch mit präsent. Bedeutung; ohne 1. Pers.)

आप आपुः von āp (5) „erlangen"

इयाय ईयुः von i (2) „gehen" [iy-āy- < i-ai- und i-iy- < i-i- (Sandhi § 26–27)]

इयेष ईषुः u. ईषे ईषिरे von iṣ (1) „wünschen"

आर आरुः von r̥/ar (6) „gehen"

आनर्च आनर्चुः von r̥c/arc (1) „strahlen; preisen" (ohne Samprasāraṇa im kl. Skt.)

Wurzeln mit Samprasāraṇa:[1]

इयाज ईजुः u. ईजे ईजिरे von yaj (1) „opfern"

उवाच ऊचुः u. ऊचे ऊचिरे von vac (2) „sagen"

उवाप ऊपुः von vap (1) „säen"

उवास ऊषुः von vas (1) „wohnen"

उवाह ऊहुः von vah (1) „tragen"

जग्राह जगृहुः u. जगृहे जगृहिरे von grah (9) „greifen"

सुष्वाप सुषुपुः von svap (2) „schlafen"

Wurzeln mit mittlerem a/ā (stets ohne Samprasāraṇa):

पप्रच्छ पप्रच्छुः von pracch (6) „fragen"

बबन्ध बबन्धुः von bandh (9) „binden"

चक्राम चक्रमुः u. चक्रमे चक्रमिरे von kram (1) „schreiten"

जगाद जगदुः von gad (1) „sagen"

तत्याज तत्यजुः u. तत्यजे तत्यजिरे von tyaj (1) „verlassen"

तत्रास तत्रसुः od. त्रेसुः von tras (1) „erzittern"

बभ्राम बभ्रमुः von bhram (4) „umherschweifen"

जहास जहसुः von has (1) „lachen"

चखान चख्नुः von khan (1) „graben"

जगाम जग्मुः u. जग्मे जग्मिरे von gam (1) „gehen"

जजान जज्ञुः u. जज्ञे जज्ञिरे von jan (4) „geboren werden"

जघान जघ्नुः u. जघ्ने जघ्निरे von han (2) „schlagen"

चचार चेरुः von car (1) „sich bewegen"

पपाच पेचुः u. पेचे पेचिरे von pac (1) „kochen"

मेने मेनिरे von man (4) „meinen"

ययाम येमुः u. येमे येमिरे von yam (4) „zügeln, bändigen"

रराज रेजुः u. रेजे रेजिरे von rāj (1) „scheinen, glänzen; König sein"

---

1 Siehe S. 103, Anm. 1.

Wurzeln auf ā:

चख्यौ चख्युः von khyā (2) „sehen"

जगौ जगुः von gā (4) „singen"

जज्ञौ जज्ञुः u. जज्ञे जज्ञिरे von jñā (9) „kennen, wissen"

दधौ दधुः u. दधे दधिरे von dhā (3) „setzen, stellen"

दध्यौ दध्युः von dhyā (4) „denken"

पपौ पपुः von pā (1) „trinken"

ममे ममिरे von mā (3) „messen"

तस्थौ तस्थुः u. तस्थे तस्थिरे von sthā (1) „stehen"

जहौ जहुः von hā (3) „verlassen"

Wurzeln mit mittlerem Vokal inkl. ṛ/ar [außer a/ā]:

चिक्रीड[1] चिक्रीडुः u. चिक्रीडे चिक्रीडिरे von krīḍ (1) „spielen"

चुक्रोध चुक्रुधुः von krudh (4) „zürnen"

चिक्षेप चिक्षिपुः von kṣip (6) „werfen"

जिजीव[1] जिजीवुः von jīv (1) „leben"

तुतोद तुतुदुः von tud (6) „stoßen"

ददर्श ददृशुः u. ददृशे ददृशिरे von dṛś/darś „sehen"

निनिन्द[1] निनिन्दुः von nind (1) „tadeln"

बिभेद बिभिदुः von bhid (7) „spalten"

Wurzeln auf Vokal inkl. ṛ/ar ṝ/ar [außer ā]:

चिकाय चिक्युः u. चिक्ये चिक्यिरे[2] von ci (5) „sammeln"

जिगाय जिग्युः u. जिग्ये जिग्यिरे[2] von ji (1) „siegen"

ततार तेरुः (!) von tṝ/tar (1) „überschreiten"

ददार दद्रुः von dṛ/dar „bersten"

दुधाव दुधुवुः von dhū (5) „schütteln"

निनाय निन्युः u. निन्ये निन्यिरे[2] von nī (1) „führen"

बभूव[1] बभूवुः von bhū (1) „sein, werden" (vgl. Sandhi § 26)

बभार बभ्रुः von bhṛ/bhar (3) „tragen"

शिश्राय शिश्रियुः u. शिश्रिये शिश्रियिरे[2] von śri (1) „sich hinbegeben" (allg.: Sandhi § 26)

ससार ससरुः (!) von smṛ/smar (1) „sich erinnern"

जुहाव जुहुवुः von hve [hū] „rufen"

1 Vgl. S. 103, Anm. 2.　　　　　2 Vgl. S. 81, Anm. c.

[Stets ohne Bindevokal, außer in der 3. Pl. Ātm. (vgl. 1. Beispiel):]

दुद्राव दुद्रुवुः von dru (1) „laufen" (Sandhi § 26)

बभार बभ्रुः von bhṛ/bhar (3) „tragen"

ववार वव्रुः u. वव्रे वव्रिरे von vṛ/var (5) „verhüllen; wählen"

शुश्राव शुश्रुवुः u. शुश्रुवे शुश्रुविरे von śru (5) „hören" (Sandhi § 26)

तुष्टाव तुष्टुवुः u. तुष्टुवे तुष्टुविरे von stu (2) „preisen" (do.)

सुस्राव सुस्रुवुः u. सुस्रुवे सुस्रुविरे von sru (1) „fließen" (do.)

ससार ससुः u. ससे ससिरे von sṛ/sar (1) „fließen"

Periphrastisches Perfekt

Formenbildung:

Wurzel* (guṇ.)** mit **ām** + Perfekt von **as** („sein"): आस (nur Par.)

kṛ/kar: चकार u. चक्रे

bhū: बभूव (nur Par.)

* Bei den Verben der 10. Klasse sowie den abgeleiteten[1] tritt das Suffix an den Präsens-stamm; ebenso bei bhṛ/bhar (3) „tragen": बिभरांबभूव (vgl. बिभर्ति)

** Nicht guṇiert wird (von S. 103, Anm. 2, abgesehen) vid (2) „wissen": विदांचकार

Verschiedene Verben kommen *nur* im periphrastischen Perfekt vor, generell die der 10. Kl. und abgeleitete.[1] Beispiele:

आसांचक्रे ०क्रिरे von ās (2) „sitzen"

ईक्षांचक्रे ०क्रिरे von īkṣ (1) „erblicken"

कथयांबभूव ०वुः von कथयति [Den.; vgl. S. 102] „erzählen"

चिन्तयामास ०मासुः von cint (10) „denken"

तोषयामास ०मासुः von तोषयति [Kaus.; vgl. S. 99] „befriedigen"

दयामास ०मासुः von day (1) „zuteilen; Anteil nehmen"

1 Siehe S. 99 ff.

Aorist

Die sieben Formen:

a	Wurzel		Suffix	Endung
		1.	–	
	Redupl. in der 3. Form.	2.	a	Vgl. Imperfekt der
	Guniert und vṛddhiert	3.	a	themat. u. athemat. Konj.
	in der 4. und 5. Form.	4.	s	
		5.	iṣ	
		6.	siṣ	
		7.	sa	

A u g m e n t l o s e Formen des Aorists (Formen ohne vorangestelltes a) haben in Verbindung mit mā „nicht" konjunktivische Bedeutung. – Beispiele: मा गाः von gā (2) : „geh nicht" ; मा भूत् von bhū (1) : „es sei/werde nicht"

Erste Form – Wurzel-Aorist:

Bei Wurzeln auf -ā und Diphthong (der zu -ā wird) und bhū. Nur Parasmaipada.

1. Beispiel: अभूत् P. von bhū (1) „sein, werden"

अभूवम् (vgl. Sandhi § 26)	अभूव	अभूम
अभूः	अभूतम्	अभूत
अभूत्	अभूताम्	अभूवन् (do.)

2. Beispiel (für Wurzeln auf -ā): अदात् P. von dā (3) „geben"

अदाम्	अदाव	अदाम
अदाः	अदातम्	अदात
अदात्	अदाताम्	अदुः (!)

Zweite Form – Thematischer Aorist:

अशकत् P. von śak (5) „können"

अशकम्	अशकाव	अशकाम
अशकः	अशकतम्	अशकत
अशकत्	अशकताम्	अशकन्

Weitere Beispiele:

अगमत् von gam (1) „gehen" | असदत् von sad (1) „sitzen"
अदर्शत् (!) von dṛś/darś „sehen" | असिचत् von sic (6) „begießen"
अलिपत् von lip (6) „beschmieren"

Dritte Form – Reduplizierter thematischer Aorist:

Aoristform insbesondere der Kausative.

अदुद्रुवत् P. von dru (1) „laufen" (Sandhi § 26)

अदुद्रुवम्	अदुद्रुवाव	अदुद्रुवाम
अदुद्रुवः	अदुद्रुवतम्	अदुद्रुवत
अदुद्रुवत्	अदुद्रुवताम्	अदुद्रुवन्

Entsprechend die Ātmanepada-Endungen (vgl. Impf.).

Weitere Beispiele:

अनीनशत् von naś (4) „verschwinden" | अजीजनत् von jan[1] Kaus. „erzeugen"
अवोचत् von vac (2) [va-vc/uc] „sagen" | अजिज्ञपत् von jñā[1] Kaus. „mitteilen"
 | अबिभ्रमत् von bhram[1] Kaus. „drehen"

Vierte Form – s-Aorist:

Im Parasmaipada werden die Wurzeln vṛddhiert. – Im Ātmanepada werden auf i/ī u/ū auslautende Wurzeln guṇiert.

Das Suffix s fällt weg: 1. vor t/th, wenn die Wurzel mit Konsonant [außer Nasal und r] oder kurzem Vokal schließt; 2. vor -dhvam (2. Pl. Ātm.).

Nach Vokal [außer a/ā] erscheint -dhvam als -ḍhvam.

1. Beispiel: अकार्षीत् P. u. अकृत Ā. von kṛ/kar (8) „tun"

Par.	अकार्षम्	अकार्ष्व	अकार्ष्म
	अकार्षीः (!)	अकार्ष्टम्	अकार्ष्ट
	अकार्षीत् (!)	अकार्ष्टाम्	अकार्षुः (!)
Ātm.	अकृषि	अकृष्वहि	अकृष्महि
	अकृथाः	अकृषाथाम्	अकृढ्वम्
	अकृत	अकृषाताम्	अकृषत

---

1 jan (4) und bhram (4) haben sonst die 5., jñā (9) die 6. Form (s. u.).

2. Beispiel: **अनैषीत्** P. u. **अनेष्ट** Ā. von nī (1) „führen"

Par.	अनैषम्	अनैष्व	अनैष्म
	अनैषीः (!)	अनैष्टम्	अनैष्ट
	अनैषीत् (!)	अनैष्टाम्	अनैषुः (!)
Ātm.	अनेषि	अनेष्वहि	अनेष्महि
	अनेष्ठाः	अनेषाथाम्	अनेड्ढ्वम्
	अनेष्ट	अनेषाताम्	अनेषत

3. Beispiel: **अभाक्षीत्** P. u. **अभक्त** Ā. von bhaj (1) „zuteilen; teilhaftig werden"

Par.	अभाक्षम्	अभाक्ष्व	अभाक्ष्म
	अभाक्षीः (!)	अभाक्तम्	अभाक्त
	अभाक्षीत् (!)	अभाक्ताम्	अभाक्षुः (!)
Ātm.	अभक्षि	अभक्ष्वहि	अभक्ष्महि
	अभक्थाः	अभक्षाथाम्	अभग्ध्वम्
	अभक्त	अभक्षाताम्	अभक्षत

Weitere Beispiele:

अच्छैत्सीत् von chid (7) „abschneiden" (vgl. Sandhi § 15)

अजैषीत् von ji (1) „siegen"

अमंस्त von man (4) „meinen" (vgl. Sandhi § 32)

अवात्सीत् von vas (1) „wohnen" (Sandhi § 44)

अवाक्षीत् von vah (1) „tragen" (Sandhi § 45)

अस्तौषीत् von stu (2) „preisen"

Fünfte Form – iṣ - Aorist:

Die Wurzel ist im Allgemeinen guṇiert; im Parasmaipada treten gewisse Wurzeln aber (auch) vṛddhiert auf (vgl. vad u. bhram).

Der Suffix-Zischlaut ṣ fällt vor -dhvam (2. Pl. Ātm.) weg.

1. Beispiel: **अवादीत्** P. von vad (1) „reden"

अवादिषम्	अवादिष्व	अवादिष्म
अवादीः (!)	अवादिष्टम्	अवादिष्ट
अवादीत् (!)	अवादिष्टाम्	अवादिषुः (!)

2. Beispiel: अरोचिष्ट Ā von ruc (1) „scheinen"

अरोचिषि	अरोचिष्वहि	अरोचिष्महि
अरोचिष्ठाः	अरोचिषाथाम्	अरोचिध्वम्
अरोचिष्ट	अरोचिषाताम्	अरोचिषत

Weitere Beispiele:

अजनिष्ट von jan (4) „geboren werden"	अभ्रामीत् von bhram (4) „umherschweifen"
अजयिष्ट von ji (1) „siegen"	अवधीत् von vadh „schlagen"
अबोधिष्ट von budh (1) „erwachen"	अग्रहीत् u. अग्रहीष्ट von grah (9) „greifen"

(Bindevokal stets lang!)

Sechste Form – siṣ - Aorist:

Nur Parasmaipada; Endungen wie bei der 5. Form.

अयासीत् P. von yā (2) „gehen"

अयासिषम्	अयासिष्व	अयासिष्म
अयासीः	अयासिष्टम्	अयासिष्ट
अयासीत्	अयासिष्टाम्	अयासिषुः

Weitere Beispiele:

अज्ञासीत् von jñā (9) „kennen"	अरंसीत् von ram (1) „verweilen (bei)"

Siebte Form – sa - Aorist:

Nur bei Wurzeln auf ś ṣ h (Sandhi § 34.1/6) und ohne a/ā.

अधुक्षत् P. u. अधुक्षत Ā. von duh (2) „melken" (Sandhi § 40)

Par.	अधुक्षम्	अधुक्षाव	अधुक्षाम
	अधुक्षः	अधुक्षतम्	अधुक्षत
	अधुक्षत्	अधुक्षताम्	अधुक्षन्
Ātm.	अधुक्षि (!)	अधुक्षावहि	अधुक्षामहि
	अधुक्षथाः	अधुक्षाथाम् (!)	अधुक्षध्वम्
	अधुक्षत	अधुक्षाताम् (!)	अधुक्षन्त

Weitere Beispiele:

अदिक्षत् von diś (6) „zeigen"	अलिक्षत् von lih (2) „lecken"
अरुक्षत् von ruh (2) „wachsen"	अविक्षत् von viś (6) „eintreten"

Partizipien

[I. Partizipien der Tempusstämme:]

Partizip Präsens

An den Präsensstamm (den tiefstufigen bei den Verben der athematischen Konj.) tritt
beim **Parasmaipada** das Suffix **-t/nt** (themat.) bzw. **-at/ant** (athemat.) –
Deklination m. n. und Bildung des Femininstammes siehe S. 45 –
beim **Ātmanepada** das Suffix **-māna** (themat.) bzw. **-āna** (athemat.).

Par.	Ātm.	von:
नयन् नयन्ती नयत्	नयमानः ॰ना ॰नम्	nī (1) [naya-] „führen"
Athematisch:		
द्विषन् द्विषती द्विषत्	द्विषाणः ॰णा ॰णम्	dviṣ (2) „hassen"
जुह्वत् (!)* जुह्वती जुह्वत्	जुह्वानः ॰ना ॰नम्	hu (3) [juhu-] „opfern"
सुन्वन् सुन्वती सुन्वत्	सुन्वानः ॰ना ॰नम्	su (5) [sunu-] „pressen"
युञ्जन् युञ्जती युञ्जत्	युञ्जानः ॰ना ॰नम्	yuj (7) [yuñj-] „verbinden"
कुर्वन् कुर्वती कुर्वत्	कुर्वाणः ॰णा ॰णम्	kr̥/kar (8) [kuru-] „tun"
क्रीणन् क्रीणती क्रीणत्	क्रीणानः ॰ना ॰नम्	krī (9) [krīṇ-] „kaufen"

Unregelmäßig: **आसीनः** ॰ना ॰नम् von ās (2) „sitzen"

* Reduplizierte Wurzel: vgl. S. 45. – Desgleichen, auch ohne Reduplikation (vgl. S. 66: i):
शासत् (etc.) von śās (2) „anweisen"

Partizip Präsens **Passiv**: An den Passivstamm des Präsens (siehe S. 77) tritt
das Suffix **-māna**.

Beispiele:

क्रियमाणः ॰णा ॰णम् ← क्रियते von kr̥/kar (8) „tun"
दीयमानः ॰ना ॰नम् ← दीयते von dā (3) „geben"
बध्यमानः ॰ना ॰नम् ← बध्यते von bandh (9) „binden"
उच्यमानः ॰ना ॰नम् ← उच्यते von vac (2) „sagen"

Partizip Futur

An den Futurstamm (siehe S. 78) tritt beim P a r a s m a i p a d a das Suffix **-t/nt**,
beim Ā t m a n e p a d a das Suffix **-māna**. (Vgl. Part. Präsens.)

Beispiele:

Par.				Ātm.			von:
करिष्यन्	करिष्यती od.०न्ती	करिष्यत्		करिष्यमाणः	०णा	०णम्	kṛ/kar (8) „tun"
दास्यन्	दास्यती od.०न्ती	दास्यत्		दास्यमानः	०ना	०नम्	dā (3) „geben"
बन्धिष्यन्	बन्धिष्यती od.०न्ती	बन्धिष्यत्		बन्धिष्यमाणः	०णा	०णम्	bandh (9) „binden"
वक्ष्यन्	वक्ष्यती od.०न्ती	वक्ष्यत्		वक्ष्यमाणः	०णा	०णम्	vac (2) „sagen"

Partizip Perfekt

An den Stamm (in der Regel:) der 1. Pl. (etc.) des Perfekts (siehe S. 81) tritt beim
P a r a s m a i p a d a das Suffix **-(i)vas/vaṃs*** m. n. (Dekl. siehe S. 49) und **-uṣī** f.,
beim Ā t m a n e p a d a das Suffix **-āna**.

* Bindevokal **i** insbesondere bei einsilbigen Stämmen [außer bei **vid** (2) „wissen"]

Beispiele:

Par.			Ātm.			von:
चक्रवान्	चक्रुषी	चक्रवत्	चक्राणः	०णा	०णम्	kṛ/kar (8) [cakṛ-] „tun"
ददिवान्	ददुषी	ददिवत्	ददानः	०ना	०नम्	dā (3) [dad-] „geben"
बबन्ध्वान्	बबन्धुषी	बबन्ध्वत्	बबन्धानः	०ना	०नम्	bandh (9) [babandh-] „binden"
ऊचिवान्	ऊचुषी	ऊचिवत्	ऊचानः	०ना	०नम्	vac (2) [ūc-] „sagen"

Anmerkung: Beim m. und n. Par. können von der Regel auch abweichen: gam (1) „gehen"
und han (2) „schlagen": statt जग्मिवान् ०वत् auch जगन्वान् जगन्वत् (Sandhi § 43) und statt
जघ्निवान् ०वत् auch जघन्वान् जघन्वत्.

[II. Partizipen aus der Wurzel:]

Allgemeines Partizip der Vergangenheit (P. P.) (participium praeteriti)

Das P. P. hat bei intransitiven Verben a k t i v e Bedeutung – इतः „gegangen" –, bei transitiven Verben p a s s i v e – कृतः „getan".

Modifikation: Mit zusätzlichem Suffix **-vat/vant** erhält das P.P. eines transitiven Verbums aktive Bedeutung: कृतवान् ॰वती ॰वत् „getan habend" (Deklination m. n. siehe S. 45.)

Erste Form:

An die Wurzel (tiefstufig) tritt das Suffix **-(i)ta.**

Verben mit Präsensstamm auf -aya: -ita tritt an den um -aya gekürzten Präsensstamm.

Lautregeln speziell: Sandhi § 42 u. 46–49.

Beispiele:

इतः इता इतम् von i (2) „gehen"
इष्टः इष्टा इष्टम् von iṣ (1) „wünschen"
कृतः कृता कृतम् von kṛ (8) „tun"
गतः गता गतम् von gam (1) „gehen"
जितः जिता जितम् von ji (1) „besiegen"
तप्तः तप्ता तप्तम् von tap (1) „erwärmen"
दृष्टः दृष्टा दृष्टम् von dṛś/darś „sehen"
नष्टः नष्टा नष्टम् von naś (4) „verschwinden"
बुद्धः बुद्धा बुद्धम् von budh (1) „erwachen"
भूतः भूता भूतम् von bhū (1) „sein, werden"

रूढः रूढा रूढम् von ruh (1) „wachsen"
लब्धः etc. von labh (1) „erlangen"
सृष्टः सृष्टा सृष्टम् von sṛj/sarj „erschaffen"
हतः हता हतम् von han (2) „schlagen"
निन्दितः ॰ता ॰तम् von nind (1) „tadeln"
पतितः ॰ता ॰तम् von pat (1) „fallen"
चोरितः etc. von cur (10) „stehlen"
कारितः etc. von कारयति Kaus. von
kṛ/kar (8) „tun"
अर्थितः etc. von अर्थयते Den.[1] „bitten"

mit Samprasāraṇa:[2]

इष्टः इष्टा इष्टम् (!) von yaj (1) „opfern"
उक्तः उक्ता उक्तम् von vac (2) „sagen"
उप्तः उप्ता उप्तम् von vap (1) „säen"
ऊढः ऊढा ऊढम् von vah (1) „tragen"
पृष्टः पृष्टा पृष्टम् (!) pracch (6) „fragen"

विद्धः विद्धा विद्धम् von vyadh (1)
„durchbohren"
सुप्तः सुप्ता सुप्तम् von svap (1) „schlafen"
उदितः ॰ता ॰तम् von vad (1) „reden"
उषितः ॰ता ॰तम् von vas (1) „wohnen"

---

1 Vgl. S. 102.   2 Siehe S. 103, Anm. 1.

mit unregelmäßiger Stammbildung:

दष्टः दष्टा दष्टम् von daṃś (1) „beißen"

बद्धः बद्धा बद्धम् von bandh (9) „binden"

भ्रष्टः भ्रष्टा भ्रष्टम् von bhraṃś (4) „fallen"

सक्तः सक्ता सक्तम् von sañj (1) „hängen"

खातः खाता खातम् von khan (1) „graben"

जातः जाता जातम् von jan (4) „geboren werden"

कान्तः कान्ता कान्तम् von kam „lieben"

क्रान्तः क्रान्ता क्रान्तम् von kram (1) „schreiten"

श्रान्तः श्रान्ता श्रान्तम् von śram (4) „müde werden"

मितः मिता मितम् von mā (3) „messen"

स्थितः स्थिता स्थितम् von sthā (1) „stehen"

हितः हिता हितम् von dhā (3) „setzen, stellen"

गीतः गीता गीतम् von gā (4) „singen"

पीतः पीता पीतम् von pā (1) „trinken"

दत्तः दत्ता दत्तम् von dā (3) „geben"

aber: आत्तः (!) etc. von ā-dā (3) „nehmen"

गृहीतः गृहीता गृहीतम् von grah (9) „greifen"

शिष्टः शिष्टा शिष्टम् von śās (2) „anweisen"

ज्ञप्तः ज्ञप्ता ज्ञप्तम् von ज्ञपयति Kaus. von jñā (9) „kennen, wissen"[1]

Zweite Form:

An die Wurzel (tiefstufig) tritt das (seltenere) Suffix **-na**.

Lautregel speziell: Sandhi § 41.

Beispiele:

भिन्नः भिन्ना भिन्नम् von bhid (7) „spalten"

पन्नः पन्ना पन्नम् von pad (4) „gehen zu"

सन्नः सन्ना सन्नम् von sad (1) „sitzen"

लीनः ०ना ०नम् von lī (4) „verschwinden"

लूनः लूना लूनम् von lū (9) „schneiden"

mit unregelmäßiger Stammbildung:

क्षीणः क्षीणा क्षीणम् von kṣi (9) „zerstören"

हीनः हीना हीनम् von hā (3) „verlassen"

कीर्णः कीर्णा कीर्णम् von kṝ/kar (6) „streuen"

पूर्णः पूर्णा पूर्णम् von pṝ/par (3) „füllen"

भग्नः भग्ना भग्नम् von bhañj (7) „brechen"

भुग्नः भुग्ना भुग्नम् von bhuj (6) „biegen"

मग्नः मग्ना मग्नम् von majj (1) „versinken"

लग्नः लग्ना लग्नम् von lag (1) „hängen"

विग्नः विग्ना विग्नम् von vij (6) „erschrecken"

---

1 Vgl. S. 99.

Gerundiv (participium necessitatis)

Das Gerundiv – **कर्तव्यः** „zu tuend, getan werden müssend/sollend", bei bhū auch aktivisch: **भवितव्यः** „geschehen sollend"; die n e z e s s i v e Bedeutung auch p o t e n z i a l gewendet: **लभ्यः** „zu erreichend" heißt auch „erreichbar"; siehe auch S. 34, 6 b – kann im Prinzip auf drei verschiedene Arten gebildet werden:

An die Wurzel (guṇiert) tritt das Suffix -(i)tavya -anīya oder -ya.*

Verben mit Präsensstamm auf -aya: das Suffix tritt an die Wurzel des Präsensstamms – wobei aber -ayitavya –; Wurzeln auf ā schieben vor dem Suffix ein p ein.[1]

* a) Vereinzelt tritt -ya an eine auf kurzen Vokal auslautende Wurzel, die mit einem zusätzlichen t abgeschlossen (und nicht guṇiert)[2] wird. Bsp.: **स्तुत्यः** von stu (2) „preisen" – b) Vor -ya wird a im Wurzelinnern häufig verlängert. – c) Vor -ya wird o zu av (vgl. bhū – wo in einem Fall auch āv [siehe b] vorkommt).

Beispiele:

īkṣ (1) „erblicken":[2]

दर्शनीयः ०तव्या ०तव्यम्
ईक्षणीयः ०णीया ०णीयम्

kṛ (8) „tun":

कर्तव्यः कर्तव्या कर्तव्यम्
करणीयः ०णीया ०णीयम्
कार्यः कार्या कार्यम्
u. कृत्यः कृत्या कृत्यम्

ji (1) „besiegen":

जेतव्यः जेतव्या जेतव्यम्
जेयः जेया जेयम्

jñā (9) „kennen":

ज्ञातव्यः ज्ञातव्या ज्ञातव्यम्
ज्ञेयः ज्ञेया ज्ञेयम् (!)

dā (3) „geben":

दातव्यः दातव्या दातव्यम्
देयः देया देयम् (!)

dṛś „sehen":

दर्शनीयः ०नीया ०नीयम्
दृश्यः दृश्या दृश्यम् (!)

bhid (7) „spalten":

भेत्तव्यः भेत्तव्या भेत्तव्यम्
भेदनीयः भेदनीया भेदनीयम्
भेद्यः भेद्या भेद्यम्

bhuj (7) „genießen":

भोक्तव्यः भोक्तव्या भोक्तव्यम्
भोजनीयः ०नीया ०नीयम्
भोज्यः भोज्या भोज्यम्

bhū (1) „sein, geschehen":

भवितव्यः ०तव्या ०तव्यम्
भवनीयः ०नीया ०नीयम्
भव्यः भव्या भव्यम्
u. भाव्यः भाव्या भाव्यम्

---

1 Vgl. S. 99.　　　　2 Vgl. S. 103, Anm. 2.

muc (6) „befreien":

मोक्तव्यः मोक्तव्या मोक्तव्यम्
मोचनीयः मोचनीया मोचनीयम्
मोच्यः मोच्या मोच्यम्

labh (1) „erlangen":

लब्धव्यः लब्धव्या लब्धव्यम्
लम्भनीयः लम्भनीया लम्भनीयम् (!)
लभ्यः लभ्या लभ्यम्

vac (2) „sagen":

वक्तव्यः वक्तव्या वक्तव्यम्
वचनीयः वचनीया वचनीयम्
वाच्यः वाच्या वाच्यम्

śru (5) „hören":

श्रोतव्यः श्रोतव्या श्रोतव्यम्
श्रवणीयः श्रवणीया श्रवणीयम्
श्रव्यः श्रव्या श्रव्यम् od. श्राव्यः etc.
u. श्रुत्यः श्रुत्या श्रुत्यम्

cint (10) „denken":

चिन्तयितव्यः ॰तव्या ॰तव्यम्
चिन्तनीयः चिन्तनीया चिन्तनीयम्
चिन्त्यः चिन्त्या चिन्त्यम्

Kaus. von sthā (1) „stehen":

स्थापयितव्यः ॰तव्या ॰तव्यम्
स्थापनीयः स्थापनीया स्थापनीयम्
स्थाप्यः स्थाप्या स्थाप्यम्

Hinweis: Zum reinen Wurzelpartizip mit präsentischer Bedeutung am Ende eines Kompositums (Tatpuruṣa) siehe S. 110, Fn. 2.

Nichtflektierbare Verbalformen

Absolutiv

Das Absolutiv – कृत्वा „getan habend" – bezeichnet ein Geschehen, das der Haupthandlung vorangeht und den gleichen Urheber hat wie diese.

Anmerkungen: a) Manchmal ist die Vorzeitigkeit kaum auszumachen, besonders auch bei den präpositionell einsetzbaren wie: आदाय von ā-dā (2) „an sich genommen habend" für „mit, in Begleitung von"; आरभ्य von ā-rabh (1) „begonnen habend" für „von ... an"; आसाद्य Kaus. von ā-sad (1) „erlangt habend" für „in, an, auf, mit, nach" (etc.); मुक्त्वा von muc (6) „befreit habend; aufgegeben habend" für „mit Ausnahme von, außer".
b) Wie Nomina (vgl. S. 113, D) können auch Absolutive mit negativem a/an versehen sein. Bsp. अविज्ञाय von vi-jñā (9) „nicht erkannt habend; nicht kennend"

Erste Form des Absolutivs – Verben ohne Präfix:

An die Wurzel tritt das Suffix -(i)tvā.

Bildung analog derjenigen des Stamms für die erste P. P.-Form (siehe S. 92). – Ausnahme: Bei Verben mit Präsensstamm auf -aya tritt -itvā an den auf -ay gekürzten Präsensstamm.

Beispiele:

कृत्वा von kṛ (8) „tun"	श्रुत्वा von śru (5) „hören"
गत्वा von gam (1) „gehen"	स्थित्वा von sthā (1) „stehen"
दत्त्वा von dā (3) „geben"	सुप्त्वा von svap (2) „schlafen"
मुक्त्वा von muc (6) „befreien; aufgeben"	चिन्तयित्वा von cint (10) „denken"
लब्ध्वा von labh (1) „erlangen"	कारयित्वा von कारयति Kaus. von
उक्त्वा von vac (2) „sagen"	kṛ (8) „tun"

Zweite Form des Absolutivs – Zusammengesetzte Verben:

An die Wurzel tritt das Suffix -ya

oder -tya: a) bei Wurzeln, die mit einem kurzen Vokal enden; b) oft bei Wurzeln, die auf an oder am ausgehen (vgl. Sandhi § 42). – Sonst wird diese Form des Absolutivs meist wie der Passivstamm des Präsens gebildet.

Bei Verben mit Präsensstamm auf -aya tritt, wenn dessen Wurzelsilbe kurz ist, -ya an den auf -ay gekürzten Präsensstamm: **संगम्य** von **संगमयति** „zusammenbringen" Kaus. von sam-gam (1) „zusammenkommen" – sonst an den um -aya gekürzten Präsensstamm: **आसाद्य** von **आसादयति** „erlangen" Kaus. von ā-sad (1) do.

Beispiele mit -ya:[1]

प्रोच्य von pra-vac (2) „verkünden"
प्रतिगृह्य von prati-grah (9) „empfangen"
निबध्य von ni-bandh (9) „anbinden"
उत्खाय von ud-khan (1) „ausgraben"
प्रदाय (!) von pra-dā (3) „geben"
संधाय (!) von sam-dhā (3) „vereinigen"

निपीय von ni-pā (1) „einsaugen"
प्रस्थाय (!) von pra-sthā (1) „aufbrechen"
विकीर्य von vi-kṝ/kar (6) „ausstreuen"
अवतीर्य von ava-tṝ/tar (1) „hinabsteigen"
संपूर्य von sam-pṝ/par (3) „sich füllen"
संचिन्त्य von sam-cint (10) „überlegen"

Beispiele mit -tya:

एत्य von ā-i (2) „kommen"
नमस्कृत्य von namas-kṛ/kar (8) „grüßen"
आगत्य (auch **आगम्य**) von ā-gam (1) „kommen"
विजित्य von vi-ji (1) „besiegen"

आतत्य von ā-tan (5) „ausdehnen"
अवमत्य (auch **अवमन्य**) von ava-man (1) „gering achten"
आश्रुत्य von ā-śru (5) „hinhören"
निहत्य von ni-han (2) „niederschlagen"

Dritte Form des Absolutivs:[2]

An die Wurzel (guṇ./vṛddh.) tritt das Suffix **-am** (bei Wurzeln auf ā: **-yam**).

Beispiele:

कारम् von kṛ (8) „tun"
पायम् von pā (3) „trinken"

---

1 Vgl. S. 77. Die Ausrufezeichen weisen auf die Differenz zur Passivform hin.
2 Bei dieser Absolutiv-Form handelt es sich eigentlich um ein adverbiell verwendetes Verbalnomen (nomen actionis) im Akkusativ; kommt im klass. Sanskrit nur sehr selten vor (vgl. Whitney, *Sanskrit Grammar* § 995 a).

Infinitiv

An die Wurzel (guṇiert) tritt das Suffix -(i)**tum**.

Verben mit Präsensstamm auf -aya: -itum tritt an den auf -ay gekürzten Präsensstamm.

Lautregeln speziell: Sandhi § 43 u. 46–49.

Beispiele:

कर्तुम् von kṛ (8) „tun"	दातुम् von dā (3) „geben"
गन्तुम् von gam (1) „gehen"	द्रष्टुम् (!) von dṛś/darś „sehen"
ग्रहीतुम् (!) von grah (9) „greifen"	प्रष्टुम् (!) von pracch (6) „fragen"
जीवितुम्[1] von jīv (1) „leben"	भवितुम् von bhū (1) „sein, werden"
जेतुम् von ji (1) „siegen, besiegen"	योक्तुम् von yuj (7) „verbinden"
तरितुम् od. तरीतुम् (!) von tṛ/tar (1)	सोढुम् von sah (1) „bewältigen"
„überschreiten"	चिन्तयितुम्[1] von cint (10) „denken"

Anmerkungen:[2] a) Der Infinitiv ist, auch wenn hier stets aktivisch wiedergegeben, bezüglich des Genus verbi neutral. Dieses wird (übersetzungsweise nicht nachbildbar) vom prädikativen Kontext getragen. Bsp. कथं शक्यते तत्र गन्तुम् „wie kann dort gegangen werden" = „wie kann man dort gehen"; aktivisch ausgedrückt: कथं (कश्चित्) शक्नोति तत्र गन्तुम्.

b) Häufig ist die Verbindung eines Infinitivs mit शक्यः शक्या शक्यम् „möglich" (Gerundiv von śak „können"). Bsp. शक्यं मया [= शक्नोमि] तं द्रष्टुम् „ich kann ihn sehen"; स शक्यः द्रष्टुम् oder auch शक्यं स द्रष्टुम् „er kann gesehen werden".

1 Vgl. S. 103, Anm. 2.
2 Vgl. Speyer, *Sanskrit Syntax* § 387 f.

Abgeleitete Verbalstämme

Kausativ

Kausative werden wie die Verben der 10. Wurzelklasse gebildet (siehe S. 55) und wie diese konjugiert, meist mit Par.-, einige *auch* mit Ātm.-Formen.

Bei den Verben der 10. Klasse wird aya an den auf -ay gekürzten Präsensstamm gefügt.

Beispiele:

कारयति „tun lassen" von kṛ/kar (5) „tun"

तोषयति „befriedigen" von tuṣ (4) „zufrieden sein"

नाययति „führen lassen" von nī (1) „führen"

बोधयति „aufwecken; belehren" von budh (1) „erwachen; erkennen"

भावयति „entstehen lassen, hervorbringen" von bhū (1) „sein, werden"

अनुचिन्तययति „nachdenken lassen" von anu-cint (10) „nachdenken"

Mittleres a bleibt oft kurz:

गमयति „kommen lassen" von gam (1) „gehen"

घटयति „machen, zustandebringen" von ghaṭ (1) „stattfinden"

aber: उद्घाटयति „aufmachen, öffnen" von ud-ghaṭ (1) „sich öffnen"

जनयति „erzeugen" von jan (4) „geboren werden"

त्वरयति „antreiben" von tvar (1) „eilen"

प्रथयति „vergrößern" von prath (1) „größer werden"

Wurzeln auf ā schieben vor einem Suffix oft ein p ein:

स्थापयति „stellen" von sthā (1) „stehen"

दापयति „geben lassen" von dā (3) „geben"

ज्ञापयति od. ज्ञपयति „wissen lassen, mitteilen" von jñā (9) „kennen, wissen"

स्नापयति od. स्नपयति „baden, waschen" von snā (2) „(sich) baden"

aber: पाययति „trinken lassen, tränken" von pā (1) „trinken"

Unregelmäßige Kausative:

अध्यापयति „unterrichten" von adhi-i (2) „erkennen; lernen"

अर्पयति „werfen, schleudern" von ṛ/ar (6) „gehen"

क्षपयति (auch क्षययति) „vernichten" von kṣi (5) „vernichten"

दूषयति „schlecht machen, verderben" von duṣ (4) „schlecht werden"

पूरयति „füllen" von pṝ/par (3) „füllen"

प्रीणयति „erfreuen" von prī (9) „erfreuen"

भीषयति „erschrecken, Angst einjagen" von bhī (3) „erschrecken, sich fürchten"

रोपयति (auch रोहयति) „wachsen lassen" von ruh (1) „wachsen"

लम्भयति „zukommen lassen" von labh (1) „erlangen"

Desiderativ

An die Wurzel (redupliziert)* tritt das Suffix -(i)s.

* Der typische Reduplikationsvokal ist i – und u dann, wenn die Wurzelsilbe einen u-Laut
  enthält.

— Der Präsensstamm lautet auf -sa / -iṣa (mit Endungen der themat. Konj.).

Beispiele:

(Statt „zu … wünschen" je nachdem auch „zu … beabsichtigen" oder „im Begriffe sein
zu …")

चिक्षिप्सति „zu werfen wünschen" von kṣip (6) „werfen"

दुधुक्षति „zu melken wünschen" von duh (2) „melken" (Sandhi § 40)

दिदृक्षते „zu sehen wünschen" von dṛś/darś „sehen"

बुभुत्सति „zu kennen wünschen" von budh (1) „erkennen" (do.)

मुमुक्षते „sich zu befreien wünschen" von muc (6) „(sich) befreien"

विवित्सति od. विविदिषति „zu wissen wünschen" von vid (2) „wissen"

Wurzeln mit auslautenden Vokalen (i u wird ī ū ; ṛ/ṝ wird īr, nach Labialen ūr):

चिकीर्षति „zu tun wünschen" von kṛ/kar (8) „tun"

पिपासति „zu trinken wünschen" von pā (1) „trinken"

मुमूर्षति „zu sterben wünschen" von mṛ/mar (6) „sterben"

शुश्रूषति „zu hören wünschen" von śru (5) „hören"

Unregelmäßige Desiderative:

ईप्सति „zu erlangen wünschen“ von āp (5) „erlangen“

जिगांसति (auch जिगमिषति) „gehen wollen“ von gam (1) „gehen“

जिघृक्षति u. °ते „zu greifen wünschen“ von grah (9) „greifen“ (Sandhi § 40)

चिकित्सति „sorgen für; heilen“ von cit (1) „beobachten“ (vorkl.)

जिगीषति „zu siegen wünschen“ von ji (1) „siegen“

दित्सति „zu geben bereit sein“ von dā (3) „geben“

धित्सति „setzen/stellen wollen“ von dhā (3) „setzen, stellen“

भिक्षते „betteln“ von bhaj (1) „teilhaftig werden“

लिप्सते „zu erlangen suchen“ von labh (1) „erlangen“

शिक्षते „lernen“ von śak (5) „können“

जिघांसति „niederzuschlagen wünschen“ von han (2) „schlagen“

— Tritt an den Desiderativstamm ein **u**, erhält man den Stamm eines d e s i d e r a t i v e n   N o m e n   a g e n t i s.

Beispiele:

दुधुक्षुः „zu melken beabsichtigend“

मुमुक्षुः „(sich) zu befreien wünschend; frei zu werden verlangend; nach Befreiung strebend“

विवित्सुः od. विविदिषुः „kennenzulernen wünschend“

चिकीर्षुः „zu tun beabsichtigend“

जिघृक्षुः „zu ergreifen/packen beabsichtigend“

भिक्षुः („bettelnd“ →) m. „Bettler“

— Tritt an den Desiderativstamm ein **ā**, erhält man ein d e s i d e r a t i v e s   A b s t r a k t u m.

Beispiele:

पिपासा „Trinkenwollen, Durst“

मुमुक्षा „Verlangen nach Befreiung“

विवित्सा od. विविदिषा „Verlangen nach Kennenlernen“

चिकीर्षा „Verlangen nach Vollbringen; Verlangen/Trachten nach (Gen.)“

जिघृक्षा „Verlangen/Absicht zu ergreifen“

भिक्षा „Betteln“

Intensiv (oder Frequentativ)

An die Wurzel (redupliziert)* tritt das Suffix **-ya**.
Konjugation sonst wie die Passivform des Präsens.**

* Die Reduplikationssilbe wird guṇiert, verlängert oder auf andere Weise verstärkt.

** Als seltener werden die Formen ohne -ya bezeichnet, konj. wie das Parasmaipada der
3. Wurzelklasse; bei den starken Formen kann auf die redupl. Wurzel vor Konsonant ein
ī folgen, wobei dann aber die zweite Silbe (die eigentl. Wurzelsilbe) nicht guṇiert wird.

Beispiele:

चंक्रम्यते „hin und her wandern" von kram (1) „schreiten"

चर्चूर्यते (!) „sich schnell/wiederholt bewegen; kreuz und quer gehen" von car (1) „gehen"

देदीप्यते „in hellen Flammen stehen, stark leuchten" von dīp (4) „leuchten"

नेनीयते „in seiner Gewalt haben" von nī (1) „führen"

रोरूयते „heftig schreien" von ru (2) „schreien"

पापठीति „oft hersagen; fleißig studieren" von paṭh (1) „hersagen, (laut) lesen"

बोबुधीति „Einsicht haben (in etwas)" von budh (1) „erwachen; erkennen"

Denominativ

An den Nominalstamm* tritt (in der Regel) das Suffix **-ya** mit den Endungen der
themat. Konjugation (Par. / Ātm.).**

* Der vokalische Auslaut kann sich verändern (und auch abfallen).
** Seltener treten die Endungen an den bloßen Nominalstamm.

Beispiele:

अर्थयते „streben nach; erbitten; erklären" von artha „Ziel, Zweck; Sinn"

कथयति „erzählen" von kathā „Erzählung"

कृष्णायते „schwärzen, schwarz färben" von kṛṣṇa „schwarz"

चित्रयति „bunt machen" von citra „bunt"

तपस्यति „Askese üben" von tapas „Askese"

पुत्रीयति „sich einen Sohn wünschen" von putra „Sohn"

पुष्प्यति „blühen" von puṣpa „Blüte"

फलति „Früchte tragen" von phala „Frucht"

Zur Wortbildung

Abstufung der Vokale (Ablaut)

Tiefstufe	– / a	i / ī	u / ū	r̥ / r̥̄	l̥
Hochstufe (Guṇa)	a	e (ay)	o (av)	ar [ra]	al [la]
Dehnstufe (Vr̥ddhi)	ā	ai (āy)	au (āv)	ār [rā]	–

( ) vor Vokal   [ ] seltener

Anmerkung 1: Geht dem Wurzelvokal a *kein* Halbvokal voraus, bleibt er in der T i e f s t u f e erhalten. Andernfalls tritt (in der Regel) Saṃprasāraṇa („Extension") ein: das a fällt weg, und der Halbvokal wird zum Wurzelvokal „geweitet": yaj → ij „opfern"; vyadh → vidh „durchbohren"; svap → sup „schlafen"; vas → uṣ „wohnen"; grah → gr̥h „greifen" etc.

Anmerkung 2: Bei langer geschlossener Wurzelsilbe (langer Vokal + Konsonant oder kurzer Vokal + zwei Konsonanten) unterbleibt – wenn sonst üblich – die G u ṇ i e r u n g (z. B. bei jīv „leben", nind „tadeln" und pūj „verehren").

Beispiele:

vac „sagen, sprechen":

   vc/uc- उच्यते „es wird gesagt"

   vac- वचनम् „das Sprechen"

   vāc- वाचकः „Sprecher"

vid „wissen":

   vid- विद्या „Wissen"

   ved- वेदः „der Veda"

   vaid- वैद्यः „Arzt"

bhū „sein, werden":

   bhū- भूतम् „Wesen; Element"

   bho- (bhav-) भवति „ist, wird"

   bhau- भौतिकः ०का ०कम् „materiell"

kr̥ „tun":

   kr̥- कृतः कृता कृतम् „getan"

   kar- कर्म „Tun"

   kār- कार्यम् „Vorhaben"

[Patronymische Ableitungen:]

पतञ्जलिः patañjali „Patañjali" → पातञ्जलः ०ली ०लम् pātañjala „von Patañjali verfasst" (etc.)

शिवः śiva „(Gott) Śiva" → शैवः शैवी शैवम् śaiva „śivaïtisch"; m. „Śivaït"

बुद्धः buddha „der Erwachte, Buddha" → बौद्धः बौद्धी बौद्धम् bauddha „buddhistisch"; m. „Buddhist"

ऋषिः r̥ṣi „Weiser, Seher (der Vorzeit)" → आर्षेयः आर्षेयी आर्षेयम् ārṣeya „von den R̥ṣi stammend; ehrwürdig, altheilig"

Nominalsuffixe

A. Einige Taddhita-Suffixe[1] mit besonderer Bedeutung

-in und **-vin** बली बलिनी बलि balin „mit Kraft [bala] versehen, stark"

तपस्वी तपस्विनी तपस्वि tapasvin „mit Feuer versehen, brennend, glanz-voll"; m. „Asket" (wörtl. „mit Askese versehen")

-tā und **-tva** देवता devatā „Gottsein, Gottheit"

मनुष्यत्वम् manuṣyatva „Menschsein"

-mat und **-vat** धीमान् धीमती धीमत् dhīmat/-mant „mit Geist [dhī] versehen, klug"

बलवान् बलवती बलवत् balavat/-vant „mit Kraft versehen, stark"

-maya मृन्मयः ०यी ०यम् mṛnmaya „aus Erde/Ton [mṛd] bestehend/gemacht" (Sandhi § 21, Ausn.); गोमयम् gomaya „Mist" (wörtl. „vom Rind stammend")[2]

-vat (Adv.) आदित्यवत् ādityavat „wie die Sonne"

B. Suffixe der Komparation

1. Taddhita-Suffixe:

-tara (Komparativ) – पुण्यतरः ०तरा ०तरम् puṇyatara „reiner"

-tama (Superlativ) – पुण्यतमः ०तमा ०तमम् puṇyatama „reinst"

Anmerkung: Mit dem Suffix -tama werden auch Ordinalzahlen gebildet; vgl. S. 117 ff.

---

1 Ein Taddhita-Suffix modifiziert die Bedeutung eines schon bestehenden Wortes (taddhita [tad-hita]: „diesem beigefügt" (Sandhi § 17)) – während die Kṛt-Suffixe zusammen mit den Wurzeln Grundwörter bilden (kṛt: „machend"). Bsp. budh „erwachen" + -ti = buddhi „Einsicht" (wörtl. etwa „Wachtum") (Sandhi § 47).

2 -maya hat auch nominalen Charakter: für „aus Eisen [ayas] gemacht" gibt es neben अयसमयः ayasmaya (Suffix) auch अयोमयः ayomaya (Hinterglied eines Kompositums [Sandhi § 50]). Damit ist wohl auch die Ausn. bei Sandhi § 21 zu erklären.

2. Kṛt-Suffixe:

Bei einer Anzahl von Adjektiven tritt an das dem Adjektiv zugrunde liegende (meist guṇierte) Wurzel-Element:

-(ī)yas (K o m p a r a t i v) –

गरीयान् गरीयसी गरीयः garīyas/-yaṃs „schwerer" von guru [gṛ]

दवीयान् दवीयसी दवीयः davīyas/-yaṃs „weiter" von dūra [dū]

प्रथीयान् प्रथीयसी प्रथीयः prathīyas/-yaṃs „breiter" von pṛthu [pṛth]

प्रेयान् प्रेयसी प्रेयः preyas/-yaṃs „lieber" von priya [prī]

भूयान् भूयसी भूयः bhūyas/-yaṃs „mehr" von bhūri [bhū]

महीयान् महीयसी महीयः mahīyas/-yaṃs „größer" von mahat/-hant [mah]

म्रदीयान् म्रदीयसी म्रदीयः mradīyas/-yaṃs „milder" von mṛdu [mṛd]

लघीयान् लघीयसी लघीयः laghīyas/-yaṃs „leichter" von laghu

[mit fehlendem Positiv:]

कनीयान् कनीयसी कनीयः kanīyas/-yaṃs „jünger" [kan]

ज्यायान् ज्यायसी ज्यायः jyāyas/-yaṃs „älter" [jyā]

श्रेयान् श्रेयसी श्रेयः śreyas/-yaṃs „besser" [śri]

-(i)ṣṭha (S u p e r l a t i v) –

गरिष्ठः गरिष्ठा गरिष्ठम् gariṣṭha „schwerst" von guru [gṛ]

दविष्ठः दविष्ठा दविष्ठम् daviṣṭha „weitest" von dūra [dū]

प्रथिष्ठः प्रथिष्ठा प्रथिष्ठम् prathiṣṭha „breitest" von pṛthu [pṛth]

प्रेष्ठः प्रेष्ठा प्रेष्ठम् preṣṭha „liebst" von priya [prī]

भूयिष्ठः भूयिष्ठा भूयिष्ठम् (!) bhūyiṣṭha „meist" von bhūri [bhū]

महिष्ठः महिष्ठा महिष्ठम् mahiṣṭha „größt" von mahat/-hant [mah]

म्रदिष्ठः म्रदिष्ठा म्रदिष्ठम् mradiṣṭha „mildest" von mṛdu [mṛd]

लघिष्ठः लघिष्ठा लघिष्ठम् laghiṣṭha „leichtest" von laghu

[mit fehlendem Positiv:]

कनिष्ठः कनिष्ठा कनिष्ठम् kaniṣṭha „jüngst" [kan]

ज्येष्ठः ज्येष्ठा ज्येष्ठम् (!) jyeṣṭha „ältest" [jyā]

श्रेष्ठः श्रेष्ठा श्रेष्ठम् śreṣṭha „best" [śri]

Verbalpräfixe (Verbalkomposita)

Verben können mit Präpositionen, Adverbien, Nomina und nicht selbständig auftretenden Partikeln* als Präfixen kombiniert sein.

* Das sind einige der unter den allgemeinen Präfixen aufgeführten; sie sind hier nur in Umschrift verzeichnet.

Lautregeln speziell: Sandhi § 50–54 (Regeln beim Kompositum).

A. Die allgemeinen Präfixe[1]

1. **pra-** „vor, vorwärts; fort, weg"
2. आ ā „zu ... hin, herbei"
3. **vi-** „weg, auseinander, ver-/zer-"
4. **sam-** „zusammen, mit"
5. अभि abhi „zu ... hin; gegen"
6. **ni-** „nieder; hinein"
7. **ud-** „auf, hinauf; hinaus"
8. परि pari „um ... herum; umher"
9. अनु anu „nach; entlang"
10. उप upa „hinzu, herzu"

11. प्रति prati „gegen, entgegen; zurück"
12. **ava-*** „weg, ab, herab"
13. **nis-** „aus, hinaus; weg von"
14. अति ati „über, über ... hinaus; vorüber, vorbei"
15. अप apa „weg, fort"
16. **parā-** „weg, fort, dahin"
17. अधि adhi* „auf, über; zu ... hin"
18. अपि api* „hinein in, dicht an"
19. अन्तः antar „zwischen, in ... hinein"

* Bisweilen nur: **va- dhi- pi-**

Die Bedeutung dieser Präfixe ist im Einzelfall nicht immer deutlich erkennbar. परि pari, pra-, vi- und sam- verstärken oft nur die Grundaussage der Wurzel. – Einer Verbalwurzel können bis zu drei (selten mehr) Präfixe vorangestellt sein; आ ā steht in der Regel unmittelbar vor der Wurzel.

B. Auf **kṛ/kar** (8), **dhā** (3) und **bhū** (1) beschränkte Präfixe

अलम् alam „genügend, genug, gehörig, vollständig"

अलंकरोति alam-kṛ/kar „schmücken"

---

1 Nach Häufigkeit (vgl. Whitney, *Sanskrit Grammar* § 1077 a). – Die angegebenen Bedeutungen beziehen sich primär auf die Präfixfunktion.

आविः āvis   „offenbar, sichtbar, vor Augen"

आविर्भवति āvis-bhū   „offenbar werden/sein, erscheinen"

आविष्करोति āvis-kṛ/kar   „offenbar machen, sehen lassen, aufdecken, zeigen"

तिरः tiras   „abseits, verborgen"

तिरस्करोति tiras-kṛ/kar   „beseitigen; verbergen; übertreffen; verachten"

तिरोदधाति tiras-dhā   „beseitigen; verbergen; überwinden; verschwinden"

तिरोभवति tiras-bhū   „beseitigt werden, verschwinden, sich verstecken"

नमः namas   „Verbeugung, Ehrenbezeigung, Verehrung"

नमस्करोति namas-kṛ/kar   „begrüßen, ehren, verehren"

पुरः puras   „voran, vorne"

पुरस्करोति puras-kṛ/kar   „voranstellen; ehren; vor Augen treten lassen"

पुरोदधाति puras-dhā   „voranstellen; ehren"

प्रादुः prādus   „hervor, zum Vorschein"

प्रादुर्भवति prādus-bhū   „zum Vorschein kommen, sichtbar werden, sich erheben"

प्रादुष्करोति prādus-kṛ/kar   „zur Erscheinung bringen"

C. Beliebige Nomina als Präfixe bei **kṛ/kar** (8) und **bhū** (1) mit der Bedeutung „machen zu" bzw. „werden zu"

Der Stammauslaut der Nomina auf a und i wird zu ī, auf u zu ū.

कुण्डलीकरोति kuṇḍala-kṛ/kar   „zu einem Ring machen, zu einem Kreis bilden"

लघूकरोति laghu-kṛ/kar   „klein/leicht machen, erleichtern, vermindern"

स्वीकरोति sva-kṛ/kar   „zu eigen machen, sich aneignen"

बहुलीभवति bahula-bhū   „viel werden, sich vermehren, sich ausbreiten"

शुचीभवति śuci-bhū   „rein werden"

स्तम्भीभवति stambha-bhū   „zu einem Pfosten werden"

Nominalkomposita

Allgemeines zur Bildung:

a) Vom Schlussglied abgesehen, stehen die Glieder eines Kompositums (mit Ausnahmen) in der Stammform. Zu beachten sind die speziellen Lautregeln beim Kompositum: Sandhi § 50–53.

A d j e k t i v e : Bei Konsonantstämmen von Adjektiven bzw. Partizipien gilt diejenige Stammform, die mit dem N. und A. Sg. des Neutrums identisch ist. (Adjektive stehen auch vor Feminina nicht in der femininen Stammform.)

Sonderfälle: 1. **महान् महती महत्** mahat/mahant „groß" hat (sofern nicht substantiviert) als Vorderglied eines Kompositums die Form **mahā-**.
2. Bei **पुमान्** pumṣ/pumamṣ „Mann" wird **pumṣ-** od. **pum-** als Vorderglied verwendet.

b) Beim Schlussglied hat die a-Deklination eine gewisse Dominanz: Stammauslaut auf an und i ī wird gerne zu a , und einem auslautenden Konsonanten – auch einem u-Vokal oder Diphthong – wird bisweilen ein a angefügt.

Beispiele:

ahan „Tag": auch -aha od. -ahna (!)	rājan „König": -rāja
go „Kuh": auch -gava	rātri „Nacht": auch -rātra
bhrū „Braue": auch -bhruva (Sandhi § 26)	

Dvandva[1] (Kopulative Komposita)

A. Substantiv + Substantiv

Beispiele:

1. Aufzählung im Dual oder Plural (Schlussglied bestimmt das Geschlecht):

चन्द्रादित्यौ candra + āditya m. Dual „Mond und Sonne"

प्राणापानौ prāṇa + apāna m. Dual „Einatmen und Ausatmen"

रात्र्यहनी rātri + ahan n. Dual „Nacht und Tag"

---

1 **द्वंद्वम्** „Paar; Paar von Gegensätzen; Streit, Wettstreit"; **द्वंद्वः** (auch n.): Kombination von (ursprünglich nur zwei) nebengeordneten Begriffen.

सुतभार्ये suta + bhāryā f. Dual   „Sohn und Gattin"

देवासुराः deva + asura m. Pl.   „Götter und Dämonen"

रात्र्यहानि rātri + ahan n. Pl.   „Nächte und Tage"

नराश्वरथदन्तिनः nara + aśva + ratha + dantin m. Pl. „Männer, Pferde, Wagen u. Elefanten"

[Überbleibsel älterer Dvandva-Verbindungen:]

मित्रावरुणौ mitra + varuṇa „Mitra und Varuṇa"

सूर्याचन्द्रमसौ sūrya + candramas „Sonne und Mond"

[Das Vorderglied steht im Nominativ bei den Verbindungen:]

दुहितामातरौ duhitṛ + mātṛ „Tochter und Mutter"

पितापुत्रौ pitṛ + putra „Vater und Sohn"

मातादुहितरौ mātṛ + duhitṛ „Mutter und Tochter"

मातापितरौ mātṛ + pitṛ „Mutter und Vater; Eltern"

मातापुत्रौ mātṛ + putra „Mutter und Sohn"

2. Aufzählung als k o l l e k t i v e s   N e u t r u m im Singular (Stammauslaut ā wird gekürzt):

अहर्निशम् ahar + niśā „Tag und Nacht"

अहोरात्रम् ahas + rātra „Tag und Nacht"

भूतभव्यम् bhūta + bhavya „Vergangenheit und Zukunft"

शीतोष्णम् śīta + uṣṇa „Kälte und Hitze"

कन्दमूलफलम् kanda + mūla + phala „Zwiebeln, Wurzeln und Früchte"

B. Adjektiv + Adjektiv (bzw. Partizip + Partizip)[1]

Beispiele:

कृताकृतः ०ता ०तम् kṛta + akṛta „(getan und nichtgetan =) halbgetan"

जीवन्मृतः ०ता ०तम् jīvat/jīvant + mṛta „(lebend und tot =) halb lebend, halb tot"

प्राग्दक्षिणः ०णा ०णम् prāñc + dakṣiṇa „(östlich und südlich =) südöstlich"

गतागतः ०ता ०तम् gata + āgata „gehend und kommend"

वृत्तपीनः ०ना ०नम् vṛtta + pīna „rund und dick"

पूर्वापरौ तोयनिधी pūrva + apara toyanidhi Dual „das östliche und das westliche Meer"

हिताहितानि कार्याणि hita + ahita kārya Pl. „gute und ungute Geschäfte"

1 Zur Einordnung vgl. Wackernagel/Debrunner II, 1: § 74 a.

Tatpuruṣa[1] (Determinative Komposita)

A. Kasualbestimmte Komposita

Wird das Kompositum aufgelöst, steht das Vorderglied in einem auf das Hinterglied bezogenen Kasus (mit beliebigem bzw. aus dem Kontext zu erschließendem Numerus).

Beispiele:

1. Das Kompositum schließt mit einem Substantiv:

धर्मपत्नी dharma + patnī „Gattin nach Gesetz, rechtmäßige Gattin"

पादोदकः pāda + udaka „Fußwasser, Wasser für die Füße"

गङ्गावियोगः gaṅgā + viyoga „Trennung von der Gaṅgā (= von der Gaṅgā getrennt sein)"

देवसेना deva + senā „Götterheer, das Heer der Götter"

मन्माता mad + mātṛ „meine Mutter"

जलक्रीडा jala + krīḍā „Wasserspiel, Spiel im Wasser"

2. Das Kompositum schließt mit einem Adjektiv oder Partizip (bzw. einer Verbalwurzel mit der Bedeutung eines präsentischen Partizips):[2]

ग्रामगतः ०ता ०तम् grāma + gata „ins Dorf gegangen"

वेदवित् veda + vid „den Veda kennend; Vedakundiger"

लोककृत् loka + **kṛt** [von kṛ/kar] „die Welt erschaffend; Weltschöpfer"

सर्वज्ञः ०ज्ञा ०ज्ञम् sarva + **jña** [von jñā] „alles kennend; allwissend"

देवदत्तः ०त्ता ०त्तम् deva + datta „gottgegeben, von den Göttern verliehen"

कर्णसुभगः ०गा ०गम् karṇa + subhaga „schön für das Ohr, angenehm zu hören"

व्योमपतितः ०ता ०तम् vyoman + patita „vom Himmel gefallen"

पुरुषोत्तमः puruṣa + uttama „der beste der Männer; ein ganz vorzüglicher Mann"

भूस्थः भूस्था भूस्थम् bhū + **stha** [von sthā] „auf der Erde befindlich/lebend"

खगः खगा खगम् kha + **ga** [von gam] „in der Luft gehend, fliegend; m. Vogel"

---

1 तत्पुरुषः „dessen Mann": Beispiel eines determinativen Komp. als Terminus technicus.
2 Im Prinzip kann jede Wurzel am Ende eines Tatpuruṣa stehen und dabei die Bedeutung eines Partizips annehmen; man beachte die Veränderungen (hervorgehoben) bei den Wurzeln auf ā ṛ (bzw. kurzen Vokal) und Nasal.

[Mit Kasusform im Vorderglied:]

धनंजयः ०या dhanam + jaya „Reichtum ersiegend, Beute gewinnend; siegreich"

खेचरः ०री (!) ०रम् khe + cara = **खगः** (s. o.)

मनसिजः manasi + **ja** [von jan] „(im Gemüt geboren =) Liebe, Liebesgott"

युधिष्ठिरः yudhi + sthira Yudhiṣṭhira (Name) („im Kampf fest")

B. Appositionellbestimmte Komposita (Karmadhāraya)[1]

Wird das Kompositum aufgelöst, stehen Hinter- und Vorderglied im gleichen
Kasus (wobei die Beispiele Nr. 4 eine Sonderrolle einnehmen).

Hinweis: Komposita ohne (genügend) Kontext sind oft mehrdeutig. Das gilt besonders auch
für die appositionell- und kasualbestimmten. So kann **वृद्धयोषित्** (s. u.) sowohl „eine alte Frau"
als auch „die Frau des Alten" bedeuten.

Beispiele:

1. Adjektiv (bzw. Partizip, Partikel) + Substantiv

चिरकालः cira + kāla „lange Zeit"

महाराजः mahā + rājan „großer König; Großkönig"

सर्वलोकः sarva + loka „die ganze Welt"

पूर्णचन्द्रः pūrṇa + candra „der volle Mond; Vollmond"

वृद्धयोषित् vṛddha + yoṣit „alte Frau"

सुजनः su + jana „guter Mensch"

[Mit antara „ander-, verschieden": mit umgestellten Gliedern als sächliches Kompositum:][2]

अर्थान्तरम् artha + antara „eine andere Sache; eine andere Bedeutung"

भवान्तरम् bhava + antara „eine andere [= frühere od. zukünftige] Existenz"

सभान्तराणि sabhā + antara Pl. „verschiedene Säle"

---

1 **कर्मधारयः** „ein Objekt [karma] schuldend [dhāraya]" (vgl. O. Böhtlingk nach Wackernagel/
  Debrunner II, 1: S. 140); die Bezeichnung verweist auf den Umstand, dass appositonell-
  bestimmte Tatpuruṣa – im Gegensatz zu kasualbestimmten – kein Objekt aufweisen können. „Als Unterabteilung der Tatpuruṣa werden die Karmadhāraya ausdrücklich bezeichnet P. [= Pāṇini] 1, 2, 42 [...]." (ebd.)
2 Bei Whitney, *Sanskrit Grammar* § 1302 i, als Bahuvrīhi behandelt (antara als „difference"
  aufgefasst). Thumb/Hauschild (§ 673 Anm.) verweist auf die Suffixartigkeit von **antara**
  und lässt eine genauere Bestimmung offen.

2. Substantiv + Substantiv

मेघदूतः megha + dūta „Wolkenbote (= eine Wolke als Bote)"

राजर्षिः rājan + ṛṣi „Königsweiser (= ein Ṛṣi fürstlicher Abkunft)"

नरसिंहः nara + siṃha „Mannlöwe (= ein Wesen halb Mann halb Löwe)"

स्त्रीपुमान् strī + puṃs/pumaṃs „Fraumann (= sowohl Frau als auch Mann; erst Frau,
dann Mann)"

बाणासनयन्त्रम् bāṇāsana + yantra „Bogenvorrichtung (= eine aus einem Bogen beste-
hende Vorrichtung)"

[Einen Vergleich ausdrückend:]

कन्यारत्नम् kanyā + ratna „Mädchenperle (= ein Mädchen wie eine Perle)"[1]

नरसिंहः nara + siṃha „Mannlöwe (= ein Mann wie ein Löwe; großer Krieger)"[1]

नृपशुः nṛ + paśu „Menschentier (= ein Mensch wie ein Tier)"[1]

3. Substantiv + Adjektiv (bzw. Partizip)

कुमारपण्डितः kumāra + paṇḍita „(schon) als Knabe gelehrt"

[Häufiger einen Vergleich ausdrückend:]

कुसुमसुकुमारः ०री ०रम् kusuma + sukumāra „blumenzart (= zart wie eine Blume)"

मेघश्यामः ०मा ०मम् megha + śyāma „wolkenschwarz (= schwarz wie eine Wolke)"

4. Adjektiv (bzw. Adverb/Partikel) + Adjektiv (bzw. Partizip)

अतिदीर्घः ०र्घा ०र्घम् ati + dīrgha „sehr/allzu lang"

अतिसुखः ०खा ०खम् ati + sukha „überaus angenehm"

तुरगः ०गा tura + ga [von gam][2] „schnell gehend"; m. „Pferd" (auch तुरंगः)

दुष्कृतः ०ता ०तम् dus + kṛta „schlecht getan"

महाप्राज्ञः ०ज्ञा ०ज्ञम् mahā + prājña „sehr weise"

सर्वशून्यः ०न्या ०न्यम् sarva + śūnya „ganz leer"

सुकृतः ०ता ०तम् su + kṛta „gut getan"

सुदारुणः ०णा ०णम् su + dāruṇa „sehr heftig"

[Mit umgestellten Gliedern:]

दृष्टपूर्वः ०र्वा ०र्वम् dṛṣṭa + pūrva „früher gesehen"

1 Als kasualbestimmte Komposita: „eine Perle unter den Mädchen", „ein Löwe unter den Män-
nern", „ein Tier unter den Menschen".
2 Siehe S. 110, Fn. 2.

C. Dvigu[1]

Ein Kollektivkompositum mit numeralem Vorderglied: als Neutrum Sg. oder Femininum auf ī.

Beispiele:

त्रिरात्रम् tri + rātri „drei Nächte (bzw. Tage)"

त्रिलोकम् od. त्रिलोकी tri + loka „Dreiwelt, die drei Welten"

चतुर्युगम् catur + yuga „die vier Weltzeitalter"

शतश्लोकी śata + śloka „(Gedicht von) hundert Śloka" (auch Werktitel)

D. Komposita mit negativem a oder an (vor Vokal)

Beispiele:

अनर्थः an + artha „Unsinn; Unheil, Übel"

अविद्या a + vidyā „Nichtwissen"

अकृतः ०ता ०तम् a + kṛta „ungetan"

अशुभः ०भा ०भम् a + śubha „unschön, ungut"

Bahuvrīhi[2] (Attributive Komposita)

Adjektivische Komposita mit einem Substantiv (bzw. substantivierten Adjektiv oder Partizip) als Hinterglied.

Anmerkungen zur Bildung:
a) Das Hinterglied verliert sein besonderes Geschlecht; Stammauslaut ā wird zur Bildung eines Maskulinums oder Neutrums gekürzt. (Beim Stammauslaut auf ī tritt beim Maskulinum in der Regel keine Kürzung ein.)

b) An das Kompositum *kann* ein -ka angefügt sein, wobei a-Stämme im Femininum auf -ikā ausgehen. Bsp.: निरर्थः निरर्था निरर्थम् oder निरर्थकः निरर्थिका निरर्थकम् nis + artha „nutzlos"; बहुभर्तृका f. bahu + bhartṛ „viele Gatten habend"

---

1 द्विगुः (als Terminus technicus m.!) : „zwei Kühe".
2 बहुव्रीहिः „(einer, bei dem der Reis [vrīhi] viel [bahu] ist =) viel Reis habend": Beispiel eines attributiven Kompositums als Terminus technicus.

A. Zuordnend (Wobei das Betreffende w a s ist?)

Beispiele —

1. mit einem Substantiv beginnend:

गगनगतिः gagana + gati „(dessen Bahn der Luftraum ist =) sich in der Luft bewegend"

तपोधनः ०ना tapas + dhana „(dessen Besitz die Askese ist =) asketisch, fromm"

प्रजाकामः ०मा prajā + kāma „(dessen Wunsch Nachkommenschaft ist =) Kinder
wünschend"

ब्रह्मानन्दः ०न्दा brahman + ānanda „dessen Wonne das Brahman ist"

ब्रह्मानन्दनामः od. ०नामा brahmānanda + nāman „dessen Name Brahmānanda ist"

मनःषष्ठम् manas + ṣaṣṭha „(dessen Sechstes das Manas ist =) das Manas als Sechstes
[sechstes Sinnesorgan] habend"

मौनव्रतः ०ता mauna + vrata „(dessen Regel das Schweigen ist =) die Regel des Schwei-
gens befolgend"

[ādi als Schlussglied:]

अस्मदादयः asmad + ādi „(deren Anfang wir sind =) mit uns beginnend; wir usw."

इन्द्रादयः indra + ādi m. Pl. „(deren Anfang Indra ist =) Indra usw., Indra und die
anderen Götter"

अन्नपानेन्धनादीनि anna-pāna-indhana + ādi n. Pl. „Speise, Trank, Brennmaterial usw./
und andere Dinge"

[para als Schlussglied:]

चिन्तापरः ०रा cintā + para „(dessen Höchstes [gerade] Nachdenken ist =) in Gedanken versunken"

शमपरः ०रा śama + para „(dessen Höchstes die [innere] Ruhe ist =) der inneren Ruhe
verpflichtet"

2. mit einem Infinitiv beginnend:

त्यक्तुकामः ०मा tyaktum + kāma „(dessen Wunsch ist zu verlassen =) zu verlassen
wünschend" (Sandhi § 50)

3. mit einem Pronomen beginnend:

तदन्तः ०न्ता ०न्तम् tad + anta „(dessen Ende dieses ist =) damit endend"

B. Beschreibend (Wobei das Betreffende w i e ist?)

Beispiele —

1. mit einem Substantiv beginnend:

विष्णुरूपः viṣṇu + rūpa „(dessen Gestalt wie die von Viṣṇu ist =) viṣṇugestaltig"[1]

कमलनेत्रः ०त्रा kamala + netra „(dessen Augen wie Lotusse sind =) lotusäugig"

शार्दूलविक्रमः śārdūla + vikrama „dessen Mut wie der eines Tigers ist"

दण्डपाणिः daṇḍa + pāṇi „(dessen Hand mit einem Stock versehen ist =) einen Stock in der Hand haltend"

अश्रुकण्ठः ०ण्ठा aśru + kaṇṭha „(dessen Hals mit Tränen versehen ist =) mit Tränen erstickter Stimme"

2. mit einem Adjektiv (bzw. Partizip oder Zahlwort) beginnend:

अनवद्याङ्गः ०ङ्गी (!) ०ङ्गम् anavadya + aṅga „(bei dem die Glieder tadellos sind =) von tadellosem Körper"

अल्पविद्यः ०द्या alpa + vidyā „(bei dem das Wissen gering ist =) wenig wissend"

दीर्घबाहुः dīrgha + bāhu „(bei dem die Arme lang sind =) langarmig"

बहुमायः ०या bahu + māyā „(bei dem die Täuschungen viele sind =) hinterlistig"

मन्दमतिः manda + mati „(bei dem der Geist langsam/träge ist =) einfältig, dumm"

अन्यरूपः ०पा ०पम् anya + rūpa „(bei dem die Gestalt anders ist =) anders gestaltet, von veränderter Gestalt"[1]

जातपुत्रः ०त्रा jāta + putra „(bei dem ein Sohn geboren ist =) einen Sohn habend"

गतायुः gata + āyus „(bei dem das Leben gegangen ist =) todgeweiht; gestorben"

कृतकार्यः ०र्या od. **कृतकृत्यः** ०त्या kṛta + kārya/kṛtya „(bei dem das zu Tuende getan ist =) [a] der seine Pflicht erfüllt hat; [b] (vollkommen) zufriedengestellt"

प्राप्तकालः ०ला ०लम् prāpta + kāla „(bei dem die Zeit gekommen ist =) zeitgemäß"[1]

प्राप्तकालम् Adv. prāpta + kāla „zur rechten Zeit"

मुक्तकण्ठम् Adv. mukta + kaṇṭha „(wobei die Kehle gelöst ist =) aus vollem Hals"

---

1 **विष्णुरूपम्**, **अन्यरूपम्** u. **प्राप्तकालः** als Tatpuruṣa: „die Gestalt von Viṣṇu", „eine andere/fremde Gestalt" und „die gekommene Zeit, der günstige Augenblick" (dasselbe – mit oder ohne Sinn – analog bei den anderen Beispielen).

द्विजातिः dvi + jāti „(bei dem die Geburten zwei sind =) zwei Geburten habend";

m. (ein Angehöriger der drei oberen Stände, insbes.:) „Brahmane"

द्विजिह्वः ०ह्वा dvi + jihvā „(bei dem die Zungen zwei sind =) doppelzüngig"

चतुर्भुजः ०जा catur + bhuja „(bei dem die Arme vier sind =) vierarmig"

षट्पदः ०दा ṣaṭ + pada „(bei dem die Füße sechs sind =) sechsfüßig; m. Biene"

3. Mit Partikel oder negativem a (bzw. an) beginnend:

अधोमुखः ०खी (!) ०खम् adhas + mukha „(bei dem das Gesicht nach unten ist =) mit

nach unten gerichtetem Gesicht"; auch nur „nach unten gerichtet"

इत्यादिः ०दिः ०दि iti + ādi „(bei dem der Anfang so ist =) so beginnend, etc."

दुर्बलः ०ला ०लम् dus + bala „kraftlos, schwach"

दुर्मनाः dus + manas „entmutigt, betrübt; übelgesinnt"

निरन्तरः ०रा ०रम् nis + antara „ohne Zwischenraum; ununterbrochen; dicht"

विफलः ०ला ०लम् vi + phala „fruchtlos, nutzlos"

विवशः ०शा ०शम् vi + vaśa „willenlos; unwillkürlich"

सपक्षः ०क्षा ०क्षम् sa + pakṣa „mit Flügeln versehen, geflügelt"

सहभार्यः saha + bhāryā „von der Gattin begleitet"

सुधीः su + dhī „verständig"; m. „ein kluger Mann"

अनन्तः ०न्ता ०न्तम् an + anta „unendlich, endlos"

अप्रजः ०जा a + prajā „ohne Nachkommenschaft, kinderlos"

[A v y a y ī b h ā v a :] [1]

अनुक्षणम् Adv. anu + kṣaṇa „jeden Augenblick"

प्रत्यहम् Adv. prati + ahan „täglich"

यथाकामम् Adv. yathā + kāma „nach Lust"

यथाविधि Adv. yathā + vidhi „nach Vorschrift, ordnungsgemäß"

यावज्जीवम् Adv. yāvat + jīva „das ganze Leben lang"

यावद्वर्षम् Adv. yāvat + varṣa „während eines Jahres"

सत्वरम् Adv. sa + tvarā „schnell, eilig, rasch"

---

1 अव्ययीभावः „Formung [bhāva; von bhū Kaus.] zu einem Unveränderlichen [= Indeklina-
bile] [avyaya]" (vgl. S. 107, C); die Avyayībhāva werden auch als eigene Klasse von Komposita
behandelt.

Zahlwörter

Kardinalia[1]	Ordinalia
1	एकः एका एकम् eka	प्रथमः प्रथमा प्रथमम् prathama
2	द्वौ द्वे द्वे dvi	द्वितीयः द्वितीया द्वितीयम् dvitīya
3	त्रयः तिस्रः त्रीणि tri	तृतीयः तृतीया तृतीयम् tṛtīya
4	चत्वारः चतस्रः चत्वारि catur	चतुर्थः चतुर्थी चतुर्थम् caturtha
5	पञ्च pañcan	पञ्चमः पञ्चमी पञ्चमम् pañcama
6	षट् ṣaṣ	षष्ठः षष्ठी षष्ठम् ṣaṣṭha
7	सप्त saptan	सप्तमः सप्तमी सप्तमम् saptama
8	अष्टौ u. अष्ट aṣṭan	अष्टमः अष्टमी अष्टमम् aṣṭama
9	नव navan	नवमः नवमी नवमम् navama
10	दश daśan	दशमः दशमी दशमम् daśama
11	एकादश (!) ekādaśan	एकादशः ०शी ०शम् ekādaśa
12	द्वादश dvādaśan	द्वादशः ०शी ०शम् dvādaśa
13	त्रयोदश trayodaśan	त्रयोदशः ०शी ०शम् trayodaśa
14	चतुर्दश caturdaśan	चतुर्दशः ०शी ०शम् caturdaśa
15	पञ्चदश pañcadaśan	पञ्चदशः ०शी ०शम् pañcadaśa
16	षोडश (!) ṣoḍaśan	षोडशः ०शी ०शम् ṣoḍaśa
17	सप्तदश saptadaśan	सप्तदशः शी ०शम् saptadaśa
18	अष्टादश aṣṭādaśan	अष्टादशः ०शी ०शम् aṣṭādaśa
19	नवदश navadaśan	नवदशः ०शी ०शम् navadaśa
	एकोनविंशतिः ekonaviṃśati f.	एकोनविंशः ०शी ०शम् ekonaviṃśa
	ऊनविंशतिः ūnaviṃśati f.	ऊनविंशः ०शी ०शम् ūnaviṃśa
		od. ऊनविंशतितमः ०मी ०मम् (vgl. 20)
20	विंशतिः viṃśati f.	विंशः ०शी ०शम् viṃśa
		विंशतितमः ०मी ०मम् viṃśatitama
21	एकविंशतिः ekaviṃśati f.	एकविंशः ०शी ०शम् ekaviṃśa (etc.)
22	द्वाविंशतिः dvāviṃśati f.	द्वाविंशः ०शी ०शम् dvāviṃśa (etc.)
23	त्रयोविंशतिः trayoviṃśati f.	त्रयोविंशः ०शी ०शम् trayoviṃśa (etc.)

1 Deklination der Zahladjektive siehe S. 53.

26	**षड्विंशतिः** ṣaḍviṃśati f.	**षड्विंशः** ०शी ०शम्	ṣaḍviṃśa (etc.)
28	**अष्टाविंशतिः** aṣṭaviṃśati f.	**अष्टाविंशः** ०शी ०शम्	aṣṭaviṃśa (etc.)
29	**नवविंशतिः** navaviṃśati f.	**नवविंशः** ०शी ०शम्	navaviṃśa (etc.)
	एकोनत्रिंशत् (etc.; vgl. 19 u. 30)	**एकोनत्रिंशः** (etc.; vgl. 19 u. 30)	
30	**त्रिंशत्** triṃśat f.	**त्रिंशः** ०शी ०शम्	triṃśa
		त्रिंशत्तमः ०मी ०मम्	triṃśattama
31	**एकत्रिंशत्** ekatriṃśat f.	**एकत्रिंशः** ०शी ०शम्	ekatriṃśa (etc.)
32	**द्वात्रिंशत्** dvātriṃśat f.	**द्वात्रिंशः** ०शी ०शम्	dvātriṃśa (etc.)
33	**त्रयस्त्रिंशत्** trayastriṃśat f.	**त्रयस्त्रिंशः** ०शी ०शम्	trayastriṃśa (etc.)
36	**षट्त्रिंशत्** ṣaṭtriṃśat f.	**षट्त्रिंशः** ०शी ०शम्	ṣaṭtriṃśa (etc.)
38	**अष्टात्रिंशत्** aṣṭātriṃśat f.	**अष्टात्रिंशः** ०शी ०शम्	aṣṭātriṃśa (etc.)
39	**नवत्रिंशत्** navatriṃśat f.	**नवत्रिंशः** ०शी ०शम्	navatriṃśa (etc.)
	एकोनचत्वारिंशत् (etc.; vgl. 19 u. 40)	**एकोनचत्वारिंशः** (etc.; vgl. 19 u. 40)	
40	**चत्वारिंशत्** catvāriṃśat f.	**चत्वारिंशः** ०शी ०शम्	catvāriṃśa
		चत्वारिंशत्तमः ०मी	catvāriṃśattama
42	**द्वाचत्वारिंशत्*** dvācatvāriṃśat f.	**द्वाचत्वारिंशः**	dvācatvāriṃśa (etc.)
43	**त्रयश्चत्वारिंशत्*** trayaścatvāriṃśat f.	**त्रयश्चत्वारिंशः**	trayaścatvāriṃśa (etc.)
48	**अष्टाचत्वारिंशत्*** aṣṭācatvāriṃśat f.	**अष्टाचत्वारिंशः**	aṣṭācatvāriṃśa (etc.)
50	**पञ्चाशत्** pañcāśat f.	**पञ्चाशः** ०शी ०शम्	pañcāśa
		पञ्चाशत्तमः ०मी ०मम्	pañcāśattama
52	**द्वापञ्चाशत्*** dvāpañcāśat f.	**द्वापञ्चाशः**	dvāpañcāśa (etc.)
53	**त्रयःपञ्चाशत्*** trayaḥpañcāśat f.	**त्रयःपञ्चाशः**	trayaḥpañcāśa (etc.)
58	**अष्टापञ्चाशत्*** aṣṭāpañcāśat f.	**अष्टापञ्चाशः**	aṣṭāpañcāśa (etc.)
60	**षष्टिः** ṣaṣṭi f.	**षष्टितमः** ०मी ०मम्	ṣaṣṭitama (nur so)
61	**एकषष्टिः** ekaṣaṣṭi f.	**एकषष्ठः** ०ष्ठी ०ष्ठम्	ekaṣaṣṭa
		एकषष्टितमः ०मी ०मम्	ekaṣaṣṭitama
62	**द्वाषष्टिः*** dvāṣaṣṭi f.	**द्वाषष्ठः** ०ष्ठी ०ष्ठम्	dvāṣaṣṭa (etc.)
63	**त्रयःषष्टिः*** trayaḥṣaṣṭi f.	**त्रयःषष्ठः** ०ष्ठी ०ष्ठम्	trayaḥṣaṣṭa (etc.)
68	**अष्टाषष्टिः*** aṣṭāṣaṣṭi f.	**अष्टाषष्ठः**	aṣṭāṣaṣṭa (etc.)
70	**सप्ततिः** saptati f.	**सप्ततितमः** ०मी ०मम्	saptatitama (nur so)

* auch **द्वि०** dvi- **त्रि०** tri- **अष्ट०** aṣṭa-

71	**एकसप्ततिः** ekasaptati f.	**एकसप्ततः** ०ती ०तम् ekasaptata	
		एकसप्ततितमः ०मी ekasaptatitama	
72	**द्वासप्ततिः*** dvāsaptati f.	**द्वासप्ततः** dvāsaptata (etc.)	
73	**त्रयःसप्ततिः*** trayaḥsaptati f.	**त्रयःसप्ततः** trayaḥsaptata (etc.)	
78	**अष्टासप्ततिः*** aṣṭāsaptati f.	**अष्टासप्ततः** aṣṭāsaptata (etc.)	
80	**अशीतिः** aśīti f.	**अशीतितमः** ०मी ०म aśītitama (nur so)	
81	**एकाशीतिः** ekāśīti f.	**एकाशीतः** ०ती ०तम् ekāśīta	
		एकाशीतितमः ०मी ०मम् ekāśītitama	
82	**द्व्यशीतिः** dvyaśīti f.	**द्व्यशीतः** dvyaśīta (etc.)	
83	**त्र्यशीतिः** tryaśīti f.	**त्र्यशीतः** tryaśīta (etc.)	
90	**नवतिः** navati f.	**नवतितमः** ०मी ०मम् navatitama (nur so)	
91	**एकनवतिः** ekanavati f.	**एकनवतः** ०ती ०तम् ekanavata	
		एकनवतितमः ०मी ekanavatitama	
92	**द्वानवतिः*** dvānavati f.	**द्वानवतः** dvānavata (etc.)	
93	**त्रयोनवतिः*** trayonavati f.	**त्रयोनवतः** trayonavata (etc.)	
98	**अष्टानवतिः*** aṣṭānavati f.	**अष्टानवतः** aṣṭānavata (etc.)	

100	**शतम्** śata	**शततमः** ०मी ०मम् śatatama (nur so)[1]	
200	**द्विशतम्** od. **द्विशती** dviśata/-tī[2] (od. **द्वे शते**)	**द्विशतः** ०ती ०तम् dviśata (!)	
		द्विशततमः ०मी ०मम् dviśatatama	
300	**त्रिशतम्** od. **त्रिशती** triśata/-tī[2] (od. **त्रीणि शतानि**)	**त्रिशतः** ०ती ०तम् triśata (!)	
		त्रिशततमः ०मी ०मम् triśatatama	
1000	**सहस्रम्** od. **साहस्रम्** sahasra/sāhasra (od. **दशशतम्** u. **दशशती**)	**सहस्रतमः** ०मी ०मम् sahasratama	
2000	**द्विसहस्रम्** od. **द्विसाहस्रम्** dvisahasra/ dvisāhasra (od. **द्वे सहस्रे**)		
100'000	**लक्षम्** lakṣa (od. **शतसहस्रम्**)		

---

1 Jedoch **शतभागः** śata-bhāga „der hundertste Teil"!
2 Vgl. S. 113: C.

Weitere Zahlenverbindungen mit **adhika** „vermehrt um":

101	एकाधिकशतम्	eka-adhika-śata (od. एकाधिकं शतम्)
220	विंशत्यधिकद्विशतम्	viṃśati-adhika-dviśata (od. विंशत्यधिकं द्विशतम्)
3330	त्रिंशदधिकत्रिशताधिकत्रिसहस्रम्	trimśat-adhika-triśata-adhika-trisahasra
1792	द्वानवत्यधिकसप्तशताधिकसहस्रम्	dvānavati-adhika-saptaśata-adhika-sahasra
1815	पञ्चदशाधिकाष्टशताधिकसहस्रम्	pañcadaśan-adhika-aṣṭaśata-adhika-sahasra

Anmerkung: Die Zahlsubstantive (20 ff.) bilden mit dem Gezählten ein Kompositum oder haben das Gezählte als Apposition bei sich (Pl. des gleichen Kasus); oder das Gezählte steht im Gen. Pl. – Beispiel: षष्टिवर्षेषु ṣaṣṭi-varṣeṣu oder षष्ट्यां वर्षेषु ṣaṣṭyāṃ varṣeṣu oder षष्ट्यां वर्षाणाम् ṣaṣṭyāṃ varṣāṇām „in sechzig Jahren"

Abgeleitete Zahlnomina

„aus drei bestehend, dreifach, dreierlei"; n.* „Dreizahl" – zwei Versionen:

2	द्वयः द्वयी द्वयम् dvaya	द्विकः द्विका द्विकम् dvika (ohne Subst.)
	u. द्वितयः ०यी ०यम् dvitaya	
3	त्रयः त्रयी त्रयम् traya	त्रिकः त्रिका त्रिकम् trika
	u. त्रितयः ०यी ०यम् tritaya	
4	चतुष्टयः ०यी ०यम् catuṣṭaya	चतुष्कः ०ष्का ०ष्कम् catuṣka
5	पञ्चतयः ०यी ०यम् pañcataya (ohne Subst.)	पञ्चकः ०का ०कम् pañcaka
6	षट्तयः ०यी ०यम् ṣaṭtaya (ohne Subst.)	षट्कः षट्का षट्कम् ṣaṭka

* Bei dvaya und traya auch f. (०यी).

Zahladverbien

	„dreimal"		„dreifach; auf drei Arten"
1	सकृत् sakṛt	एकधा ekadhā
2	द्विः dvis	द्विधा dvidhā
3	त्रिः tris	त्रिधा tridhā
4	चतुः catus	चतुर्धा caturdhā
5	पञ्चकृत्वः pañcakṛtvas	पञ्चधा pañcadhā
6	षट्कृत्वः ṣaṭkṛtvas	षड्धा od. षोढा ṣaḍdhā/ṣoḍhā

Zur Metrik

Die Metrik basiert auf der prosodischen Silbe (vgl. S. 13: B); diese ist in den folgenden Fällen lang (*guru* „schwer" [–]): a) wenn ihr Vokal lang ist; b) wenn sie mit Anusvāra oder Visarga endet; c) wenn die nächste mit einer Konsonantenkombination beginnt. Die letzte Silbe eines Halbverses (bzw. Pāda bei den Versen auf S. 122) wird stets als *guru* gewertet.

Ein (metr.) Vers wird im allgemeinen von vier Versgliedern (a – d): Pāda, „Füßen" („Fuß" im Sinne des Fußes eines vierfüßigen Tieres) = „Vierteln", gebildet bzw. von zwei Halbversen (2 × 2 Pāda), an deren Ende ein Daṇḍa (Versmitte) oder Doppeldaṇḍa (Versende) steht.

Der Śloka (das epische Versmaß)

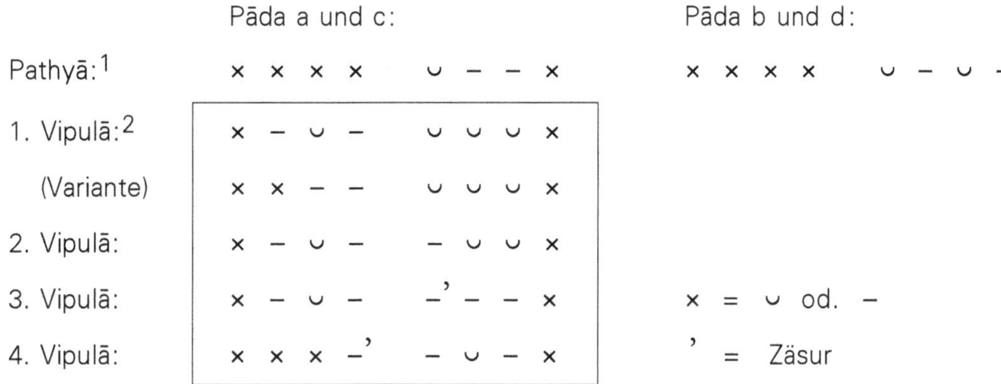

Auf die erste Silbe eines Pāda sollen grundsätzlich nicht zwei Kürzen folgen, und der zweite (bzw. vierte) Pāda soll nicht mit × – ⌣ – beginnen.

Die Āryā „der edle (Vers)"[3]

Erste Hälfte:

1	2	3	4	5	6	7	8
⌣ ⌣ ⌣ ⌣	⌣ ⌣ ⌣ ⌣	⌣ ⌣ ⌣ ⌣	⌣ ⌣ ⌣ ⌣	⌣ ⌣ ⌣ ⌣	⌣ ⌣ ⌣ ⌣	⌣ ⌣ ⌣ ⌣	–
– ⌣ ⌣	– ⌣ ⌣	– ⌣ ⌣	– ⌣ ⌣	– ⌣ ⌣		– ⌣ ⌣	
⌣ ⌣ –	⌣ ⌣ –	⌣ ⌣ –	⌣ ⌣ –	⌣ ⌣ –		⌣ ⌣ –	
– –	– –	– –	– –	– –		– –	
	⌣ – ⌣		⌣ – ⌣		⌣ – ⌣		

Zweite Hälfte mit gleichen Möglichkeiten – außer:

6
⌣

---

1   „herkömmlicher/regelmäßiger (Vers)".

2   „reicher [kunstvoller] (Vers)". – Die Vipulā-Formen nach L. Renou et J. Filliozat, *L'Inde Classique* II, S. 714.

3   Wichtigste Vertreterin der nach Mātrā (Moren) gemessenen Versgruppe. (Vgl. S. Biswas bei Stenzler, 14.-16. Aufl.)

Schlüssel zu den wichtigsten Kunstversen[1]

vom Typus Samavṛtta (vier gleiche Pāda) und Ardhasamavṛtta (Pāda a [= c] unterscheidet sich
von Pāda b [= d])[2]

Gaṇa („Gruppen", Versfüsse):

◡ – –	ya	– ◡ ◡	bha	– – –	ma
– ◡ –	ra	◡ – ◡	ja	◡ ◡ ◡	na
– – ◡	ta	◡ ◡ –	sa	– ga	◡ la [3]

Silben pro Pāda:

ja ta ja ga ga	Upendravajrā[4] „Indravajrā-Variante"	11
ja ta ja ra	Vaṃśastha(bila) „Bambusrohr-Höhlung"	12
ja bha sa ja ga	Rucirā „hell, schön, anregend"	13
ja sa ja sa ya la ga	Pṛthvī „groß, üppig"	17
ta ta ja ga ga	Indravajrā[4] „Indras Donnerkeil"	11
ta bha ja ja ga ga	Vasantatilakā „Frühlingszierde"	14
na na ma ya ya	Mālinī „bekränzt"	15
na na ra ya / na ja ja ra ga	Puṣpitāgrā „mit blühenden Spitzen"	12 / 13
na na ra la ga / na ja ja ra	Aparavaktra „anderes Vaktra(-Metrum)"?	11 / 12
na bha bha ra	Drutavilambita „schnell und langsam"	12
na sa ma ra sa la ga	Hariṇī „Gazelle"	17
ma ta ta ga ga	Śālinī „geschickt, rühmenswert"	11
ma ta ya sa ga	Mattamayūra „trunkener Pfau"	13
ma na ja ra ga	Praharṣiṇī „erfreuend"	13
ma bha na ta ta ga ga	Mandākrāntā „langsam daherkommend"	17
ma ra bha na ya ya ya	Sragdharā „bekränzt"	21
ma sa ja sa ta ta ga	Śārdūlavikrīḍita „Tigerspiel"	19
ya ma na sa bha la ga	Śikhariṇī „mit Spitzen/Gipfeln versehen"	17
ra na bha ga ga	Svāgatā „willkommen"	11
ra na ra la ga	Rathoddhatā „heftig wie ein Wagen"	11
sa ja sa ja ga	Mañjubhāṣiṇī „lieblich sprechend"	13
sa sa ja ga / sa bha ra la ga	Viyoginī „mit Trennung vers. [klagend]"	10 / 11
sa sa ja ga ga / sa bha ra ya	Aupacchandasika „Veda gemäß"[5]	11 / 12
sa sa sa sa	Toṭaka „heftig, aggressiv"	12

1 Vgl. Kale, App.; V. S. Apte, *The Practical Sanskrit-Engl. Dict.*, App.
2 sama- / ardha-sama-vṛtta : „homogenes / hälftig homogenes Metrum".
3 ga für guru „schwer" und la für laghu „leicht".
4 Indravajrā und Upendravajrā werden häufig zur U p a j ā t i gemischt.
5 Je 11 und 12 Silben pro Pāda ist das Silbenmaß des ved. Triṣṭubh- und Jagatī-Verses.

Übungsteil

Sentenzen

Nach grammatikalischen Gesichtspunkten (siehe S. 145 ff.) in 21 Kapitel gebündelt. Eine Übungsvorlage für einfaches – dem primären Wortverständnis dienendes – und literarisches Übersetzen.

यथा वृक्षस्तथा फलम् ॥ १ ॥ मूले हते हतं सर्वम् ॥ २ ॥ हतं सैन्यमनायकम् ॥ ३ ॥ यत्र धर्म-स्तत्र जयः ॥ ४ ॥ लोभः पापस्य कारणम् ॥ ५ ॥ अस्थिरे धनयौवने । अस्थिरं जीवितं लोके ॥ ६ ॥ बालानां रोदनं बलम् ॥ ७ ॥ अलसस्य कुतो विद्या ॥ ८ ॥ अविद्यं जीवनं शून्यम् ॥ ९ ॥ न विवेकं विना ज्ञानम् ॥ १० ॥ अर्धं भार्या मनुष्यस्य ॥ ११ ॥ विद्या सर्वस्य भूषणम् ॥ १२ ॥ कुलादपि वरं शीलं वरं दारिद्र्यमामयात् ॥ १३ ॥ वरमद्य कपोतः श्वो मयूरात् ॥ १४ ॥ सर्वेषु पेयेषु जलं प्रधानम् ॥ १५ ॥ संतोष एव पुरुषस्य परं निधानम् ॥ १६ ॥ दाराः सुताश्च सुलभा धनमेकं दुर्लभं लोके ॥ १७ ॥ पादपानां भयं वातातपघ्नानां शिशिराद्द्वयम् ॥ १८ ॥ तस्करस्य कुतो धर्मो दुर्जनस्य कुतः क्षमा ॥ १९ ॥ सुखस्यान्तं सदा दुःखं दुःखस्यान्तं सदा सुखम् ॥ २० ॥ न लोभादधिको दोषो न दानादधिको गुणः ॥ २१ ॥ नास्ति सत्यात्परो धर्मो नानृतात्पातकं परम् ॥ २२ ॥ अनन्तं शास्त्रं बहुलाश्च विद्याः स्वल्पश्च कालः ॥ २३ ॥ अश्वः कृशोऽपि शोभायै पुष्टोऽपि न पुनः खरः ॥ २४ ॥ प्रायोऽशुभस्य कार्यस्य कालहारः प्रतिक्रिया ॥ २५ ॥ अन्तो नास्ति पिपासायाः संतोषः परमं सुखम् ॥ २६ ॥ नास्ति मैत्रं नरे-न्द्रैश्च नास्ति मैत्रं खलैः सह । नास्ति मैत्रमबोधैश्च न च क्रीडा भुजंगमैः ॥ २७ ॥

2

जरा रूपं हरति ॥ १ ॥ सिंहो वनं गाहते ॥ २ ॥ त्यज हिंसां भज धर्मं सनातनम् ॥ ३ ॥ वृत्तेन भवत्यार्यो न धनेन न विद्यया ॥ ४ ॥ कालः पचति भूतानि कालः संहरते प्रजाः ॥ ५ ॥ देवाः प्रयच्छन्ति राज्यानि च धनानि च ॥ ६ ॥ चन्दनादपि संभूतो दहत्येव हुताशनः ॥ ७ ॥ चिता दहति निर्जीवं चिन्ता जीवं दहत्यहो ॥ ८ ॥ दिवा पश्यति नोलूकः काको नक्तं न पश्यति ॥ ९ ॥ नमामि सर्वलोकस्थं व्रजामि शरणं शिवम् ॥ १० ॥ प्रायेण नीचा व्यसनेषु मग्ना निन्दन्ति दैवं कुकृतं न तु स्वम् ॥ ११ ॥ नाभिनन्देत मरणं नाभिनन्देत जीवितम् । कालमेव प्रतीक्षेत निर्देशं भृतको यथा ॥ १२ ॥ उद्यमेन हि सिध्यन्ति कार्याणि न मनोरथैः । न हि सुप्तस्य सिंहस्य प्रविशन्ति मुखे मृगाः ॥ १३ ॥ लोभात्क्रोधः प्रभवति लोभात्कामः प्रजायते । लोभान्मोहश्च नाशश्च लोभः पापस्य कारणम् ॥ १४ ॥ दमेन शोभते विप्रः क्षत्रियो विजयेन तु । धनेन वैश्यः शूद्रस्तु नित्यं दाक्ष्येन शोभते ॥ १५ ॥ सुखमापतितं सेवेद्दुःखमाप-तितं तथा । चक्रवत्परिवर्तन्ते दुःखानि च सुखानि च ॥ १६ ॥

2.11   Indravajrā

धर्मस्य त्वरिता गतिः ॥ १ ॥ शत्रौ सान्त्वं प्रतीकारः ॥ २ ॥ वह्निरेव वह्नेर्भेषजम् ॥ ३ ॥ हिंसा बलमसाधूनाम् ॥ ४ ॥ नदी कूलानि रुजति ॥ ५ ॥ वृद्धस्य तरुणी विषम् ॥ ६ ॥ स्त्रियो निस-र्गादेव पण्डिताः ॥ ७ ॥ चला लक्ष्मीश्चलाः प्राणाः ॥ ८ ॥ ज्ञानेन हीनाः पशुभिः समानाः ॥ ९ ॥ उपदेशो हि मूर्खाणां प्रकोपाय न शान्तये ॥ १० ॥ वृथा वृष्टिः समुद्रस्य तृप्तस्य भोजनं वृथा ॥ ११ ॥ क्षमा शत्रौ च मित्रे च यतीनामेव भूषणम् ॥ १२ ॥ न नरस्य नरो दासः किंतु वित्तस्य भूपते ॥ १३ ॥ गुरुशुश्रूषया ज्ञानं शान्तिं योगेन विन्दति ॥ १४ ॥ नाग्निस्तृप्यति काष्ठानां नापगानां महोदधिः ॥ १५ ॥ अम्बुनो बिन्दुरल्पोऽपि शुक्तौ मुक्ताफलं भवेत् ॥ १६ ॥ नार्यः पिशाचिका इव हरन्ति हृदयानि मुग्धानाम् ॥ १७ ॥ अमृतं चैव मृत्युश्च द्वयं देहे प्रति-ष्ठितम् । मृत्युरापद्यते मोहात्सत्येनापद्यतेऽमृतम् ॥ १८ ॥ नदीनां जाह्नवीं श्रेष्ठां नारीणां पति-व्रताम् । नराणां च नृपं प्राहुर्देशानां यत्र निर्वृतिः ॥ १९ ॥ वस्तुष्वशक्येषु समुद्यमश्चेच्छक्येषु मोहादसमुद्यमश्च । शक्येषु कालेन समुद्यमश्च त्रिधैव कार्यव्यसनं वदन्ति ॥ २० ॥

4

दुहिता कृपणं परम् ॥ १ ॥ भर्ता नाम परं नार्या भूषणम् ॥ २ ॥ भर्तुः शुश्रूषया नारी लभते स्वर्गमुत्तमम् ॥ ३ ॥ अप्रियस्य च पथ्यस्य वक्ता श्रोता च दुर्लभः ॥ ४ ॥ अमृतं दुर्लभं नृणां देवानामुदकं तथा ॥ ५ ॥ दर्दुरा यत्र वक्तारस्तत्र मौनं हि शोभनम् ॥ ६ ॥ वृथा वक्तुः श्रमः सर्वो निर्विचारे नरेश्वरे ॥ ७ ॥ अकाले कृत्यमारब्धं कर्तुर्नार्थाय कल्पते ॥ ८ ॥ मात्रा पित्रा सुतैर्दारैर्विमुक्तस्य धनेन वा । न भवेद्धि तथा दुःखं यथा गङ्गावियोगजम् ॥ ९ ॥

4.4 Erstes च verbindet diesen Satz mit einem vorhergehenden.

क्लेशे शरणं भिषक् ॥ १ ॥ न वैद्यः प्रभुरायुषः ॥ २ ॥ औषधं न गतायुषाम् ॥ ३ ॥ अग्निर्देवो द्विजातीनां मुनीनां हृदि दैवतम् ॥ ४ ॥ तृणं ब्रह्मविदः स्वर्गस्तृणं शूरस्य जीवितम् ॥ ५ ॥ सर्वविदां समाजे विभूषणं मौनमपण्डितानाम् ॥ ६ ॥ बाहुभिः क्षत्रियाः शूरा वाग्भिः शूरा द्विजातयः ॥ ७ ॥ सर्वः पदस्थस्य सुहृद्बन्धुरापदि दुर्लभः ॥ ८ ॥ राज्यादपि वरं विद्या तप-सोऽपि वरं क्षमा ॥ ९ ॥ न जलौकसामग्रे जलौका लगति ॥ १० ॥ तपत्यादित्यवद्भूपश्चक्षूंषि च मनांसि च ॥ ११ ॥ न तृप्तिः प्रियलाभेऽस्ति तृष्णा नाङ्घ्रिः प्रशाम्यति ॥ १२ ॥ यथा चित्तं तथा वाचो यथा वाचस्तथा क्रियाः । चित्ते वाचि क्रियायां च साधूनामेकरूपता ॥ १३ ॥ ब्राह्मणस्य तपो ज्ञानं तपः क्षत्रस्य रक्षणम् । वैश्यस्य तु तपो वार्ता तपः शूद्रस्य सेवनम् ॥ १४ ॥

6

यथा राजा तथा प्रजा ॥ १ ॥ सर्वमुत्पादि भङ्गुरम् ॥ २ ॥ मतिर्बलाद्गरीयसी ॥ ३ ॥ आकिं-
चन्यं धनं विदुषाम् ॥ ४ ॥ महीयांसः प्रकृत्या मितभाषिणः ॥ ५ ॥ चक्षुष्मानपि नालोका-
द्विना वस्तु न पश्यति ॥ ६ ॥ धनवान्बलवाँल्लोके सर्वः सर्वत्र सर्वदा ॥ ७ ॥ आत्मैव ह्यात्मनो
बन्धुरात्मैव रिपुरात्मनः ॥ ८ ॥ आत्मना विहितं दुःखमात्मना विहितं सुखम् ॥ ९ ॥ न
राजानं विना राज्यं बलवत्स्वपि मन्त्रिषु ॥ १० ॥ जातस्य हि ध्रुवो मृत्युर्ध्रुवं जन्म मृतस्य च
॥ ११ ॥ क्षीणः क्षीणोऽपि शशी भूयो भूयोऽभिवर्धते सत्यम् ॥ १२ ॥ दुर्ग्राह्यः पाणिना वायु-
र्दुःस्पर्शः पाणिना शिखी ॥ १३ ॥ प्रायेण ज्येष्ठाः पितृषु वल्लभा मातृणां च कनीयांसः
॥ १४ ॥ ग्राहोऽल्पीयानपि जले गजेन्द्रमपि कर्षति ॥ १५ ॥ आदौ चित्ते ततः काये सतां
संपद्यते जरा । असतां तु पुनः काये नैव चित्ते कदाचन ॥ १६ ॥ न यत्रास्ति गतिर्वायो
रश्मीनां च विवस्वतः । तत्रापि प्रविशत्याशु बुद्धिर्बुद्धिमतां सदा ॥ १७ ॥ उदये सविता रक्तो
रक्तश्चास्तमये तथा । संपत्तौ च विपत्तौ च महतामेकरूपता ॥ १८ ॥ राजानं प्रथमं विन्देत्ततो
भार्यां ततो धनम् । राजन्यसति लोकस्य कुतो भार्या कुतो धनम् ॥ १९ ॥ अविद्वांश्चैव विद्वांश्च
ब्राह्मणो दैवतं महत् । प्रणीतश्चाप्रणीतश्च यथाग्निर्दैवतं महत् ॥ २० ॥ स्रवन्ति न निवर्तन्ते
स्रोतांसि सरितामिव । आयुरादाय मर्त्यानां रात्र्यहानि पुनः पुनः ॥ २१ ॥

6.11 Ganzer Vers: 16.8   **6.12** Āryā (1. Hälfte)

यद्भावि तद्भवतु ॥ १ ॥ किमभ्यासेन दुष्करम् ॥ २ ॥ किं सत्येन विना वचः ॥ ३ ॥ क्षितितले किं जन्म कीर्तिं विना ॥ ४ ॥ नासौ धर्मो यत्र नो सत्यमस्ति ॥ ५ ॥ त्वयि मयि चान्यत्रैको विष्णुः ॥ ६ ॥ वदामि सत्यमेव तत्त्वमेव मम मानसे ॥ ७ ॥ परार्थे योऽवटं कर्ता तस्मिन्स पतति ध्रुवम् ॥ ८ ॥ यो यद्वपति बीजं हि लभते सोऽपि तत्फलम् ॥ ९ ॥ नैष स्थाणोरपराधो यदेनमन्धो न पश्यति ॥ १० ॥ मनसि परितुष्टे कोऽर्थवान्को दरिद्रः ॥ ११ ॥ किं सौख्यमरो- गिता जगति जन्तोः ॥ १२ ॥ आढ्यस्य किं च दानेन सुहितस्याशनेन किं ॥ १३ ॥ न तदस्ति जगत्यस्मिन्यद्धनेन न सिध्यति ॥ १४ ॥ यस्यार्थास्तस्य मित्राणि यस्यार्थास्तस्य बान्धवाः । यस्यार्थाः स पुमाँल्लोके यस्यार्थाः स च पण्डितः ॥ १५ ॥ अर्थस्य पुरुषो दासो दासस्त्वर्थो न कस्यचित् । इति सत्यं महाराज ॥ १६ ॥ स एव धन्यो विपदि स्वरूपं यो न मुञ्चति । त्यजत्य- र्ककरैस्तप्तं हिमं देहं न शीतताम् ॥ १७ ॥ यस्य मित्रेण संभाषा यस्य मित्रेण संस्थितिः । यस्य मित्रेण संलापस्ततो नास्तीह पुण्यवान् ॥ १८ ॥ दूरस्थोऽपि न दूरस्थो यो यस्य मनसि स्थितः । यो यस्य हृदये नास्ति समीपस्थोऽपि दूरतः ॥ १९ ॥ येन येन च वातेन वारिदो वारि मुञ्चति । तेन तेन च वातेन छत्रं वहति पण्डितः ॥ २० ॥ आपत्सु किं विषादेन संपत्तौ विस्मयेन किम् । भवितव्यं भवत्येव कर्मणामेष निश्चयः ॥ २१ ॥ न कश्चित्कस्यचिन्मित्रं न कश्चित्कस्यचि- द्रिपुः । व्यवहारेण मित्राणि जायन्ते रिपवस्तथा ॥ २२ ॥

8

आयुर्यादि दिने दिने ॥ १ ॥ कवीन्दुं नौमि वाल्मीकिम् ॥ २ ॥ श्येनः कपोतानत्तीति स्थिति-
रेषा सनातनी ॥ ३ ॥ गतोऽस्तमर्को भातीन्दुर्यान्ति वासाय पक्षिणः ॥ ४ ॥ सुखं निराशः
स्वपिति नैराश्यं परमं सुखम् ॥ ५ ॥ अकिंचनः सुखं शेते समुत्तिष्ठति चैव ह ॥ ६ ॥ धन्यास्ते
पृथिवीपालाः सुखं ये निशि शेरते ॥ ७ ॥ प्रायः कूपस्तृषां हन्ति सततं न तु वारिधिः ॥ ८ ॥
उद्यन्तु शतमादित्या उद्यन्तु शतमिन्दवः । न विना विदुषां वाक्यैर्नश्यत्याभ्यन्तरं तमः ॥ ९ ॥
समेयाद्विषमं नागैर्जलाढ्यं समहीधरम् । सममश्वैर्जलं नौभिः सर्वत्रैव पदातिभिः ॥ १० ॥
गच्छ गच्छसि चेत्कान्त पन्थानः सन्तु ते शिवाः । ममापि जन्म तत्रैव भूयाद्यत्र गतो भवान्
॥ ११ ॥ कमले कमलः शेते हरः शेते हिमालये । क्षीराब्धौ च हरिः शेते मन्ये मत्कुणशङ्कया
॥ १२ ॥ सत्यं ब्रूयात्प्रियं ब्रूयान्न ब्रूयात्सत्यमप्रियम् । प्रियं च नानृतं ब्रूयादेष धर्मः सनातनः
॥ १३ ॥ गुणी गुणं वेत्ति न वेत्ति निर्गुणो बली बलं वेत्ति न वेत्ति निर्बलः । पिको वसन्तस्य
गुणं न वायसः करी च सिंहस्य बलं न मूषिकः ॥ १४ ॥

8.14 Vaṃśastha; Pāda c: vgl. 19.10

आपत्सु मित्रं जानीयात् ॥ १ ॥ राज्ञो बिभ्यति लोका राजानः पुनर्वैरिभ्यः ॥ २ ॥ न तत्परस्य संदध्यात्प्रतिकूलं यदात्मनः ॥ ३ ॥ यदोजसा न लभते क्षत्रियो न तदश्नुते ॥ ४ ॥ अण्डानि बिभ्रति खानि न भिन्दन्ति पिपीलिकाः ॥ ५ ॥ नीचो वदति न कुरुते न वदति सुजनः करो- त्येव ॥ ६ ॥ क्व यामः कुत्र तिष्ठामः किं कुर्मः किं न कुर्महे ॥ ७ ॥ सद्भिरेव सहासीत सद्भिः कुर्वीत संगतिम् ॥ ८ ॥ शतं दद्यान्न विवदेदिति प्राज्ञस्य लक्षणम् । विना हेतुमपि द्वंद्वमिति मूर्खस्य लक्षणम् ॥ ९ ॥ अनुभ्यश्च महद्भ्यश्च शास्त्रेभ्यः कुशलो नरः । सर्वतः सारमादद्यात्पु- ष्पेभ्य इव षट्पदः ॥ १० ॥ विद्यां वित्तं शिल्पं तावन्नाप्नोति मानवः सम्यक् । यावद्व्रजति न भूमौ देशादेशान्तरं हृष्टः ॥ ११ ॥ यो यत्र सततं याति भुङ्क्ते चैव निरन्तरम् । स तत्र लघुतां याति यदि शक्रसमो भवेत् ॥ १२ ॥ यद्यदाचरति श्रेष्ठस्तत्तदेवेतरो जनः । स यत्प्रमाणं कुरुते लोकस्तदनुवर्तते ॥ १३ ॥ पूर्वे वयसि तत्कुर्याद्येन वृद्धः सुखं वसेत् । यावज्जीवेन तत्कुर्याद्येन प्रेत्य सुखं वसेत् ॥ १४ ॥ श्वः कार्यमद्य कुर्वीत पूर्वाह्णे चापराह्णिकम् । न हि प्रतीक्षते मृत्युः कृतं वास्य न वाकृतम् ॥ १५ ॥ न हिंस्यात्सर्वभूतानि मैत्रायणगतश्चरेत् । नेदं जीवितमासाद्य वैरं कुर्वीत केनचित् ॥ १६ ॥ अतिथिर्बालकश्चैव राजा भार्या तथैव च । अस्ति नास्ति न जान- न्ति देहि देहि पुनः पुनः ॥ १७ ॥ जानाते यन्न चन्द्रार्कौ जानते यन्न योगिनः । जानीते यन्न भर्गोऽपि तज्ज्ञानाति कविः स्वयम् ॥ १८ ॥

9.6 Āryā (2. Hälfte)

10

को जानीते कदा कस्य मृत्युकालो भविष्यति ॥ १ ॥ शान्तिखड्गः करे यस्य किं करिष्यति दुर्जनः ॥ २ ॥ सेनापतौ यशो गन्ता न तु योधान्कदाचन ॥ ३ ॥ यावत्स्थास्यन्ति गिरयः सरितश्च महीतले । तावद्रामायणकथा लोकेषु प्रचरिष्यति ॥ ४ ॥ येन शुक्लीकृता हंसाः शुकाश्च हरितीकृताः । मयूराश्चित्रिता येन स ते वृत्तिं विधास्यति ॥ ५ ॥ श्लोकार्धेन प्रवक्ष्यामि यदुक्तं ग्रन्थकोटिभिः । परोपकारः पुण्याय पापाय परपीडनम् ॥ ६ ॥ यदि न प्रणयेद्राजा दण्डं दण्ड्येष्वतन्द्रितः । शूले मत्स्यानिवापक्ष्यन्दुर्बलान्बलवत्तराः ॥ ७ ॥

गौरवं प्राप्यते दानान्न तु द्रव्यस्य संग्रहात् ॥ १ ॥ अर्थैरर्था निबध्यन्ते गजैरिव महागजाः ॥ २ ॥ धनं तावदसुलभं लब्धं कृच्छ्रेण पाल्यते ॥ ३ ॥ स्वगृहे पूज्यते मूर्खः स्वग्रामे पूज्यते प्रभुः । स्वदेशे पूज्यते राजा विद्वान्सर्वत्र पूज्यते ॥ ४ ॥ स्वजनैः स्वात्मवज्जन्तुर्ज्ञायते गुण-वान्परैः । गोपैर्गोपवदज्ञायि हरिर्देवैर्जगत्पतिः ॥ ५ ॥ यत्र नार्यस्तु पूज्यन्ते रमन्ते तत्र देवताः । यत्रैतास्तु न पूज्यन्ते सर्वास्तत्राफलाः क्रियाः ॥ ६ ॥ स्त्रियो हि नाम खल्वेता निसर्गादेव पण्डिताः । पुरुषाणां तु पाण्डित्यं शास्त्रैरेवोपदिश्यते ॥ ७ ॥ तृणानि भूमिरुदकं वाक्चतुर्थी च सूनृता । सतामेतानि गेहेषु नोच्छिद्यन्ते कदाचन ॥ ८ ॥ यथा गौः पाल्यते काले दुह्यते च तथा प्रजा । सिच्यते पुष्यते चैव लता पुष्पप्रदा यथा ॥ ९ ॥ निर्वनो वध्यते व्याघ्रो निर्व्याघ्रं छिद्यते वनं । तस्माद्व्याघ्रो वनं रक्षेद्वनं व्याघ्रं च पालयेत् ॥ १० ॥

12

तापः क्ष्मां शोषयेद्ग्रीष्मे वर्षा तोयैश्च पोषयेत् ॥ १ ॥ न तथोत्थाप्यते ग्रावा पाणिभिर्दारुणा यथा ॥ २ ॥ तृणैरावेष्ट्यते रज्जुर्यया नागोऽपि बध्यते ॥ ३ ॥ न तथा रिपुर्न शस्त्रं न विषं न हि दारुणो महाव्याधिः । उद्वेजयन्ति पुरुषं यथा हि कटुकाक्षरा वाणी ॥ ४ ॥ न तथा शशी न सलिलं न चन्दनरसो न शीतलच्छाया । प्रह्लादयन्ति पुरुषं यथा हि मधुराक्षरा वाणी ॥ ५ ॥ यावच्चाग्नौ मृते पत्यौ स्त्री नात्मानं प्रदाहयेत् । तावन्मुच्यते सा हि स्त्री न शरीरात्कथंचन ॥ ६ ॥ लालयेत्पञ्च वर्षाणि दश वर्षाणि ताडयेत् । प्राप्ते तु षोडशे वर्षे पुत्रं मित्रवदाचरेत् ॥ ७ ॥ अहिं नृपं च शार्दूलं वृद्धं च बालकं तथा । परश्वानं च मूर्खं च सप्त सुप्तान्न बोधयेत् ॥ ८ ॥ शोको नाशयति प्रज्ञां शोको नाशयति श्रुतम् । शोको धृतिं नाशयति नास्ति शोकसमं तमः ॥ ९ ॥

12.4–5 Āryā

13

कृषतो नास्ति दुर्भिक्षम् ॥ १ ॥ पठतो नास्ति मूर्खत्वम् ॥ २ ॥ कील आहन्यमानः प्रतिकीलं निहन्ति ॥ ३ ॥ वार्यमाणस्य वै वाञ्छा विषयेष्वभिवर्धते ॥ ४ ॥ प्रतिक्षणमयं कायः क्षीयमाणो न लक्ष्यते ॥ ५ ॥ स्पृशन्नपि गजो हन्ति जिघ्रन्नपि भुजंगमः । हसन्नपि नृपो हन्ति मानयन्नपि दुर्जनः ॥ ६ ॥ यथैव शृङ्गं गोः काले वर्धमानस्य वर्धते । तथैव तृष्णा वित्तेन वर्धमानेन वर्धते ॥ ७ ॥ सन्ति पुत्राः सुबहवो दरिद्राणामनिच्छताम् । नास्ति पुत्रः समृद्धानां विचित्रं विधिचेष्टितम् ॥ ८ ॥ समैतानि न पूर्यन्ते पूर्यमाणानि नित्यशः । अग्निर्विप्रो यमो राजा समुद्र उदरं गृहम् ॥ ९ ॥ भैषज्यमेतद्दुःखस्य यदेतन्नानुचिन्तयेत् । चिन्त्यमानं हि न व्येति भूयश्चापि प्रवर्धते ॥ १० ॥ अक्षमोऽसत्यसंधश्च परदारी नृशंसकृत् । पच्यते नरके घोरे दह्यमानः खकर्मणा ॥ ११ ॥ कालः सृजति भूतानि कालः संहरते प्रजाः । संहरन्तं प्रजाः कालं कालः शमयते पुनः ॥ १२ ॥

14

नष्टं समुद्रे पतितं नष्टं वाक्यमशृण्वति ॥ १ ॥ पङ्के निमग्ने करिणि भेको भवति मूर्धगः ॥ २ ॥ अग्नौ प्रास्तं तु पुरुषं कर्मान्वेति खयंकृतम् ॥ ३ ॥ नष्टं मृतमतिक्रान्तं नानुशोचन्ति पण्डिताः । पण्डितानां च मूर्खानां विशेषोऽयं यतः स्मृतः ॥ ४ ॥ नापृष्टः कस्यचिद्ब्रूयान्न चान्यायेन पृच्छतः । जानन्नपि हि मेधावी जडवल्लोक आचरेत् ॥ ५ ॥ पश्चाद्दत्तं परैर्दत्तं लभ्यते वा न लभ्यते । खहस्तेन च यद्दत्तं लभ्यते तन्न संशयः ॥ ६ ॥ सर्वत्र रमते प्राज्ञः सर्वत्र च विरा-जते । न विभीषयते कंचिद्भ्राषितो न बिभेति ॥ ७ ॥ छिन्नोऽपि रोहति तरुः क्षीणोऽप्युपची-यते पुनश्चन्द्रः । इति विमृशन्तः सन्तः संतप्यन्ते न विधुरेषु ॥ ८ ॥

14.8   Āryā

यद्भाव्यं तद्भविष्यति ॥ १ ॥ शोच्यं राष्ट्रमराजकम् ॥ २ ॥ भर्तव्या रक्षितव्या च भार्या हि पतिना सदा ॥ ३ ॥ साम्नैव यत्र सिद्धिर्न तत्र दण्डो बुधेन विनियोज्यः ॥ ४ ॥ न त्वेवात्माव-मन्तव्यः पुरुषेण कदाचन ॥ ५ ॥ नातीव मृदुना भाव्यं मृदुः सर्वत्र बाध्यते ॥ ६ ॥ अकृत्यं नैव कर्तव्यं प्राणत्यागेऽपि संस्थिते । न च कृत्यं परित्याज्यं धर्म एष सनातनः ॥ ७ ॥ अचेष्ट-मानमासीनं श्रीः कंचिदुपतिष्ठति । कश्चित्कर्माणि कुर्वन्निह नाप्राप्यमधिगच्छति ॥ ८ ॥ गते शोको न कर्तव्यो भविष्यं नैव चिन्तयेत् । वर्तमानेषु कार्येषु वर्तनीयं विचक्षणैः ॥ ९ ॥ बालो वा यदि वा वृद्धो युवा वा गृहमागतः । तस्य पूजा विधातव्या सर्वत्राभ्यागतो गुरुः ॥ १० ॥ युक्तियुक्तमुपादेयं वचनं बालकादपि । विदुषापि सदा ग्राह्यं वृद्धादपि न दुर्वचः ॥ ११ ॥ षडेव तु गुणाः पुंसा न हातव्याः कदाचन । सत्यं दानमनालस्यमनसूया क्षमा धृतिः ॥ १२ ॥ गुरो-र्यत्र परीवादो निन्दा वापि प्रवर्तते । कर्णौ तत्र पिधातव्यौ गन्तव्यं वा ततोऽन्यतः ॥ १३ ॥ स्मर्तव्योऽहं त्वया कान्ते न स्मरिष्याम्यहं तव । स्मरणं चेतसो धर्मस्तच्चेतो भवता हृतम् ॥ १४ ॥ सुलभं वस्तु सर्वस्य न यात्यादरणीयताम् ॥ १५ ॥ न हि भवति यन्न भाव्यं भवति च भाव्यं विनापि यत्नेन । करतलगतमपि नश्यति यस्य तु भवितव्यता नास्ति ॥ १६ ॥

15.4 Āryā (1. Hälfte)　　　　　　　　**15.16** Āryā

16

उच्छलितोऽपि हि चणको भ्राष्ट्रं भङ्क्तुं न शक्नोति ॥ १ ॥ लब्धव्यमर्थं लभते मनुष्यो देवोऽपि तं वारयितुं न शक्तः ॥ २ ॥ यस्मिन्यथा वर्तते यो मनुष्यस्तस्मिंस्तथा वर्तितव्यं स धर्मः ॥ ३ ॥ न देवाः शस्त्रमादाय निघ्नन्ति रिपुवत्क्रुधा । यं तु हिंसितुमिच्छन्ति बुद्ध्या विश्लेषयन्ति तम् ॥ ४ ॥ न दातुं नोपभोक्तुं वा शक्नोति कृपणः श्रियम् । किंतु स्पृशति हस्तेन नपुंसक इव स्त्रि- यम् ॥ ५ ॥ अरावप्युचितं कार्यमातिथ्यं गृहमागते । छेत्तुमप्यागते छायां नोपसंहरते द्रुमः ॥ ६ ॥ उपकर्तुं प्रियं वक्तुं कर्तुं स्नेहमकृत्रिमम् । सज्जनानां स्वभावोऽयं केनेन्दुः शिशिरीकृतः ॥ ७ ॥ जातस्य हि ध्रुवो मृत्युर्ध्रुवं जन्म मृतस्य च । तस्मादपरिहार्येऽर्थे न त्वं शोचितुमर्हसि ॥ ८ ॥ स्वभावो नोपदेशेन शक्यते कर्तुमन्यथा । सुतप्तमपि पानीयं पुनर्गच्छति शीतताम् ॥ ९ ॥ न शक्यो वायुराकाशे पाशैर्बन्द्धुं मनोजवः । दीप्यमानस्य वाप्यग्नेर्ग्रहीतुं विमलाः शिखाः ॥ १० ॥ यम उवाच ॥ मृत्यो न किंचिच्छक्तस्त्वमेको मारयितुं बलात् । मारणीयस्य कर्माणि तत्कर्तॄणीति नेतरत् ॥ ११ ॥

16.1 Āryā (2. Hälfte)   16.2 Indravajrā
16.3 Layagrāhi oder Vidhvaṅkamālā (eine Art Indravajrā-Variante); **तथा (तेन) वर्तितव्यं**
16.11 Yama spricht zum Tod (mṛtyu).

न दैवमिति संचिन्त्य त्यजेदुद्योगमात्मनः । अनुद्योगेन कस्तैलं तिलेभ्यः प्राप्तुमर्हति ॥ १ ॥ स्वशक्तिं परशक्तिं च देशं कालं च तत्त्वतः । समीक्ष्यारभते कर्म यः स बुद्ध इति स्मृतः ॥ २ ॥ यस्तु वर्षमविज्ञाय क्षेत्रं कर्षति कर्षकः । हीनः पुरुषकारेण सस्यं नैवाश्नुते ततः ॥ ३ ॥ यथा जीर्णमजीर्णं वा वस्त्रं त्यक्त्वा तु वै नरः । अन्यद्रोचयते वस्त्रमेवं देहाः शरीरिणाम् ॥ ४ ॥ यथा यथा नरोऽधर्मं स्वयं कृत्वानुभाषते । तथा तथा त्वचेवाहिस्तेनाधर्मेण मुच्यते ॥ ५ ॥ अग्निं प्राप्य यथा सद्यस्तूलराशिर्विनश्यति । तथा गङ्गाप्रवाहेण सर्वं पापं विनश्यति ॥ ६ ॥ नात्यक्त्वा सुखमाप्नोति नात्यक्त्वा विन्दते परम् । नात्यक्त्वा चाभयः शेते त्यक्त्वा सर्वं सुखी भव ॥ ७ ॥ श्रुत्वा स्पृष्ट्वा च दृष्ट्वा च भुक्त्वा घ्रात्वा च यो नरः । न हृष्यति ग्लायति वा स विज्ञेयो जितेन्द्रियः ॥ ८ ॥ मनुष्या ह्याढ्यतां प्राप्य राज्यमिच्छन्त्यनन्तरम् । राज्याद्देवत्व-मिच्छन्ति देवत्वादिन्द्रतामपि ॥ ९ ॥ श्रुत्वा धर्मं विजानाति श्रुत्वा त्यजति दुर्मतिम् । श्रुत्वा ज्ञानमवाप्नोति श्रुत्वा मोक्षमवाप्नुयात् ॥ १० ॥

18

न गर्दभो गायति शिक्षितोऽपि ॥ १ ॥ चिन्त्यते नय एवादावमन्दं समुपेप्सुभिः ॥ २ ॥ खर्गस्तु
न मुमुक्षूणां क्षयी चित्तं विलोभयेत् ॥ ३ ॥ अविश्रामं वहेद्धारं शीतोष्णं च न विन्दति । ससं-
तोषस्तथा नित्यं त्रीणि शिक्षेत गर्दभात् ॥ ४ ॥ संसारयति कृत्यानि सर्वत्र विचिकित्सते ।
चिरं करोति क्षिप्रार्थे स मूढो भरतर्षभ ॥ ५ ॥ सर्वस्य दयिताः प्राणाः सर्वस्य दयिताः सुताः ।
दुःखादुद्विजते सर्वः सर्वस्य सुखमीप्सितम् ॥ ६ ॥ जडान्यपि च बीजानि कालं संप्राप्य
चात्मनः । अङ्कुरयन्ति कालाच्च पुष्प्यन्ति च फलन्ति च ॥ ७ ॥ ख्यातः सर्वरसानां हि
लवणो रस उत्तमः । गृह्णीयात्तं तेन विना व्यञ्जनं गोमयायते ॥ ८ ॥ इयं व्याधायते बाला
भ्रूरस्याः कार्मुकायते । कटाक्षाश्च शरायन्ते मनो मे हरिणायते ॥ ९ ॥ पापठीति सकलं च
वाङ्मयं बोबुधीति न च किंचिदप्यसौ । रत्नभारमिव गर्दभः सदा वावहीति किल बोभुजीति
नो ॥ १० ॥

चपलौ किल शूराणां रणे जयपराजयौ ॥ १ ॥ सुखदुःखे मनुष्यानां चक्रवत्परिवर्तेते ॥ २ ॥ यथा छायातपौ नित्यं सुसंबद्धौ निरन्तरम् । तथा कर्म च कर्ता च संबद्धावात्मकर्मभिः ॥ ३ ॥ भार्ये द्वे बहवः पुत्रा दारिद्र्यं रोगसंभवः । जीर्णौ च मातापितरावेकैकं नरकाधिकम् ॥ ४ ॥ ब्राह्मणं दशवर्षं तु शतवर्षं तु भूमिपम् । पितापुत्रौ विजानीयाद्ब्राह्मणस्तु तयोः पिता ॥ ५ ॥ उदकानलचौरेभ्यो मूषकेभ्यो विशेषतः । कष्टेन लिखितं शास्त्रं यत्नेन परिपालयेत् ॥ ६ ॥ यस्य चित्तं द्रवीभूतं कृपया सर्वजन्तुषु । तस्य ज्ञानं च मोक्षश्च न जटाभस्मचीवरैः ॥ ७ ॥ जन्ममृत्यू हि यात्येको भुनत्त्येकः शुभाशुभम् । नरकेषु पतत्येक एको याति परां गतिम् ॥ ८ ॥ भगवन्तौ जगन्नेत्रे सूर्याचन्द्रमसावपि । पश्य गच्छत एवास्तं नियतिः केन लङ्ङ्यते ॥ ९ ॥ काकः कृष्णः पिकः कृष्णः को भेदः पिककाकयोः । वसन्तसमये प्राप्ते काकः काकः पिकः पिकः ॥ १० ॥

19.2 Vgl. 2.16.

20

अत्वरा सर्वकार्येषु त्वरा कार्यविनाशिनी ॥ १ ॥ विद्वानेव विजानाति विद्वज्जनपरिश्रमम् ॥ २ ॥ मनसा चिन्तितं कार्यं वचसा न प्रकाशयेत् । अन्यलक्षितकार्यस्य यतः सिद्धिर्न जायते ॥ ३ ॥ पुस्तकस्था च या विद्या परहस्ते च यद्धनम् । कार्यकाले समुत्पन्ने न सा विद्या न तद्ध-नम् ॥ ४ ॥ यथा धेनुसहस्रेषु वत्सो विन्दति मातरम् । तथा पूर्वकृतं कर्म कर्तारमनुगच्छति ॥ ५ ॥ परोपदेशसमये सर्व एव हि पण्डिताः । स्वानुष्ठानस्य समये मुनयोऽपि न पण्डिताः ॥ ६ ॥ यो न हिंसति सत्त्वानि मनोवाक्कर्महेतुभिः । जीवितार्थापनयनैः प्राणिभिर्न स बध्यते ॥ ७ ॥ जातस्य नदीतीरे तस्यापि तृणस्य जन्मसाफल्यम् । यत्सलिलमज्जनाकुलजनहस्तालम्बनं भवति ॥ ८ ॥ सुरमन्दिरतरुमूलनिवासः शय्या भूतलमजिनं वासः । सर्वपरिग्रहभोगत्यागः कस्य सुखं न करोति विरागः ॥ ९ ॥ यदि जन्मजरामरणं न भवेद्यदि चेष्टवियोगभयं न भवेत् । यदि सर्वमनित्यमिदं न भवेदिह जन्मनि कस्य रतिर्न भवेत् ॥ १० ॥

20.8 Āryā   **20.9** Āryā-Variante (Āryāgīti)   **20.10** Toṭaka

कातरा दीर्घरोगाश्च भिषजां भाग्यहेतवः ॥ १ ॥ कुब्जी प्रफुल्लकमला गूढनन्रेव पद्मिनी ॥ २ ॥ सर्व एव जनः शूरो ह्यनासादितविग्रहः ॥ ३ ॥ यद्वृत्ताः सन्ति राजानस्तद्वृत्ताः सन्ति मानवाः ॥ ४ ॥ नृपतिः किंक्षणो मूर्खो दरिद्रः किंवराटकः ॥ ५ ॥ यथा ह्यनुदका नद्यो यथा वाप्यतृणं वनम् । अगोपाला यथा गावस्तथा राष्ट्रमराजकम् ॥ ६ ॥ नाप्राप्तकालो म्रियते विद्धः शर-शतैरपि । तृणाग्रेणापि संस्पृष्टः प्राप्तकालो न जीवति ॥ ७ ॥ अकिंचनस्य दान्तस्य शान्तस्य समचेतसः । सदा संतुष्टमनसः सर्वाः सुखमया दिशः ॥ ८ ॥ सर्वत्र संपदस्तस्य संतुष्टं यस्य मानसम् । उपानद्गूढपादस्य ननु चर्मावृतेव भूः ॥ ९ ॥ अजरामरवत्प्राज्ञो विद्यामर्थं च चिन्त-येत् । गृहीत इव केशेषु मृत्युना धर्ममाचरेत् ॥ १० ॥ यस्य नास्ति निजा प्रज्ञा केवलं तु बहु-श्रुतः । न स जानाति शास्त्रार्थं दर्वी सूपरसानिव ॥ ११ ॥ नारिकेलसमाकारा दृश्यन्ते हि सुहृज्जनाः । अन्ये बदरिकाकारा बहिरेव मनोहराः ॥ १२ ॥ अनन्तपारं किल शब्दशास्त्रं स्वल्पं तथायुर्बहवश्च विघ्नाः । सारं ततो ग्राह्यमपास्य फल्गु हंसैर्यथा क्षीरमिवाम्बुमध्यात् ॥ १३ ॥

21.8 **सुखमया** aus metrischen Gründen für **सुखमय्यो**　　　21.13 Upajāti

Vokabular (kapitelweise)
und Angaben zur grammatikalischen Thematik

1

Deklination: Stämme auf a und ā
Satzsandhi: Sandhi § 0 (u. Anm. 1, S. 14), 1–7; 8, 9, 14, 18, 20
Cerebralisation: Sandhi § 21, 22

वृक्षः	vṛkṣa	Baum
फलम्	phala	Frucht; Wirkung; Lohn
मूलम्	mūla	Wurzel; Ursprung
सैन्यम्	sainya	Heer
धर्मः	dharma	Recht, Gesetz, Ordnung; Pflicht; Tugend
जयः	jaya	Sieg
लोभः	lobha	Habsucht, Gier
कारणम्	kāraṇa	Ursache, Anlass
धनम्	dhana	Besitz, Reichtum, Vermögen, Geld
यौवनम्	yauvana	Jugend
जीवितम्	jīvita	Leben
लोकः	loka	Welt; Sg. u. Pl. Leute, Menschen
रोदनम्	rodana	Weinen
बलम्	bala	Gewalt, Stärke, Macht; Heer
विद्या	vidyā	Wissenschaft, Wissen
जीवनम्	jīvana	Leben
विवेकः	viveka	Trennung, Unterscheidung; Verstand
ज्ञानम्	jñāna	Erkennen; Erkenntnis, Wissen
भार्या	bhāryā	Gattin
मनुष्यः	manuṣya	Mensch, Mann
कुलम्	kula	Geschlecht; (vornehme) Familie
शीलम्	śīla	(edler) Charakter
दारिद्र्यम्	dāridrya	Armut
आमयः	āmaya	Krankheit
कपोतः	kapota	Taube
मयूरः	mayūra	Pfau
जलम्	jala	Wasser
संतोषः	saṃtoṣa	Zufriedenheit
पुरुषः	puruṣa	Mann, Mensch
निधानम्	nidhāna	Niederlegen; Behälter; Schatz
दाराः	dāra m. Pl. (!)	Frau, Ehefrau
सुतः	suta	Sohn
सुता	sutā	Tochter
पादपः	pādapa	Baum
भयम्	bhaya	Angst, Furcht (vor); Not, Gefahr
वातः	vāta	Wind
पद्मः पद्मम्	padma	Lotusblume
तस्करः	taskara	Dieb, Räuber
जनः	jana	Mensch; Sg. u. Pl. Leute
क्षमा	kṣamā	Geduld, Nachsicht
अन्तः u. अन्तम्	anta	Ende
दोषः	doṣa	Fehler, Übel; Vergehen
दानम्	dāna	Geben; Gabe, Spende;
गुणः	guṇa	Faden, Schnur; Eigenschaft; gute Eigenschaft, Vorzug, Tugend

पातकः u. ०कम्		
पातकः u. ०कम्	pātaka	(schweres) Vergehen
शास्त्रम्	śāstra	Vorschrift; Unterweisung, Belehrung; Theorie, Lehre (von)
कालः	kāla	Zeit; (richtiger) Zeitpunkt
अश्वः	aśva	Pferd
शोभा	śobhā	Schönheit, Glanz
खरः	khara	Esel
कार्यम्	kārya	Obliegenheit, Vorhaben, Sache; vgl. कार्यः [9]
हारः	hāra	Nehmen; Raub
प्रतिक्रिया	pratikriyā	Gegenmaßnahme
पिपासा	pipāsā	Trinkenwollen, Durst
मैत्रम्	maitra	Freundschaft
नरेन्द्रः	narendra	Fürst, König
खलः	khala	boshafter Mensch, Schurke
क्रीडा	krīḍā	Spiel, Scherz
भुजंगमः	bhujaṃgama	Schlange

अनायकः अनायका अनायकम्	anāyaka	führerlos
पापः पापा पापम्	pāpa	übel, böse; n. Übel, Böses, moralische od. religiöse Verfehlung
अस्थिरः अस्थिरा अस्थिरम्	asthira	unbeständig, vergänglich
बालः बाला बालम्	bāla	jung, kindlich; m. Kind, Knabe; f. Mädchen
अलसः अलसा अलसम्	alasa	träge, faul, müde, stumpf
अविद्यः अविद्या अविद्यम्	avidya	ungebildet; ohne Wissen
शून्यः शून्या शून्यम्	śūnya	leer
अर्धः अर्धा अर्धम्	ardha	halb, hälftig; m. n. Hälfte
भूषणः भूषणी (!) भूषणम्	bhūṣaṇa	schmückend; n. Schmuck
पेयः पेया पेयम्	peya	trinkbar; n. Getränk
प्रधानः प्रधाना प्रधानम्	pradhāna	vorzüglichst, best; n. Hauptsache, Hauptperson
शिशिरः शिशिरा शिशिरम्	śiśira	kühl, kalt; m. n. Kälte, Frost
सुखः सुखा सुखम्	sukha	glücklich; angenehm, mühelos; n. Glück, Lust, Freude, Behagen
सुलभः सुलभा सुलभम्	sulabha	gut/leicht zu erlangen
दुर्लभः दुर्लभा दुर्लभम्	durlabha	schlecht/schwer zu erlangen; selten
दुःखः दुःखा दुःखम्	duḥkha	unglücklich etc.; n. Unglück, Leid, Schmerz
अधिकः अधिका अधिकम्	adhika mit Ab.	größer, besser, ärger, mehr (als)
सत्यः सत्या सत्यम्	satya	wirklich (vorhanden), wahr; n. das Wirkliche; Wirklichkeit; Wahrheit; Wahrhaftigkeit

अनृतः अनृता अनृतम् anṛta	unwahr; n. Unwahrheit, Lüge, Betrug
अनन्तः अनन्ता अनन्तम् ananta	unendlich, endlos
बहुलः बहुला बहुलम् bahula	umfänglich, ausgedehnt; zahlreich, viel
अल्पः अल्पा अल्पम् alpa	klein, wenig, gering
स्वल्पः स्वल्पा स्वल्पम् svalpa	sehr klein etc.
कृशः कृशा कृशम् kṛśa	mager
शुभः शुभा शुभम् śubha	schön, gut
अशुभः अशुभा अशुभम् aśubha	nicht schön, ungut
परमः परमा परमम् parama	höchst
अबोधः अबोधा अबोधम् abodha	keine Einsicht habend, unverständig

[Deklination z. T. pronominal; vgl. S. 50 f.:]

सर्वः सर्वा सर्वम् sarva	ganz, all, jeder
परः परा परम् para	1. ander- (auch fremd) – 2. höchst, größt; mit Ab.: höher, größer (als)
एकः एका एकम् eka	ein, einzig, allein

अस्ति asti [as] — (er, sie, es, man) ist

हतः हता हतम् hata [han]	geschlagen, getötet, vernichtet
पुष्टः पुष्टा पुष्टम् puṣṭa [puṣ]	(wohl)genährt

यथा yathā	wie	वरम् varam mit Ab.	besser als
तथा tathā	so; ebenso	अद्य adya	heute, jetzt
यत्र yatra	wo, wohin	श्वः śvas	morgen
तत्र tatra	dort, dorthin	सदा sadā	immer
कुतः kutas	woher?	पुनः punar	wieder, erneut; aber, dagegen
विना vinā (auch nachgest.) mit A. I. Ab. ohne		प्रायः prāyas	meistens, gewöhnlich

अपि api (nachgestellt)	auch, selbst, sogar
न na	nicht
एव eva (nachgestellt)	nur, allein; eben, gerade, schon (ausschließend, oft das vorangehende Wort auch nur hervorhebend; nicht immer zu übersetzen)
सह saha mit I.	(zusammen) mit

च ca (nachgestellt) — und (auch metr. bedingtes Füllsel)

Bsp. **राधा सीता च** od. **राधा च सीता च** — Rādhā und Sītā

अ॰ a- (vor Vokal an-) — un-, nicht-

सु॰ su- und दुः॰ dus- (auch कु॰ ku-) — gut (auch im Sinne von sehr) und schlecht

धनयौवने dhana-yauvana n. Dual — Geld und Jugend

कालहारः kāla-hāra — „Nehmen oder Wegnehmen von Zeit": Zeit-gewinn; Zeitverlust

2

Thematische Konjugation
Abstufung der Vokale (Ablaut)

हरति u. ॰ते hr̥/har (1) — nehmen; wegnehmen, rauben

गाहते gāh (1) — eintauchen, eindringen, sich hineinbegeben

त्यजति tyaj (1) — aufgeben, fahren-/loslassen, verlassen, meiden

भजति bhaj (1) — aus-/zuteilen; wählen, sich entscheiden (für)

भवति bhū (1) — werden, sein

पचति pac (1) — kochen, backen, braten; zur Reife bringen

संहरति u. ॰ते sam-hr̥/-har (1) — zusammennehmen; rauben, weg-/dahinraffen

प्रयच्छति pra-yam (1) — darreichen, geben, verleihen, schenken

दहति dah (1) — brennen, verbrennen, versengen; vernichten

पश्यति paś (4) — sehen

नमति nam (1) mit A. — sich beugen, sich verneigen (vor)

व्रजति vraj (1) — gehen, sich begeben (in/zu)

शरणं व्रजति śaraṇaṃ vraj mit A. — Zuflucht suchen (bei)

निन्दति nind (1) — schmähen, tadeln, schimpfen (auf)

अभिनन्दति u. ॰ते abhi-nand (1) mit A. — Gefallen finden an, sich freuen (über); Verlangen haben nach, begehren

प्रतीक्षते prati-īkṣ (1) — entgegensehen, hinblicken (auf); er-/abwarten

सिध्यति sidh (4) — zum Ziel kommen; zustande kommen, gelingen

प्रविशति pra-viś (6) — hineingehen, eintreten, geraten (in)

प्रभवति pra-bhū (1) — hervorkommen, entstehen (aus)

प्रजायते pra-jan (4) — geboren werden, entstehen (aus)

शोभते śubh (1) — schmücken; sich schmücken, sich gut machen, einen guten Eindruck machen

| सेवति u. सेवते | sev (1) | sich aufhalten (bei), besuchen, bewohnen; dienen; annehmen; sich (einer Sache) widmen |
| परिवर्तते | pari-vṛt/vart (1) | sich drehen, sich im Kreis bewegen; sich umwenden |

भूतः भूता भूतम्	bhūta [bhū]	geworden (gewesen; seiend); n. Wesen, Geschöpf; Element
संभूतः ०ता ०तम्	saṃbhūta [sam-bhū]	entstanden, hervorgegangen (aus)
मग्नः मग्ना मग्नम्	magna [majj]	versunken; eingetaucht, geraten (in)
कृतः कृता कृतम्	kṛta [kṛ/kar]	gemacht, getan
सुप्तः सुप्ता सुप्तम्	supta [svap]	schlafend; ruhend, untätig
आपतितः ०ता ०तम्	āpatita [ā-pat]	zugefallen, zuteil geworden

जरा	jarā	Alter
रूपम्	rūpa	Form, Gestalt; Aussehen; Natur
सिंहः	siṃha	Löwe
वनम्	vana	Wald
हिंसा	hiṃsā	Schädigung, Verletzung, Gewalt
वृत्तम्	vṛtta	Lebenswandel, Benehmen
प्रजा	prajā	Geschöpf; Leute, Volk
राज्यम्	rājya	Königtum; Reich
चन्दनः u. ०नम् candana		Sandelbaum, -holz
हुताशनः	hutāśana	Feuer
चिता	citā	Scheiterhaufen
चिन्ता	cintā	Nachdenken über; Sorge (um); Gedanken
जीवः u. ०वम् jīva		m. n. Leben; m. Seele
उलूकः	ulūka	Eule
काकः	kāka	Krähe
शरणम्	śaraṇa	Obdach; Schutz, Zuflucht
व्यसनम्	vyasana	Sg. u. Pl. Missgeschick; Unglück

दैवम्	daiva	Schicksal
मरणम्	maraṇa	Sterben, Tod
निर्देशः	nirdeśa	Anweisung, Befehl
उद्यमः	udyama	Anstrengung; Mühe, Fleiß
मनोरथः	manoratha	Wunsch; Fantasie
मुखम्	mukha	Mund, Maul; Gesicht, Schnauze
मृगः	mṛga	Wild; Gazelle, Antilope, Hirsch
क्रोधः	krodha	Zorn
कामः	kāma	Begehren, Wunsch; Lust, Liebe
मोहः	moha	Verwirrung, Verblendung, Irrtum
नाशः	nāśa	Verlust, Untergang, Verderben
दमः	dama	Bändigung; Selbstbeherrschung
विप्रः	vipra	Priester, Brahmane
क्षत्रियः	kṣatriya	Krieger, Adliger
विजयः	vijaya	wie जयः [1]
वैश्यः	vaiśya	Angehöriger des dritten Standes: Bürger

शूद्रः śūdra	Angehöriger des vierten Standes	चक्रम् cakra — Rad; Kreis
दाक्ष्यम् dākṣya	Geschicklichkeit; Fleiß	चक्रवत् -vat — wie ein Rad

सनातनः ०नी (!) ०नम् sanātana — ewig, unvergänglich, beständig

आर्यः आया u. आरी आर्यम् ārya — ehrenhaft, ehrenwert, edel; m. Ehrenmann; ein Mann der drei oberen Stände

देवः देवी (!) देवम् deva — himmlisch, göttlich; m. Himmlischer, (ein) Gott; Fürst, Herr; f. Göttin, Königin, Herrin

शिवः शिवा शिवम् śiva — günstig, gütig; glücklich; m. Gott Śiva

नीचः नीचा नीचम् nīca — niedrig

भृतकः भृतका भृतकम् bhṛtaka — besoldet, Lohn empfangend; m. Diener

 खः खा खम् sva (zur Dekl. S. 52) / ख० — sein, eigen

दिवा divā — bei Tag	प्रायेण prāyeṇa — meistens
नक्तम् naktam — bei Nacht	नित्यम् nityam — stets, immer, beständig

अहो aho — oh, ach (freudig u. leidvoll)

तु tu — aber, jedoch (auch Füllsel)

न तु na tu — jedoch nicht

हि hi — denn, nämlich (auch Füllsel)

न हि na hi — denn nicht

सर्वलोकस्थः ०स्था ०स्थम् sarva-loka-stha — in der ganzen Welt **befindlich**, allgegenwärtig

निर्जीवः ०वा ०वम् nis-jīva — entseelt, leblos, tot

3

Deklination: Stämme auf i u und ī ū
Satzsandhi: Sandhi § 10, 15, 16, 19

रुजति ruj (6) — zerbrechen, zertrümmern, zerstören

विन्दति u. ०ते vind (1) — finden, erwerben, gewinnen; empfinden

तृप्यति tṛp/tarp (4) mit I. G. — sich sättigen, satt od. befriedigt werden (von)

आपद्यते ā-pad (4)	gelangen, geraten in; eintreten, geschehen; zuteil werden
वदति vad (1)	reden, sagen, sprechen; bezeichnen, nennen
प्राहुः prāhur (Perf. von pra-ah)	(sie) sagten; bezeichneten oder (sie) sagen; bezeichnen („sie" stets auch im Sinne von „man")

त्वरितः त्वरिता त्वरितम् tvarita [tvar]	eilend, rasch, schnell
वृद्धः वृद्धा वृद्धम् vṛddha [vṛdh/vardh]	groß geworden, vermehrt, stark; alt, bejahrt; m. alter Mann, Greis
हीनः हीना हीनम् hīna [hā] mit I. Ab. L. A.	verlassen; ermangelnd, frei von, ohne
तृप्तः तृप्ता तृप्तम् tṛpta [tṛp/tarp]	gesättigt, satt, befriedigt
मुग्धः मुग्धा मुग्धम् mugdha [muh]	verwirrt; dumm; unerfahren, naiv
मृतः मृता मृतम् mṛta [mṛ/mar]	gestorben, tot
अमृतः अमृता अमृतम् amṛta	unsterblich; m. Unsterblicher, (ein) Gott; n. Unsterblichkeit; Unsterblichkeitstrank, Nektar
प्रतिष्ठितः ०ता ०तम् pratiṣṭhita [prati-sthā]	stehend, seinen Sitz habend in, sich befindend (in/auf)
शक्यः शक्या शक्यम् śakya [śak]	möglich, ausführbar

गतिः gati f.	Gehen, Gang; Weg, Bahn; Zustand, Sein; Erlangen
शत्रुः śatru	Feind
सान्त्वम् sāntva	Güte, Milde; freundliche Worte
प्रतीकारः pratīkāra = प्रतिक्रिया [1]	
वह्निः vahni m.	Feuer
नदी nadī	Fluss
कूलम् kūla	Abhang; Ufer
विषम् viṣa	Gift
स्त्री strī	Frau
निसर्गः nisarga	Natur, Naturell
लक्ष्मीः lakṣmī	Glück, Reichtum, Schönheit; eine Göttin
प्राणः prāṇa	Atem; Pl. Leben
पशुः paśu m.	Vieh, Tier
उपदेशः upadeśa	Anweisung, Unterweisung, Belehrung
प्रकोपः prakopa	Aufregung, Zorn
शान्तिः śānti f.	Ruhe; Seelenruhe, (innerer) Friede
वृष्टिः vṛṣṭi f.	Regen
समुद्रः samudra	Meer
भोजनम् bhojana	Genießen, Essen; Mahlzeit; Speise
मित्रम् (!) mitra	(auch m.) Freund
यतिः yati	Asket
नरः nara	Mann, Mensch
दासः dāsa	Diener, Sklave

वित्तम् vitta — = धनम् [1]

भूपतिः bhūpati — Fürst, König

शुश्रूषा śuśrūṣā — Hörenwollen; Gehorsam

योगः yoga — Anwendung; Verbindung; Anspannung (der Kräfte), Konzentration; (innere) Sammlung

अग्निः agni m. — Feuer

काष्ठः kāṣṭha — Holzstück, Scheit

आपगा āpagā — Wasserlauf, Fluss

महोदधिः mahodadhi f. — „der große Wasserbehälter" = Ozean

अम्बु ambu n. — Wasser

बिन्दुः bindu m. — Tropfen; Punkt; Null

शुक्तिः śukti f. — Muschel

मुक्ताफलम् muktāphala — Perle

नारी nārī — Frau

पिशाचिका Piśācikā = Piśācī, weiblicher Piśāca (Dämon)

हृदयम् hṛdaya — Herz; Inneres, Kern (einer Sache)

मृत्युः mṛtyu m. — Tod

देहः u. देहम् deha — Körper

जाह्नवी jāhnavī — ein Name der Gaṅgā [4]

पतिः pati — Herr; Gatte

व्रतम् vrata — Wille, Gebot; Gehorsam; Pflicht; Regel, Gelübde, Vorsatz

नृपः nṛpa — König, Fürst

देशः deśa — Ort, Gegend; Land

निर्वृतिः nirvṛti f. — Zufriedenheit, Wohlbehagen, Glückseligkeit

वस्तु vastu n. — Ding, Gegenstand; Sache, Angelegenheit

समुद्यमः samudyama mit L. D. — Bemühung (um), Anstrengung

भेषजः भेषजा भेषजम् bheṣaja — gesund machend, heilend; n. Heilmittel, Arznei, Gegenmittel

साधुः साध्वी साधु sādhu — gut

असाधुः (etc.) asādhu — ungut, schlecht, böse

तरुणः तरुणी (!) तरुणम् taruṇa — jung, neu, frisch; f. junge Frau

पण्डितः पण्डिता पण्डितम् paṇḍita — gelehrt, gebildet, klug; m. Gelehrter

चलः चला चलम् cala — sich bewegend, schwankend; unstet, wandelbar, vergänglich

समानः समाना समानम् samāna mit I. G. — gleich; übereinstimmend (mit)

मूर्खः मूर्खा मूर्खम् mūrkha — dumm; m. Tor, Dummkopf

गुरुः गुर्वी गुरु guru — schwer; gewichtig, viel geltend; ehrwürdig; m. (Respektsperson:) Vater, Mutter, insbes. Lehrer

द्वयः द्वयी द्वयम् dvaya — zweifach, doppelt, zweierlei; f. n. Paar

श्रेष्ठः श्रेष्ठा श्रेष्ठम् śreṣṭha — best, vorzüglichst, vornehmst, erst

वृथा vṛthā vergeblich, nutzlos
कालेन kālena mit der Zeit, im Verlaufe der Zeit; vgl. काल: [1]

त्रिधा tridhā dreifach; auf drei Arten (vgl. S. 120)

किंतु kiṃtu jedoch, sondern
इव iva (nachgestellt) wie
चेत् ced wenn

गुरुशुश्रूषा guru-śuśrūṣā Gehorsam gegenüber dem Lehrer
पतिव्रता pati-vrata dem Gatten gehorsam, gattentreu
कार्यव्यसनम् kārya-vyasana Misslingen einer Angelegenheit

4

Deklination: Stämme auf ṛ
Satzsandhi: Sandhi § 17

लभते labh (1) finden; erhalten, erlangen
कल्पते kḷp/kalp (1) passen; bewirken; verhelfen, dienen (zu)

आरब्ध: आरब्धा आरब्धम् ārabdha [ā-rabh] begonnen, unternommen
विमुक्त: विमुक्ता विमुक्तम् vimukta [vi-muc] mit Ab. I. befreit od. frei von; gekommen um, verloren habend

दुहिता duhitṛ/-tar Tochter
भर्ता bhartṛ/-tar Erhalter; Herr, Gebieter; Gatte
स्वर्ग: svarga (Götter-)Himmel
ना nṛ/nar Mann, Mensch
उदकम् udaka Wasser
दर्दुर: dardura Frosch
मौनम् mauna Schweigen
श्रम: śrama Ermüdung; Anstrengung, Mühe
विचार: vicāra Überlegung

नरेश्वर: nareśvara Fürst, König
कृत्यम् kṛtya = कार्यम् [1]
अर्थ: artha Ziel, Zweck; Sache; Bedeutung, Sinn; Nutzen; auch = धनम् [1]
माता mātṛ/-tar Mutter
पिता pitṛ/-tar Vater
गङ्गा gaṅgā Gaṅgā (= Ganges)
वियोग: viyoga Getrenntwerden, Trennung

कृपणः कृपणा कृपणम् kṛpaṇa	arm, elend, jämmerlich; geizig; m. Geizhals; n. Elend, Jammer
उत्तमः उत्तमा उत्तमम् uttama	höchst, oberst; vorzüglichst, best
प्रियः प्रिया प्रियम् priya	lieb, geliebt, erwünscht
अप्रियः (etc.) apriya	unlieb, unangenehm, widerwärtig
पथ्यः पथ्या पथ्यम् pathya	angemessen; heilsam
वक्ता वक्त्री वक्तृ vaktṛ/-tar	sprechend, aussagend; m. Sprecher, Verkünder; Lehrer, Meister
श्रोता श्रोत्री श्रोतृ śrotṛ/-tar	hörend; m. Hörer, Zuhörer
शोभनः ॰ना u. ॰नी ॰नम् śobhana	schön, prächtig; vorzüglich; am Platze seiend, passend
कर्ता कर्त्री कर्तृ kartṛ/-tar	tuend, machend; m. Täter, Vollbringer, Urheber

नाम nāma	namens; nämlich; in der Tat, gewiss		अकाले akāle	zur Unzeit, nicht zur rechten Zeit

वा vā (nachgestellt)	oder

निर्विचारः ॰रा ॰रम् nis-vicāra	nicht überlegend, urteilslos
गङ्गावियोगजः ॰जा ॰जम् gaṅgā-viyoga-ja	**entstanden** aus dem Getrenntsein von der Gaṅgā

5

Deklination: Konsonantische Stämme – Erste Abteilung

लगति lag (1)	sich heften, haften (an)
तपति tap (1)	erwärmen, erhitzen; bescheinen (Sonne)
प्रशाम्यति u. ॰ते pra-śam (4)	zur Ruhe kommen; erlöschen; aufhören
गतः गता गतम् gata [gam]	gegangen, vergangen; gekommen; befindlich (in, an, auf)

क्लेशः kleśa	Qual, Plage, Leiden, Beschwerde		वैद्यः vaidya	Arzt
भिषक् bhiṣaj	Arzt		प्रभुः prabhu	Herr, Gebieter
			आयुः āyus n.	Leben; Lebenszeit

औषधम्	auṣadha	Kraut, Arznei
द्विजातिः	dvijāti	Brahmane
मुनिः	muni	Weiser, Seher, Asket
हृत्	hṛd n.	Herz; Inneres (auch Brust, Magen)
दैवतम्	daivata	Gottheit
तृणम्	tṛṇa	Gras(halm), Stroh
शूरः	śūra	Held
समाजः	samāja	Versammlung
विभूषणम्	vibhūṣaṇa	Schmuck
बाहुः	bāhu m.	Arm
वाक्	vāc f.	Sprache, Rede, Wort
पदम्	pada	Schritt; Ort; Amt, Rang; Fuß; Wort
बन्धुः	bandhu	Verwandter; Freund
आपत्	āpad f.	Sg. u. Pl. Unglück, Not
तपः	tapas n.	Hitze, Glut; Schmerz; Kasteiung, Askese
अङ्गम्	aṅga	Glied; Körper
ओकः	okas n.	Wohnstätte
आदित्यः	āditya	Sonne
आदित्यवत्		vgl. चक्रवत् [2]
भूपः	bhūpa	Fürst, König
चक्षुः	cakṣus n.	Sehen, Auge
मनः	manas n.	Denken, Gemüt, Herz
तृप्तिः	tṛpti f.	Sättigung, Befriedigung; Sattsein
लाभः	lābha	Finden; Erhalten, Erlangen
तृष्णा	tṛṣṇā	Durst; Begierde, heftiges Verlangen
आपः	ap f. Pl.	Wasser
चित्तम्	citta	= मनः (s. o.)
क्रिया	kriyā	Tun, Handlung; Ritus
एकरूपता	ekarūpatā	Gleichförmigkeit, Übereinstimmung
ब्राह्मणः	brāhmaṇa	Brahmane, Priester
क्षत्रः u. क्षत्रम्	kṣatra	Macht; Bez. des Kriegerstandes; auch = क्षत्रियः [2]
रक्षणम्	rakṣaṇa	Schützen, Hüten
वार्त्ता	vārttā	1. Lebenserwerb (Gewerbe, Handel, Ackerbau etc.); 2. Kunde, Nachricht, Geschichte
सेवनम्	sevana	Besuchen; Dienen; Bedienen; Ausüben

गतायुः	gata-āyus	„dessen Leben gegangen ist" = tot
ब्रह्मवित्	brahman-vid (vgl. Sandhi § 50)	das Brahman kennend; m. Weiser
सर्ववित्	sarva-vid	allwissend; alles kennend, gelehrt
पदस्थः पदस्था पदस्थम्	pada-stha	in Amt und Würden stehend, hochrangig; auf den Füßen stehend
सुहृत्	su-hṛd	gutherzig, gutgesinnt; m. Freund
जलौकाः ०काः ०कः	jala-okas	„dessen Wohnstätte das Wasser ist" = im Wasser wohnend; m. Wasserbewohner, Wassertier; f. Blutegel
प्रियलाभः	priya-lābha	Erlangen von Erwünschtem

6

Deklination: Konsonantische Stämme – Zweite Abteilung
Wortbildung: Nominalsuffixe (S. 104 f.)
Satzsandhi: Sandhi § 11–13

अभिवर्धते abhi-vṛdh/vardh (1) größer/stärker werden, zunehmen
कर्षति kṛṣ/karṣ (1) ziehen, schleppen; mit sich fortziehen; an sich ziehen; überwältigen; auch = कृषति [13]
संपद्यते sam-pad (4) entstehen, eintreten, sich einstellen
स्रवति sru (1) fließen, strömen
निवर्तते ni-vṛt/vart (1) um-, zurückkehren; innehalten, aufhören

आदाय ādāya (Abs. von ā-dā; vgl. S. 96) mit sich nehmend, zusammen mit

सन् सती सत् sat/sant [as] (da)seiend, vorhanden; gut, edel, klug

मितः मिता मितम् mita [mā] (ab)gemessen; bemessen, karg
विहितः विहिता विहितम् vihita [vi-dhā] hervorgebracht; verursacht
जातः जाता जातम् jāta [jan] geboren, entstanden, geworden, daseiend
क्षीणः क्षीणा क्षीणम् kṣīṇa [kṣi] hingeschwunden; abnehmend (Mond)
रक्तः रक्ता रक्तम् rakta [raj] gefärbt; rot
प्रणीतः प्रणीता प्रणीतम् praṇīta [pra-nī] (an)geführt; hingeführt/-gebracht (speziell das Opferfeuer zu den Altären)

ग्राह्यः ग्राह्या ग्राह्यम् grāhya [grah] zu ergreifend, zu fassend; anzunehmend

राजा	rājan	König	शशी	śaśin	Mond
उत्पादः	utpāda	Hervorkommen, Entstehung, Geburt	पाणिः	pāṇi m.	Hand
मतिः	mati f.	Denken, Verstand	वायुः	vāyu m.	Wind, Luft, Hauch
आकिंचन्यम्	ākiṃcanya	Besitzlosigkeit	स्पर्शः	sparśa	Berührung
भाषा	bhāṣā	Sprache, Rede	शिखी	śikhin	Feuer
आलोकः	āloka	Sehen; Licht	ग्राहः	grāha	Krokodil
आत्मा	ātman m.	Selbst	गजेन्द्रः	gajendra	Elefantenbulle, großer Elefant
रिपुः	ripu	Feind	आदिः	ādi m.	Anfang
मन्त्री	mantrin	Ratgeber, Minister	कायः	kāya	Körper
जन्म	janman n.	Geburt, Leben, Dasein; Wiedergeburt	रश्मिः	raśmi m.	Strahl

बुद्धिः	buddhi f.	Einsicht, Verstand, Geist; Meinung, Ansicht, Gedanken
उदयः	udaya	Aufgehen, Hervorkommen
सविता	savitṛ/-tar m.	Sonne
अस्तमयः	astamaya	Untergehen
संपत्तिः	saṃpatti f.	Gedeihen, Gelingen; Sg. u. Pl. Glück
विपत्तिः	vipatti f.	Missraten; Sg. u. Pl. Unglück, Ungemach
स्रोतः	srotas n.	Strömung; Strom
सरित्	sarit f.	Bach, Fluss
मर्त्यः	martya	Sterblicher, Mensch
रात्रि	rātri f.	Nacht
अहः	(ahar) ahan/ahas n.	Tag

भङ्गुरः भङ्गुरा भङ्गुरम्	bhaṅgura	zerbrechlich, vergänglich
गरीयान् गरीयसी गरीयः	garīyas/-yaṃs	größer, gewichtiger, ehrwürdiger
विद्वान् विदुषी विद्वत्	vidvas/-vaṃs	wissend; m. Weiser, Gelehrter
महीयान् महीयसी महीयः	mahīyas/-yaṃs	größer; m. großer/vornehmer Mann
ध्रुवः ध्रुवा ध्रुवम्	dhruva	feststehend; sicher, gewiss
ज्येष्ठः ज्येष्ठा ज्येष्ठम्	jyeṣṭha	best, oberst, größt; ältest
वल्लभः वल्लभा वल्लभम्	vallabha	lieb; m. Liebling
कनीयान् कनीयसी कनीयः	kanīyas/-yaṃs	kleiner; jünger
अल्पीयान् अल्पीयसी अल्पीयः	alpīyas/-yaṃs	kleiner
विवस्वान् विवस्वती विवस्वत्	vivasvat/-vant	aufleuchtend; m. Sonne
बुद्धिमान् बुद्धिमती बुद्धिमत्	buddhimat/-mant	geistbegabt, klug, verständig
महान् महती महत्	mahat/-hant	groß; mächtig, wichtig

प्रकृत्या	prakṛtyā	von Natur
सर्वत्र	sarvatra	bei allem; überall; jederzeit
सर्वदा	sarvadā	allzeit, stets, immer
भूयः	bhūyas	(noch) mehr; sehr; wieder, von Neuem
भूयो भूयः		immer wieder
सत्यम्	satyam	in Wahrheit, fürwahr, gewiss (vgl. सत्यः [1])
ततः	tatas (als Adv.)	dann, darauf; deshalb, darum
कदाचन	kadācana	irgendwann, jemals; mit Neg. niemals
आशु	āśu	schnell, sogleich
प्रथमम्	prathamam	als erstes, zuerst
पुनः पुनः	punar p.	immer wieder (vgl. पुनः [1]); auch: unaufhörlich

---

मितभाषा	mita-bhāṣā	karge Sprache
दुर्ग्राह्यः दुर्ग्राह्या दुर्ग्राह्यम्	dus-grāhya	schwer zu ergreifen/fassen
दुःस्पर्शः दुःस्पर्शा दुःस्पर्शम्	dus-sparśa	schwer zu berühren/anzufassen
रात्र्यहानि	rātri-ahas/ahan n. Pl.	Tage und Nächte (eigentl. Nächte und Tage)

7

Deklination: Pronomina

वपति vap (1)	streuen, säen; bestreuen, besäen
पतति pat (1)	fliegen; fallen
मुञ्चति muc (6)	losmachen, befreien; entlassen; loslassen, aufgeben
वहति vah (1)	führen, bringen; tragen
जायते jan (4)	geboren/hervorgebracht werden; entstehen; werden

परितुष्टः ॰ष्टा ॰ष्टम् parituṣṭa [pari-tuṣ]	vollkommen befriedigt/zufrieden
तप्तः तप्ता तप्तम् tapta [tap]	erwärmt, erhitzt, beschienen (Sonne)
स्थितः स्थिता स्थितम् sthita [sthā]	stehend; verweilend, befindlich

| भवितव्यः ॰व्या ॰व्यम् bhavitavya [bhū] | sein/geschehen sollend/müssend |

अभ्यासः abhyāsa	Wiederholung; Übung
वचः vacas n.	Rede, Wort, Sprache
क्षितिः kṣiti f.	Erde
तलम् tala	Fläche, Ebene
कीर्तिः kīrti f.	Ruhm
विष्णुः viṣṇu	Gott Viṣṇu
मानसम् mānasa	= मनः [5]
अवटः avaṭa	Grube
बीजम् bīja	Samen, Korn; Keim
स्थाणुः sthāṇu m.	Baumstumpf; Pfosten
अपराधः aparādha	Fehler, Schuld
सौख्यम् saukhya	Wohlbefinden, Glück
अरोगिता arogitā	Gesundheit
जगत् jagat n.	(diese) Welt
जन्तुः jantu m.	Geschöpf; Mensch, Person
आशनम् āśana	Essen, Speisen; Speise
बान्धवः bāndhava	= बन्धुः [5]
पुमान् puṃs/pumaṃs	Mann
विपत् vipad f.	= विपत्तिः [6]

अर्कः arka	Sonne
करः kara	Hand; Lichtstrahl
हिमम् hima	Schnee; m. Kälte, Winter
संभाषा saṃbhāṣā	Unterredung; Begrüßung
संस्थितिः saṃsthiti f.	Zusammensein; Bestehen
संलापः saṃlāpa	Gespräch
वारि vāri n.	Wasser
छत्रम् chattra	(Sonnen-/Regen-) Schirm
विषादः viṣāda	Niedergeschlagenheit, Kleinmut, Verzweiflung
विस्मयः vismaya	Erstaunen; Hochmut
कर्म karman n.	Tun, Handlung, Tat
निश्चयः niścaya	Überzeugung, Gewissheit; Entscheidung, Wille, Gesetz

व्यवहारः vyavahāra		Verfahren, Handlungsweise; Verkehr, Umgang (mit); Tun und Treiben, das (gew.) Leben
भावी भाविनी भावि bhāvin		werdend, seiend; zukünftig, bevorstehend, sein müssend
दुष्करः दुष्करा दुष्करम् duṣkara		schwer zu tun/vollbringen
अन्धः अन्धा अन्धम् andha		blind
अर्थवान् ०वती ०वत् arthavat/-vant		Zweck/Bedeutung habend; begütert, reich
दरिद्रः दरिद्रा दरिद्रम् daridra		umherschweifend; arm; m. Bettler
आढ्यः आढ्या आढ्यम् āḍhya		wohlhabend, reich
सुहितः सुहिता सुहितम् suhita		sehr passend/ersprießlich; ganz satt, voll
धन्यः धन्या धन्यम् dhanya		reich; glücklich
शीतः शीता शीतम् śīta		kühl, kalt; n. Kälte, Frost
पुण्यवान् ०वती ०वत् puṇyavat/-vant		tugendhaft; glücklich (vgl. **पुण्यम्** [10])
दूरः दूरा दूरम् dūra		fern, entfernt, weit; **दूरतः** (Adv.) von fern; weit weg, in der Ferne
समीपः समीपा समीपम् samīpa		nahe, in der Nähe weilend, benachbart; n. Nähe

कश्चन काचन किंचन kiṃcana		**irgend**ein; **irgend**jemand/etwas
कश्चित् काचित् किंचित् kiṃcid		(do.)
कोऽपि कापि किमपि kimapi		(do.)

अन्यत्र anyatra	= **अन्यस्मिन्** (vgl S. 51: **अन्यः** anderer)
ततः (vgl. [6])	auch = **तस्मात्** als Pron. (vgl. S. 34: 5 Anm.)

अर्थम् अर्थेन अर्थाय अर्थे artham arthena arthāya arthe		wegen, für, um (vgl. [4])
ध्रुवम् dhruvam		gewiss (vgl. **ध्रुवः** [6] und S. 34: 2d)

नो no [na u]	und nicht; meist nur = **न** [1]
यत् yad (Konj.)	dass; wenn; weil
इति iti	so (oft am Ende von Aussprüchen, Gedachtem, direkter Rede und Aufgezähltem)
इह iha	hier; auf dieser Welt

महा० mahā-	groß
महाराजः (!) mahā-rājan	großer König

क्षितितलम् kṣiti-tala   Erdboden; Erde
परार्थम् para-**artham**   **für** einen andern
तत्फलम् (wenn als Komp. aufgefasst:) tat-phala   dessen/deren Frucht
स्वरूपम् sva-rūpa   eigene Gestalt/Form; (inneres) Wesen
अर्कंकरः arka-kara   Sonnenstrahl
दूरस्थः दूरस्था दूरस्थम् dūra-stha   in der Ferne weilend, entfernt
समीपस्थः ॰स्था ॰स्थम् samīpa-stha   in der Nähe befindlich
वारिदः ॰दा ॰दम् vāri-da   Wasser gebend; m. (Regen-)Wolke

8

Athematische Konjugation – zweite Klasse

याति यान्ति yā (2)   gehen; vergehen
नौति नुवन्ति nu/nū (2)   schreien; jubeln, jauchzen; preisen
अत्ति अदन्ति ad (2)   essen, fressen (2./3. Sg. Impf.: आदः आदत्)
भाति भान्ति bhā (2)   scheinen, leuchten; erscheinen
स्वपिति स्वपन्ति svap (2)   schlafen
शेते शेरते śī (2)   liegen, ruhen; schlafen, sich schlafen legen
समुत्तिष्ठति sam-ud-sthā (1)   aufstehen; sich erheben; hervorgehen
हन्ति घ्नन्ति han (2)   schlagen; töten, vernichten; beseitigen
उदेति उद्यन्ति ud-i (2)   hinaufgehen; aufgehen; hervorgehen
नश्यति naś (4)   ver-/entschwinden; vergehen; zugrunde gehen
समैति समायन्ति sam-ā-i (2)   (zusammen)kommen; sich hinbegeben; betreten
गच्छति gam (1)   gehen; fortgehen
अस्ति सन्ति as (2)   sein, vorhanden sein, existieren
मन्यते man (4)   meinen, denken, glauben
ब्रवीति ब्रुवन्ति brū (2)   (aus)sprechen, sagen
वेत्ति विदन्ति vid (2)   wissen, (er)kennen

भूयात् bhūyāt [Prekativ von bhū; vgl. S. 54 u. 80] (er, sie, es) möge sein

कान्तः कान्ता कान्तम् kānta [kam]   begehrt, geliebt; liebreich, reizend; m. Geliebter, Gatte

वाल्मीकिः vālmīki Name (myth. Verfasser des Rāmāyaṇa)   कविः kavi Seher, Dichter
इन्दुः indu m. Mond

श्येनः śyena — Falke, Habicht

स्थितिः sthiti f. — Stehen; Bestehen; Zustand; Regel

वासः vāsa — Haltmachen, Übernachten, Verweilen; Aufenthaltsort, Wohnung, Obdach, Stätte

आशा āśā — Wunsch, Erwartung, Hoffnung

नैराश्यम् nairāśya — Erwartungslosigkeit (etc.; vgl. unten निराशः)

पृथिवी pṛthivī — Erde

पालः pāla — Wächter, Hüter

कूपः kūpa — Grube; Brunnen

तृषा tṛṣā — = तृष्णा [5]

वारिधिः vāridhi m. — Meer

शतम् śata — Hundert

वाक्यम् vākya — Sg. u. Pl. Ausspruch, Rede, Worte

तमः tamas n. — Finsternis, Dunkel

महीधरः mahīdhara — Berg

नौः nau f. — Schiff

पन्थाः path m. — Pfad, Weg, Bahn

कमलम् kamala — Lotus(blüte); ०लः Gott Brahmā (-man)

हरः hara — Gott Śiva [2]

हिमालयः himālaya — „Sitz des hima [7]"

क्षीरम् kṣīra — Milch

अब्धिः abdhi m. — = वारिधिः

हरिः hari — Gott Viṣṇu

मत्कुणः matkuṇa — Wanze

शङ्का śaṅkā — Furcht; Zweifel; Annahme

पिकः pika — Pika oder Kokila: indischer Kuckuck

वसन्तः vasanta — Frühling

वायसः vāyasa — Krähe

करी karin — Elefant

मूषिकः mūṣika — Maus, Ratte

पक्षी पक्षिणी पक्षि pakṣin — mit Flügeln versehen; m. Vogel

अकिंचनः ०ना ०नम् akiṃcana — ohne irgendetwas seiend, besitzlos

आभ्यन्तरः ०रा ०रम् ābhyantara — im Innern befindlich, innerer

विषमः विषमा विषमम् viṣama — uneben; ungleich; schlimm

समः समा समम् sama — eben; gleich(artig); ausgeglichen; neutral

पदातिः padāti — zu Fuß gehend; m. Fußgänger, -soldat

भवान् भवती bhavat/-vant — du (in der 3. Pers.!)

गुणी गुणिनी गुणि guṇin — mit guten Eigenschaften/Vorzügen/Tugend(en) versehen

बली बलिनी बलि balin — stark, kräftig, mächtig

दिने दिने dine dine — Tag für Tag

अस्तम् astam — heimwärts; unter (z. B. mit gehen)

सुखम् sukham (Adv.) — siehe सुखः [1]

निशि niśi — in der Nacht, nachts

सततम् satatam — fortwährend, immer, regelmäßig

ह ha		häufiges Füllwort, besonders am Versende
अपि api		[1] auch aber (beim Wechsel der Person)

कवीन्दुः kavi-indu		Mond unter den Dichtern
निराशः निराशा निराशम् nis-āśa		alle Wünsche/Erwartungen/Hoffnungen aufgegeben habend, ohne alle Wünsche (etc.) seiend
पृथिवीपालः pṛthivī-pāla		„Hüter der Erde" = Fürst, König
जलाढ्यः ०ढ्या ०ढ्यम् jala-āḍhya		wasserreich
समहीधरः ०रा ०रम् sa-mahīdhara		mit Bergen versehen, gebirgig
क्षीराब्धिः kṣīra-abdhi m.		(das mythische) Milchmeer
मत्कुणशङ्का matkuṇa-śaṅkā		Furcht vor Wanzen
निर्गुणः ०णा ०णम् nis-guṇa		ohne gute Eigenschaften/Vorzüge/Tugend(en) seiend
निर्बलः ०ला ०लम् nis-bala		machtlos, schwach

9

Athematische Konjugation – dritte, fünfte, siebte, achte und neunte Klasse

जानाति जानन्ति u. जानीते जानते jñā (9)		(er)kennen, wissen; mit Neg. nichts wissen von, keine Rücksicht nehmen auf
बिभेति बिभ्यति bhī (3)		sich fürchten (vor)
संदधाति संदधति saṃ-dhā (3)		zusammensetzen, verbinden; u. a. auch (jemandem etwas) zufügen
अश्नोति अश्नुवन्ति u. अश्नुते अश्नुवते aś (5)		erreichen, erlangen
बिभर्ति बिभ्रति bhṛ/bhar (3)		tragen; unterhalten, pflegen, hegen, ernähren
भिनत्ति भिन्दन्ति bhid (7)		spalten, teilen; durchbrechen; zerbrechen, zunichte machen
करोति कुर्वन्ति u. कुरुते कुर्वते kṛ/kar (8)		tun, handeln, machen (zu)
तिष्ठति sthā (1)		stehen; bestehen, (vorhanden) sein
आस्ते आसते ās (2)		(da)sitzen; (ver)weilen; wohnen
ददाति ददति u. दत्ते ददते dā (3)		geben
आददाति (etc.) ā-dā (3)		nehmen, wegnehmen, herausnehmen, mit sich nehmen

विवदति vi-vad (1) — (etwas) widerreden; streiten

आप्नोति आप्नुवन्ति āp (5) — gelangen (zu), erlangen, erreichen

भुनक्ति भुञ्जन्ति u. भुङ्क्ते भुञ्जते bhuj (7) — genießen; kosten, speisen

आचरति ā-car (1) — gehen zu; sich nähern (mit A.), behandeln; gehen an, begehen, tun, (aus)üben, bewerkstelligen; sich verhalten

अनुवर्तते anu-vṛt/vart (1) — nachgehen, folgen; sich richten nach

वसति vas (1) — verweilen, wohnen, leben

हिनस्ति od. हिंसति हिंसन्ति hiṃs (7/1) — verletzen, schädigen, Leid zufügen

चरति car (1) — sich bewegen, gehen; sich verhalten

हृष्टः हृष्टा हृष्टम् hṛṣṭa [hṛṣ/harṣ] — froh, munter, guter Dinge seiend

कार्यः कार्या कार्यम् kārya [kṛ/kar] — zu tuend, getan werden sollend/müssend

प्रेत्य pretya (Abs. von pra-i) — gegangen/gestorben seiend

आसाद्य āsādya (Abs. des Kaus. von ā-sad ; vgl. S. 96) — in, auf, bei (etc.); auch mit Rücksicht auf, um…willen

ओजः	ojas n.	Kraft, Stärke	मानवः	mānava	Mensch
अण्डम्	aṇḍa	Ei	लघुता	laghutā	Kleinheit; Unbedeutendsein; Leichtsinn
पिपीलिकः	pipīlika	Ameise	शक्रः	śakra	= Indra (der Götterkönig)
संगतिः	saṃgati f.	Zusammenkommen; Verkehr, Umgang (mit)	प्रमाणम्	pramāṇa	Maß; Maßstab, Norm; Autorität
लक्षणम्	lakṣaṇa	Merkmal, Zeichen	वयः	vayas n.	Alter, Lebensalter
हेतुः	hetu m.	Ursache, Grund, Quelle; Mittel	पूर्वाह्णः	pūrvāhṇa	Vormittag
द्वंद्वम्	dvaṃdva	Paar; Gegensatzpaar; (Wett-)Streit, Zank	अयनम्	ayana	Gang, Lauf, Weg
			वैरम्	vaira	Feindschaft
सारः u. सारम्	sāra	Kern, Hauptsache, (Quint-)Essenz; (Haupt-)Bestandteil	अतिथिः	atithi m.	Gast
			बालकः	bālaka	= बालः [1]
			चन्द्रः	candra	Mond
पुष्पम्	puṣpa	Blüte, Blume	योगी	yogin m.	Yogin
शिल्पम्	śilpa	Kunstfertigkeit, Kunst, Handwerk	भर्गः	bharga	Glanz; Gott Śiva [2]

वैरी वैरिणी वैरि vairin	feindselig, feindlich; m. Feind
प्रतिकूलः प्रतिकूला प्रतिकूलम् pratikūla	widrig, **entgegen**gerichtet
प्राज्ञः प्राज्ञा u. प्राज्ञी प्राज्ञम् prājña	klug, weise
अणुः अण्वी अणु aṇu	(sehr) klein, fein, dünn, schmal
कुशलः कुशला कुशलम् kuśala	bewandert, geschickt, erfahren
षट्पदः षट्पदा षट्पदम् ṣaṭpada	sechsfüßig; m. Insekt; Biene
आपराह्णिकः ०का ०कम् āparāhṇika	nachmittäglich

[Deklination z. T. pronominal (vgl. S. 51 f.):]

अन्यः अन्या अन्यत् anya	anderer
इतरः इतरा इतरत् itara	anderer
पूर्वः पूर्वा पूर्वम् pūrva	vorderer, erster; früher; östlich

सर्वतः sarvatas	aus allem; (von) überall; vollständig, ganz und gar
सम्यक् samyak	richtig, recht, genau, wahrhaft; vollständig, durchaus
निरन्तरम् nirantaram	ununterbrochen, regelmäßig, dicht, fest
यावज्जीवेन yāvajjīvena	während des ganzen Lebens
स्वयम् svayam	(von) selbst; ohne äußeren Anlass, spontan; ohne Anstrengung

क्व kva	wo? wohin?
कुत्र kutra	wo? wohin?
तावत् tāvad	solange
यावत् yāvad	als, bis; „wielange" (Korrelativ zu तावत्)
यद्यत् yad yad	was auch immer

देशान्तरम् deśa-antara	anderer Ort
शक्रसमः śakra-sama	dem Indra gleich
सर्वभूतानि sarva-bhūta	alle Wesen (mit Neg. kein Wesen)
मैत्रायणगतः ०ता ०तम् (maitra-ayana)-gata	„auf dem Weg der Freundschaft befindlich" = gütig, wohlwollend
चन्द्राकौं candra-arka m. Dual	Mond und Sonne

10

Konjugation: Futurum (einfaches und periphrastisches) und Konditional

प्रचरति pra-car (1)		gelangen zu; hervortreten; im Umlauf sein
विदधाति विदधति vi-dhā (3)		ordnen; anordnen, bestimmen; schaffen, hervorbringen, machen
प्रवक्ति pra-vac (2)		verkünden, mitteilen
प्रणयति pra-nī (1)		führen; anwenden

चित्रितः ०ता ०तम् citrita [P. P. des Den. von citra (vgl. S. 102)]		bunt gemacht
उक्तः उक्ता उक्तम् ukta [vac]		gesagt, gesprochen
दण्ड्यः दण्ड्या दण्ड्यम् daṇḍya [Ger. des Den. von daṇḍa]		zu bestrafend

खड्गः khaḍga	Schwert	श्लोकः śloka	Ruf; Vers; das epische Versmaß Śloka
सेना senā	Heer	ग्रन्थः grantha	Text, Schrift, Buch
यशः yaśas n.	Ehre, Lob, Ruhm	कोटिः koṭi f.	äußerste Spitze; zehn Millionen
योधः yodha	Krieger, Soldat		
गिरिः giri m.	Berg, Gebirge	उपकारः upakāra	Dienst, Hilfe
मही mahī	„die Große" = Erde	पीडनम् pīḍana	Quetschen; Quälen
कथा kathā	Gespräch; Erzählung	दण्डः daṇḍa	Stock, Stab; Gewalt, Strafe
हंसः haṃsa	(Wild-)Gans; allg. ein großer Wasservogel		
शुकः śuka	Papagei	शूलम् śūla	Spieß, Speer, Lanze; Bratspieß
वृत्तिः vṛtti f.	Verfahren; Funktion; u. a. auch Lebensunterhalt	मत्स्यः matsya	Fisch

शुक्लः शुक्ला शुक्लम् śukla		hell; weiß, rein
हरितः हरिता हरितम् harita		grün
पुण्यः पुण्या पुण्यम् puṇya		günstig; schön, gut; rein, heilig; n. das Gute, moralisches od. religiöses Verdienst
अतन्द्रितः ०ता ०तम् atandrita		unermüdlich, unverdrossen
बलवत्तरः ०रा ०रम् balavattara		Komparativ von बलवान्

कदा kadā		wann?
यदि yadi		wenn

मृत्युकालः mṛtyu-kāla — Zeit des Todes, Todesstunde
शान्तिखड्गः śānti-khaḍga — Schwert des (inneren) Friedens
सेनापतिः senā-pati — Heerführer
महीतलम् mahī-tala — = क्षितितलम् [7]
रामायणकथा (rāma-ayana)-kathā — Erzählung vom (Lebens-)Weg des Rāma (= das Rāmāyaṇa-Epos)

श्लोकार्धम् (od. ०र्धः) śloka-ardha — halber Vers/Śloka
ग्रन्थकोटिः grantha-koṭi f. — Millionen von Schriften
परोपकारः para-upakāra — Hilfe für andere, Hilfeleistung
दुर्बलः दुर्बला दुर्बलम् dus-bala — = निर्बलः [8]

[Zu folgenden Verbalkomposita vgl. S. 107: C.]

शुक्लीकृतः ०ता ०तम् śukla-kṛta — weiß gemacht
हरितीकृतः ०ता ०तम् harita-kṛta — grün gemacht

11

Konjugation: Passiv

प्राप्नोति प्राप्नुवन्ति pra-āp (5) — gelangen (zu); erlangen, bekommen, erhalten
निबध्नाति निबध्नन्ति ni-bandh (9) — (an)binden, festbinden, fesseln; in seine Gewalt bringen

पालयति pāl (10) — bewachen, bewahren, schützen, hüten
पूजयति pūj (10) — ehren, verehren
रमते ram (1) — verweilen, (gern) bleiben (bei); Gefallen finden (an), sich vergnügen

उपदिशति upa-diś (6) — anweisen; unterweisen, belehren, (etwas) beibringen

उच्छिनत्ति उच्छिन्दन्ति ud-chid (7) — ausrotten, vernichten; hemmen, unterbrechen; Passiv aufhören, ausgehen, mangeln

दोग्धि दुहन्ति u. दुग्धे दुहते duh (2) — melken
सिञ्चति u. ०ते sic (6) — ausgießen; begießen
पुष्यति puṣ (4) — gedeihen; ernähren; pflegen, fördern
छिनत्ति छिन्दन्ति chid (7) — abschneiden, umhauen; spalten; vernichten
रक्षति u. ०ते rakṣ (1) — = पालयति

अज्ञायि ajñāyi (bes. passive Aoristform für die 3. Sg., hier von jñā)[1] — wurde erkannt

वध्यते (Passiv von vadh; Präs. Akt. ungebräuchlich) — wird geschlagen/getötet

लब्धः लब्धा लब्धम् labdha [labh] — erlangt

गौरवम् gaurava	Schwere; Wichtigkeit; Würde, Ansehen; Respekt (vor)	गोपः gopa	(Kuh-)Hirt; Wächter
द्रव्यम् dravya	Gegenstand, Ding, Substanz; Habe, Gut, Besitztum	देवता devatā	= देवतम् [5]
संग्रहः saṃgraha	Ergreifen; u. a. auch Sammeln, Anhäufen	पाण्डित्यम् pāṇḍitya	Klugheit, Gelehrsamkeit
गजः gaja	Elefant	भूमिः bhūmi f.	Erde; Erdboden; Platz, Ort
गृहम् gṛha	Haus	गेहम् geha	Haus
ग्रामः grāma	Dorf	गौः go f.	Kuh; m. Rind, Stier
		लता latā	Liane, (Kletter-)Pflanze
		व्याघ्रः vyāghra	Tiger

असुलभः asulabha — vgl. सुलभः [1]

कृच्छ्रः कृच्छ्रा कृच्छ्रम् kṛcchra — schlimm, arg; m. n. Schwierigkeit, Ungemach, Jammer, Elend

गुणवान् गुणवती गुणवत् guṇavat/-vant — = गुणी [8]

अफलः अफला अफलम् aphala — fruchtlos, unfruchtbar, vergeblich

चतुर्थः चतुर्थी चतुर्थम् caturtha — vierte

सूनृतः सूनृता सूनृतम् sūnṛta — fröhlich; freundlich

प्रदः प्रदा प्रदम् prada — gebend (meist am Ende eines Komp.)

तावत् tāvad — auch (vgl. [9]) zunächst

खलु khalu — freilich, gewiss, nun, ja (unbetont)

काले kāle — vgl. अकाले [4]; auch = कालेन [3]

स्वात्मवत् sva-ātman-vat (vgl. Sandhi § 42) — wie sich selbst

जगत्पतिः jagat-pati — Herr der Welt

पुष्पप्रदः ०दा ०दम् puṣpa-prada — Blumen spendend, blühend

निर्वनः ०ना ०नम् nis-vana — keinen Wald habend

निर्व्याघ्रः ०घ्रा ०घ्रम् nis-vyāghra — tigerlos

---

1 Vgl. Whitney, *Sanskrit Grammar*, S. 304.

12

Kausativ

बध्नाति बध्नन्ति bandh (9)	wie निबध्नाति [11]
ताडयति taḍ (10)	schlagen; (mit Schlägen) züchtigen

शोषयति	[Kaus. von śuṣ (4) vertrocknen]	trocken werden lassen
पोषयति	[Kaus. von puṣ; vgl. पुष्यति [11]]	gedeihen lassen, nähren
उत्थापयति	[Kaus. von ud-sthā = sam-ud-; vgl. समुत्तिष्ठति [8]]	aufstehen lassen, aufstellen, aufrichten
आवेष्टयति	[Kaus. von ā-veṣṭ (1) sich ausbreiten]	umhüllen; winden (Seil)
उद्वेजयति	[Kaus. von ud-vij; vgl. उद्विजते [18]]	erschrecken, aufregen
प्रह्लादयति	[Kaus. von pra-hlād (1) sich erfrischen]	erfrischen, erquicken, erfreuen
प्रदाहयति	[Kaus. von pra-dah (1) verbrennen]	verbrennen lassen
लालयति	[Kaus. von lal (1) tändeln, spielen]	liebkosen, hätscheln
बोधयति	[Kaus. von budh (1) erwachen; erkennen]	aufwecken; belehren
नाशयति	[Kaus. von naś; vgl. नशति [8]]	verschwinden lassen, vertreiben; zugrunde richten, zerstören

प्राप्तः प्राप्ता प्राप्तम् prāpta [pra-āp]	erlangt, erreicht
श्रुतः श्रुता श्रुतम् śruta [śru]	gehört; bekannt; berühmt; n. das Gehörte, Überlieferte; (heiliges) Wissen; Gelehrsamkeit

तापः tāpa	Hitze, Glut; Schmerz	नागः nāga	Schlange (sp. Kobra); Elefant
क्ष्मा kṣmā	Erde, Land	शस्त्रम् śastra	Messer, Dolch, Schwert; Waffe
ग्रीष्मः grīṣma	Sommer(-hitze)	व्याधिः vyādhi m.	Krankheit
वर्षः u. वर्षा u. वर्षम् varṣa/varṣā	Regen; Regenzeit (meist Pl.); m. n. auch Jahr, Lebensjahr	अक्षरम् akṣara	Wort, Silbe
तोयम् toya	Wasser	वाणी vāṇī	Stimme, Laut, Ton; Rede, Worte
ग्रावा grāvan	Stein, Felsblock	सलिलम् salila	Wasser
दारु dāru	Holzstück/-scheit, Pflock; Hebel	रसः rasa	Saft; Flüssigkeit; Bestes, Feinstes; Geschmack
रज्जुः rajju f.	Strick, Seil	छाया chāyā	Schatten

शरीरम्	śarīra	Leib, Körper; Person
पुत्रः	putra	Sohn, Kind
अहिः	ahi m.	Schlange
शार्दूलः	śārdūla	Tiger
श्वा	śvan	Hund
शोकः	śoka	Schmerz, Kummer

प्रज्ञा	prajñā	Urteilskraft, Einsicht, Verstand
धृतिः	dhṛti f.	Fest-/Stillhalten; Standhaftigkeit, (fester) Wille, Entschlossenheit; Befriedigung, Zufriedenheit

दारुणः ॰णा ॰णम्	dāruṇa	hart, rauh; streng, heftig, intensiv
कटुकः ॰का ॰कम्	kaṭuka	scharf, beißend
शीतलः ॰ला ॰लम्	śītala	kühl, kühlend
मधुरः ॰रा ॰रम्	madhura	süß; reizend
षोडशः ॰शी ॰शम्	ṣoḍaśa	sechzehnte

पञ्च	pañcan (Dekl. S. 49)	fünf
दश	daśan (do.)	zehn
सप्त	saptan (do.)	sieben

कथंचन	kathaṃcana	irgendwie; mit Neg. auf keine Art und Weise, auf keinen Fall

---

कटुकाक्षरः ॰रा ॰रम्	kaṭuka-akṣara	mit beißenden Worten versehen
चन्दनरसः	candana-rasa	Sandelholzwasser
शीतलच्छाया	śītala-chāyā	kühler Schatten
मधुराक्षरः ॰रा ॰रम्	madhura-akṣara	vgl. **कटुकाक्षरः**
परश्वा	para-śvan	anderer Hund, Hund eines anderen, fremder Hund
शोकसमः ॰मा ॰मम्	śoka-sama	dem Kummer gleich

13

Partizip Präsens (Aktiv und Passiv)

कृषति u. ॰ते	kṛṣ/karṣ (6)	Furchen ziehen, pflügen (vgl. **कर्षति** [6])
पठति	paṭh (1)	rezitieren; lesen, studieren; lehren
आहन्ति आघ्नन्ति	ā-han (2)	schlagen, einschlagen
निर्हन्ति निर्घ्नन्ति	nis-han (2)	hinausschlagen

क्षिणोति क्षिण्वन्ति kṣi (5) — vernichten, zerstören, ein Ende machen; Pass. क्षीयते abnehmen, schwinden; aufhören

लक्षति u. ०ते lakṣ (1) — bemerken, wahrnehmen; betrachten

स्पृशति spṛś/sparś (6) — berühren; streicheln; (be)fühlen

जिघ्रति ghrā (1) — riechen; beriechen

हसति has (1) — lachen; verlachen; sich öffnen (Knospe)

वर्धते vṛdh/vardh (1) — wachsen, sich mehren, zunehmen, sich verstärken

इच्छति iṣ (6) — wünschen, wollen

पिपर्ति पिप्रति pṛ/par (3) — füllen; Pass. पूर्यते sich füllen, voll/satt werden

चिन्तयति cint (10) — denken (an), nachsinnen (über), ersinnen, ausdenken

अनुचिन्तयति anu-cint (10) — nachdenken (über), seine Gedanken richten (auf)

व्येति वियन्ति vi-i (2) — auseinandergehen; verschwinden, weichen

प्रवर्धते pra-vṛdh/vardh (1) — wie वर्धते und अभिवर्धते [6]

सृजति u. ०ते sṛj/sarj (6) — entlassen; aus sich entlassen, hervorbringen, erzeugen, erschaffen; (herbei-/ver-)schaffen

वारयति [Kaus. von vṛ/var (5) verhüllen; abhalten] — zurückhalten, abhalten

मानयति [Kaus. von man (4); vgl. मन्यते [8]] — ehren

शमयति u. ०ते [Kaus. von śam (1) = pra-śam; vgl. प्रशाम्यति [5]] — zur Ruhe bringen; aufhören lassen, auslöschen

---

दुर्भिक्षम् durbhikṣa — Hungersnot

मूर्खत्वम् mūrkhatva — Dummheit, Torheit

कील: kīla — Pflock, Keil

प्रतिकील: pratikīla — Gegenkeil

वाञ्छा vāñchā — Verlangen, Wunsch (nach)

विषय: viṣaya — Gebiet, Bereich; Objekt; Pl. Sinnesobjekte, Sinnenwelt, Sinnesgenüsse

शृङ्गम् śṛṅga — Horn

विधि: vidhi m. — Regel; Art und Weise; Werk; Schicksal; Schöpfer

चेष्टितम् ceṣṭita — Bewegung, Gebärde; Tun und Treiben, Benehmen

यम: yama — Hemmung, Unterdrückung; Regel; der Todesgott

उदरम् udara — Bauch

भैषज्यम् bhaiṣajya — Arznei, Heilmittel

संधा saṃdhā — Übereinkommen; Versprechen

शंस: śaṃsa — Verwünschung, Fluch

नरक: naraka — Unterwelt, Hölle

बहुः बह्वी बहु bahu   viel

समृद्धः समृद्धा समृद्धम् samṛddha   wohlhabend, reich

विचित्रः ०त्रा ०त्रम् vicitra   bunt; verschiedenartig; seltsam, wunderbar

अक्षमः ०मा ०मम् akṣama   missgünstig

घोरः घोरा घोरम् ghora   grausig, schrecklich, furchtbar

प्रतिक्षणम् pratikṣaṇam   in/mit jedem Augenblick, beständig

नित्यशः nityaśas   beständig, stets

वै vai (nachgestellt)   das vorangehende Wort hervorhebend

सुबहुः सुबह्वी सुबहु su-bahu   sehr viel

विधिचेष्टितम् vidhi-ceṣṭita   das Verhalten des Schicksals

असत्यसंधः ०धा ०धम् asatya-saṃdhā   „dessen Versprechen unwahr ist" = wortbrüchig

परदारी para-dārin   „andere/fremde Frau oder Frauen (oder auch eines anderen Frau) habend" (vgl. **दारा:** [1]) = mit fremden Frauen (etc.) verkehrend

नृशंसः ०सा ०सम् nṛ-śaṃsa   „für Menschen (vgl. **ना** [4]) mit Fluch versehen" = niederträchtig, gemein

नृशंसकृत् nṛśaṃsa-kṛt   niederträchtig **handelnd**

14

Allgemeines Partizip der Vergangenheit (P. P.)

श्रृणोति श्रृण्वन्ति śru (5)   hören, vernehmen

अन्वेति अनुयन्ति anu-i (2)   nachgehen, folgen, verfolgen

अनुशोचति anu-śuc (1)   schmerzliche Sehnsucht empfinden nach, trauern (um)

पृच्छति pracch (1)   fragen (nach), er-/befragen

विराजति u. ०ते vi-rāj (1)   herrschen; sich auszeichnen, prangen, glänzen

रोहति ruh (1)   ersteigen; wachsen

उपचिनोति उपचिन्वन्ति u. उपचिनुते उपचिनुवते upa-ci (5)   aufhäufen, vermehren; Pass. **उपचीयते** sich vermehren, zunehmen

विमृशति vi-mṛś/marś (6) | überlegen; prüfen
संतपति sam-tap (1) | erhitzen; Schmerz empfinden; Pass. gequält werden, leiden

विभीषयति u. ॰ते [Kaus. von vi-bhī (3) erschrecken (intr.)] | schrecken, einschüchtern

नष्टः नष्टा नष्टम् naṣṭa [naś] | vgl. नशति [8]
पतितः पतिता पतितम् patita [pat] | vgl. पतति [7]
निमग्नः निमग्ना निमग्नम् nimagna [ni-majj] | = मग्नः [2]
प्रास्तः प्रास्ता प्रास्तम् prāsta [pra-as] | geworfen
अतिक्रान्तः ॰न्ता ॰न्तम् atikrānta [ati-kram] | vorübergegangen; vergangen
स्मृतः स्मृता स्मृतम् smṛta [smṛ/smar] | überliefert, gelehrt; geltend (als), heißend

पृष्टः पृष्टा पृष्टम् pṛṣṭa [pracch] | gefragt
दत्तः दत्ता दत्तम् datta [dā] | gegeben
भीषितः ॰ता ॰तम् bhīṣita [P. P. Kaus. von bhī = vi-bhī] | vgl. विभीषयति
छिन्नः छिन्ना छिन्नम् chinna | vgl. छिनत्ति [11]

पङ्कः u. पङ्कम् paṅka | Schlamm, Schmutz, Kot
भेकः bheka | Frosch
मूर्धा mūrdhan | Stirn, Schädel, Kopf

विशेषः viśeṣa | Unterschied; Besonderheit, Spezies
हस्तः hasta | Hand
संशयः saṃśaya | Zweifel, Bedenken, Ungewissheit

मेधावी मेधाविनी मेधावि medhāvin | mit Verstand versehen, klug, weise
जडः जडा जडम् jaḍa | stumpf; starr, empfindungslos; dumm; stumm
विधुरः विधुरा विधुरम् vidhura | mitgenommen, mangelhaft; widerwärtig, widrig; n. Widerwärtigkeit, Ungemach

यतः yatas | weshalb; da, weil
न्यायेन nyāyena | regelkonform, wie es sich gebührt
पश्चात् paścāt | (von/nach) hinten; hinterher; rückwärts

मूर्धगः ॰गा ॰गम् mūrdhan-ga | auf dem Kopf **befindlich**; sich auf den Kopf setzend
स्वयंकृतः ॰ता ॰तम् svayam-kṛta | selbstgetan

15

Gerundiv

बाधते bādh (1)	(be)drängen, verdrängen, belästigen, plagen
चेष्टति u. ०ते ceṣṭ (1)	in Bewegung sein, sich rühren, sich Mühe geben; sich abgeben mit, tun, handeln
उपतिष्ठति u. ०ते upa-sthā (1)	sich nähern, sich begeben (zu)
अधिगच्छति adhi-gam (1)	kommen, gelangen (nach/zu)
वर्तते vṛt/vart (1)	u. a. bestehen, vorhanden sein; sich verhalten (bei/gegenüber); verweilen (bei)
प्रवर्तते pra-vṛt/vart (1)	u. a. auftreten, entstehen, sich zeigen; sich vorfinden, vorhanden sein
स्मरति smṛ/smar (1)	sich erinnern, im Gedächtnis haben, sich vergegenwärtigen, gedenken

कर्माणि करोति (karman [7] u. kṛ/kar [9]) sich abmühen

आसीनः ०ना ०नम् āsīna [ās]	unregelm. Part. Präs.; vgl. **आस्ते** [9]
वर्तमानः vartamāna [vṛt/vart]	vgl. **वर्तते**; auch gegenwärtig
संस्थितः ०ता ०तम् saṃsthita [sam-sthā]	stehend; vorhanden; auftretend
आगतः āgata [ā-gam]	gekommen; zurückgekommen; geraten (in)
अभ्यागतः abhyāgata [abhi-ā-gam]	herbeigekommen; m. Gast
युक्तः युक्ता युक्तम् yukta [yuj]	u. a.) verbunden, versehen (mit), begleitet (von)

भाव्यः भाव्या भाव्यम् bhāvya [bhū]	= **भवितव्यः** [7]
शोच्यः śocya [śuc]	zu beklagend; beklagenswert
भर्तव्यः bhartavya [bhṛ/bhar]	vgl. **बिभर्ति** [9]
रक्षितव्यः rakṣitavya [rakṣ]	vgl. **रक्षति** = **पालयति** [11]
विनियोज्यः viniyojya [vi-ni-yuj]	anzuwendend, zu gebrauchend
अवमन्तव्यः avamantavya [ava-man]	geringzuachtend, zu verachtend
कृत्यः kṛtya u. **कर्तव्यः** kartavya [kṛ/kar]	vgl. **करोति** [9] (und **कार्यः** [9])
परित्याज्यः [pari-tyaj]	= **त्याज्यः**; vgl. **त्यजति** [2]
प्राप्यः prāpya [pra-āp]	vgl. **प्राप्नोति** [11]
वर्तनीयः vartanīya [vṛt/vart]	vgl. **वर्तते**

विधातव्यः vidhātavya [vi-dhā] vgl. **विदधाति** [10]
उपादेयः upādeya [upa-ā-dā] anzunehmend, nicht zurückzuweisend
हातव्यः hātavya [hā] zu verlassend, aufzugebend
पिधातव्यः pidhātavya [pi-dhā] zuzudeckend, zu verstopfend, zu verschließend (Ohren)

गन्तव्यः gantavya [gam] vgl. **गच्छति** [8]
स्मर्तव्यः smartavya [smṛ/smar] vgl. **स्मरति**
आदरणीयः ādaraṇīya [ā-dṛ/dar] zu berücksichtigend/beachtend

राष्ट्रः u. **राष्ट्रम्** rāṣṭra Reich; Land; Volk
साम sāman Lied, Gesang; gute Worte, Milde
सिद्धिः siddhi f. Zum-Ziel-Gelangen, Gelingen, Erfolg; Vollendung; übernat. Kraft
त्यागः tyāga Aufgeben, Verlassen
श्रीः śrī = **लक्ष्मीः** [3]
युवा yuvan Jüngling
पूजा pūjā Ehrerbietung, Ehren; Verehrung, Anbetung
युक्तिः yukti f. Verbindung; Anwendung, Gebrauch, Praxis; Mittel, Kunstgriff; Argument, Argumentation; Richtigkeit, Angemessenheit

वचनम् vacana Sagen; Ausspruch, Wort, Rede
अनालस्यम् anālasya Unverdrossenheit
अनसूया anasūyā Nichtmurren, Freundlichkeit
परीवादः parīvāda (auch **परि०**) üble Nachrede, Tadel
निन्दा nindā Schmähung, Lästerung; Tadel; Schimpf
कर्णः Ohr
स्मरणम् smaraṇa Sich-Erinnern, Gedenken; Überliefern, Lehren
चेतः cetas = **मनः** [3]
यत्नः yatna Bemühung, Anstrengung, Mühe

अराजकः ०का ०कम् arājaka königslos
बुधः बुधा बुधम् budha klug, verständig; m. Kluger, Weiser
मृदुः मृद्वी मृदु mṛdu mild; weich, zart; schwach
भविष्यः ०ष्या ०यम् bhaviṣya sein werdend, zukünftig
विचक्षणः ०णा ०णम् vicakṣaṇa sehend, scharfsichtig; einsichtig, klug, weise

कश्चित् ... कश्चित् (kiṃcit) der eine ... der andere (vgl. **कश्चित्** [7])
षट् ṣaṣ (Dekl. S. 53) sechs

अतीव atīva	über die Maßen, (zu) sehr
ततः tatas	[6] auch (von) dort
अन्यतः anyatas	anderswo, anderswohin

प्राणत्यागः prāṇa-tyāga	Hingeben des Lebens
युक्तियुक्तः ०क्ता ०क्तम् yukti-yukta	mit Argument versehen, begründet
करतलगतः ०गतः ०गतः kara-tala-gata	auf der Handfläche befindlich

16

Infinitiv

शक्नोति शक्नुवन्ति śak (5)	vermögen, können
निहन्ति निघ्नन्ति ni-han (2)	einschlagen; treffen, herfallen (über); vernichten, töten
उपसंहरते upa-saṃ-hṛ/har (1)	zusammentragen; einziehen, zunichte machen
अर्हसि arh (1)	dürfen, sollen, müssen, können
दीप्यते dīp (4)	flammen, brennen, leuchten
उवाच uvāca [Perfekt von vac]	(er, sie, es) sagte
विश्लेषयति [Kaus. von vi-śliṣ (4) sich lösen]	trennen; mit I. bringen um
मारयति [Kaus. von mṛ/mar; vgl. **म्रियते** [21]]	sterben lassen, töten
भङ्क्तुम् bhaṅktum [bhañj]	(zu) zerbrechen
वारयितुम् vārayitum [Kaus. von vṛ/var]	vgl. **वारयति** [13]
हिंसितुम् hiṃsitum [hiṃs]	vgl. **हिनस्ति** [9]
दातुम् dātum [dā]	vgl. **ददाति** [9]
उपभोक्तुम् upabhoktum [upa-bhuj]	(zu) genießen; (zu) verzehren; (zu) gebrauchen
छेत्तुम् chettum [chid]	vgl. **छिनत्ति** [11]
उपकर्तुम् upakartum [upa-kṛ/kar]	einen Dienst / eine Gefälligkeit (zu) erweisen, (zu) helfen
वक्तुम् vaktum [vac]	(zu) sagen, (zu) reden
कर्तुम् kartum [kṛ/kar]	vgl. **करोति** [9]
शोचितुम् śocitum [śuc]	(zu) trauern; Schmerz (zu) empfinden; sich (zu) betrüben

बन्द्धुम् banddhum [bandh] | vgl. बध्नाति [12]
ग्रहीतुम् grahītum [grah] | (zu) fassen, (zu) ergreifen (vgl. गृह्णाति [18])
मारयितुम् mārayitum [mṛ/mar] | vgl. मारयति

उच्छलितः ०ता ०तम् ucchalita [ut-śal] | aufgeschnellt, sich erhoben habend
शक्तः शक्ता शक्तम् śakta [śak] | (etwas) könnend, fähig, gewachsen (vgl. शक्नोति)
उचितः उचिता उचितम् ucita [uc] | Gefallen findend (an); angemessen, entsprechend, passend

लब्धव्यः ०व्या ०व्यम् labdhavya [labh] | vgl. लभते [4]
वर्तितव्यः vartitavya [vṛt/vart] | = वर्तनीयः [15]
परिहार्यः parihārya [pari-hṛ/har] | zu umgehend, zu vermeidend; umgehbar, vermeidbar; zu unterlassend
पानीयः pānīya [pā] | zu trinkend, trinkbar; n. (Trink-)Wasser
मारणीयः māraṇīya [mṛ/mar Kaus.] | vgl. मारयति

चणकः caṇaka | Kichererbse
भ्राष्ट्र bhrāṣṭra | Röstpfanne
अरिः ari | Feind
आतिथ्यम् ātithya | Gastfreundschaft
द्रुमः druma | Baum
स्नेहः sneha | Öl; Anhänglichkeit, Zuneigung, Liebe

स्वभावः svabhāva | eigene Art des Seins, (eigentliches) Wesen, (wahre) Natur
आकाशः ākāśa | (freier) Raum, Luftraum
पाशः pāśa | Schlinge, Fessel, Strick
शिखा śikhā | Kamm, Flamme

नपुंसकः ०कम् napuṃsaka | hermaphroditisch; m. n. Hermaphrodit; Eunuch; n. Neutrum
अकृत्रिमः ०मा ०मम् akṛtrima | ungekünstelt, natürlich, echt
जवः जवा जवम् java | eilend, rasch; m. Eile, Schnelligkeit
विमलः विमला विमलम् vimala | makellos, rein, klar

क्रुधा krudhā | im Zorn
तस्मात् tasmāt (als Adv.) | daher, deshalb, darum
अन्यथा anyathā | anders; andernfalls
न किंचित् | pron. nichts; adv. überhaupt nicht
बलात् balāt | mit Gewalt, gewaltsam (vgl. बलम् [1])

सज्जनः sat-jana   = सुजनः su-jana
शिशिरीकृतः ०ता ०तम् śiśira-kṛta   kühl gemacht
मनोजवः ०वा ०वम् manas-java   gedankenschnell

17

Absolutiv

आरभते ā-rabh (1)   (an)fassen; unternehmen, anfangen,
                                                 beginnen

अनुभाषते anu-bhāṣ (1)   nachrufen; sagen; bekennen
विनश्यति vi-naś (4)   wie नश्यति [8]
हृष्यति u. ०ते hṛṣ/harṣ (4)   sich freuen, Freude empfinden
ग्लायति glā (4)   Unlust empfinden, verdrossen sein; sich
                                                 erschöpft fühlen, hinschwinden

विजानाति विजानन्ति u. विजानीते विजानते   vi-jñā (9)   (er)kennen, kennenlernen,
                                                 wahrnehmen, vernehmen; ansehen (als)

अवामोति अवाम्नुवन्ति ava-āp (5)   wie आमोति [9] u. प्रामोति [11]

रोचयति [Kaus. von ruc] mit A.   Gefallen finden (an)

संचिन्त्य saṃcintya [sam-cint]   gedacht habend
समीक्ष्य samīkṣya [sam-īkṣ]   angeschaut/betrachtet habend
विज्ञाय vijñāya [vi-jñā]   vgl. विजानाति
त्यक्त्वा tyaktvā [tyaj]   vgl. त्यजति [2]
कृत्वा kṛtvā [kṛ/kar]   vgl. करोति [9]
प्राप्य prāpya [pra-āp]   vgl. प्रामोति [11]
श्रुत्वा śrutvā [śru]   vgl. शृणोति [14]
स्पृष्ट्वा spṛṣṭvā [spṛś/sparś]   vgl. स्पृशति [13]
दृष्ट्वा dṛṣṭvā [dṛś/darś]   gesehen/erblickt/wahrgenommen habend
भुक्त्वा bhuktvā [bhuj]   vgl. भुनक्ति [9]
घ्रात्वा ghrātvā [ghrā]   vgl. जिघ्रति [13]

प्रामुम् prāptum [Inf. von pra-āp]   vgl. प्रामोति [11]

बुद्धः बुद्धा बुद्धम् buddha [budh] — erwacht; klug, weise

जीर्णः जीर्णा जीर्णम् jīrṇa [jṛ/jar] — gebrechlich, alt geworden; alt, abgenutzt, verfallen, morsch

जितः जिता जितम् jita [ji] — besiegt

विज्ञेयः ०या ०यम् vijñeya [Ger. von vi-jñā] — vgl. **विजानाति**

उद्योगः	udyoga	Anstrengung, Bemühung, Arbeit
तैलम्	taila	Sesamöl; allg. Öl
तिलः	tila	Sesam, Sesamkorn; Körnchen, Partikelchen
शक्तिः	śakti	Kraft, Können, Vermögen, Fähigkeit
क्षेत्रम्	kṣetra	Feld; Gebiet
सस्यम्	sasya	Saat, Korn; Frucht
वस्त्रम्	vastra	Gewand, Kleid; Tuch
त्वक्	tvac f.	Haut; Fell; Rinde
तूलम्	tūla	Baumwolle
राशिः	rāśi m.	Haufe, Menge, Schar
प्रवाहः	pravāha	Strömung, Fließen, Fluss
इन्द्रियम्	indriya	(Sinnes-)Vermögen; Pl. Sinne
इन्द्रः	indra	Indra (der Götterkönig)
दुर्मतिः	durmati f.	üble Gesinnung; falsche Meinung, falsche Begriffe
मोक्षः	mokṣa	Befreiung (auch von der Welt)

कर्षकः कर्षका कर्षकम् karṣaka — pflügend, bebauend; m. Ackerbauer

शरीरी शरीरिणी शरीरि śarīrin — vgl. **शरीरम्** [12]; auch Geschöpf, bes. Mensch; Seele

अभयः अभया अभयम् abhaya — furchtlos; gefahrlos, sicher

सुखी सुखिनी सुखि sukhin — glücklich, froh; behaglich

तत्त्वतः	tattvatas	der Wahrheit gemäß, genau, sorgfältig
एवम्	evam	so, auf diese Weise
यथा यथा	yathā yathā	wie auch immer; sobald (vgl. **यद्यत्** [9])
सद्यः	sadyas	sofort, sogleich; plötzlich
अनन्तरम्	anantaram	unmittelbar darauf

परशक्तिः	para-śakti	andere Kraft; Kraft des/der anderen
०कारः	-kāra	Tat, Anstrengung
पुरुषकारः	puruṣa-kāra	Tat des Menschen, menschl. Anstrengung, Arbeit

तूलराशिः	tūla-rāśi m.	Baumwollhaufen, Menge Baumwolle
गङ्गाप्रवाहः	gaṅgā-pravāha	die Strömung der Gaṅgā
जितेन्द्रियः	jita-indriya	der die Sinne besiegt hat

18

Desiderativ, Intensiv, Denominativ

गायति	gā (4)	singen
उद्विजते	ud-vij (6)	zurückschrecken, sich scheuen (vor); (einer Sache) überdrüssig werden
गृह्णाति गृह्णन्ति u. गृह्णीते गृह्णते	grah (9)	ergreifen, festhalten; rauben; sich aneignen; gewinnen, erlangen; mit sich führen
चिरं करोति	(ciram u. kṛ/kar [9])	lange machen, säumen, zögern
विलोभयति	[Kaus. von vi-lubh[1]]	irreführen; locken; zerstreuen
संसारयति	[Kaus. von sam-sṛ/sar]	„umhergehen lassen" auch = aufschieben
समुपेप्सुः	[Des. von sam-upa-āp[2]]	zu erlangen wünschend, erreichen wollend
मुमुक्षते	[Des. von muc]	sich zu befreien wünschen, Befreiung suchen
शिक्षते	[Des. von śak]	lernen (von)
विचिकित्सते	[Des. von vi-cit]	zu unterscheiden suchen; überlegen, zweifeln
पापठीति	[Int. von paṭh]	intensiv lesen, oft hersagen; fleißig studieren
बोबुधीति	[Int. von budh]	(bestens) verstehen; mit Neg. überhaupt nicht verstehen
वावहीति	[Int. von vah]	(hin und her) tragen
बोभुजीति	[Int. von bhuj]	(voll) genießen; mit Neg. überhaupt nicht genießen
अङ्कुरयति u. अङ्कुरयति	[Den. von अङ्कुरः s. u.]	sprießen, keimen
पुष्प्यति	[Den. von पुष्पम् [9]]	blühen
फलति	[Den. von फलम् [1]]	Früchte tragen; reifen, in Erfüllung gehen
गोमयायते	[Den. von गोमयम् s. u.]	Kuhmist gleichen, wie Kuhmist schmecken
व्याधायते	[Den. von व्याधः s. u.]	einen Jäger darstellen

1 Nur als Kaus. gebräuchlich.　　2 Nur als Part. des Des. gebräuchlich.

संप्राप्य sampra̅pya [sam-pra-a̅p]   wie प्राप्य [17]

शिक्षितः ०ता ०तम् śikṣita [P.P. Kaus. von शिक्ष्यते s. o.] unterrichtet, belehrt, gelehrt
मूढः मूढा मूढम् mūḍha [muh]   verirrt; verwirrt; dumm, töricht
दयितः दयिता दयितम् dayita [day]   geliebt, lieb, teuer
ईप्सितः ०ता ०तम् [P.P. Des. von a̅p]   begehrt, erwünscht
ख्यातः ख्याता ख्यातम् khya̅ta [khya̅]   genannt, bekannt (als)

गर्दभः gardabha	Esel	व्यञ्जनम् vyañjana	Zeichen, Schmuck;
नयः naya	Führung; Handlungs-		auch Würze, Sauce
	weise; Grundsatz,	गोमयम् gomaya	Kuhmist
	Methode, Plan	व्याधः vya̅dha	Jäger
भारः bha̅ra	Last, Bürde	भ्रूः bhrū	Braue
भरतः bharata	Name von Fürsten;	कार्मुकम् ka̅rmuka	Bogen
	Pl. Name eines	कटाक्षः kaṭa̅kṣa	Seitenblick
	Geschlechts	शरः śara	Pfeil
ऋषभः ṛṣabha	Stier; Bester (unter)	रत्नम् ratna	Juwel, Edelstein, Perle
अङ्कुरः aṅkura	Sprössling		

अमन्दः अमन्दा अमन्दम् amanda   nicht träge, stark, heftig; n. Großes
क्षयी क्षयिनी क्षयि kṣayin   „mit Schwund versehen" = abnehmend,
          vergänglich
उष्णः उष्णा उष्णम् uṣṇa   heiß, warm; n. Hitze, Wärme
क्षिप्रः क्षिप्रा क्षिप्रम् kṣipra   schnell, rasch
सकलः सकला सकलम् sakala   ganz, vollständig, gesamt, all
लवणः लवणा लवणम् lavaṇa   salzig, gesalzen; n. Salz
हरिणः हरिणा हरिणम् hariṇa   fahl, gelblich, beige; grünlich, grün;
          m. Gazelle
वाङ्मयः ०यी (!) ०यम् va̅ṅmaya   aus Rede/Sprache/Worten bestehend

त्रयः तिस्रः त्रीणि tri (Dekl. S. 53)   drei

अविश्रामम् aviśra̅mam   ohne auszuruhen, unermüdlich
कालात् ka̅la̅t   wie कालेन [3]
न किंचिदपि na kiṃcid api   überhaupt/gar nichts, nicht das Geringste
किल kila   gewiss, freilich; wie man sagt/weiß

शीतोष्णम् śīta-uṣṇa Kälte und Hitze
ससंतोष: ॰षा ॰षम् sa-saṃtoṣa zufrieden (vgl. संतोष: [1])
क्षिप्रार्थ: kṣipra-artha eilige Sache
भरतर्षभ: bharata-ṛṣabha Bester der Bharata oder Bharatiden
रत्नभार: ratna-bhāra Last von Juwelen

19

Dvandva

परिपालयति pari-pāl (10) bewachen, schützen, hüten
लङ्घयति laṅgh (10) (über)springen; entgehen

संबद्ध: संबद्धा संबद्धम् saṃbaddha [sam-bandh] verbunden (mit)
लिखित: ॰ता ॰तम् likhita [likh] geritzt, gezeichnet, geschrieben, gemalt

रण:	raṇa	Kampf	भस्म bhasman	Asche
पराजय:	parājaya	Verlust, Einbuße; Niederlage	भचीवरम् cīvara	Lumpen, Fetzen (auch für Bettlergewand)
आतप:	ātapa	(Sonnen-)Glut, Hitze	नेत्रम् netra	Auge
रोग:	roga	Gebrechen, Krankheit	सूर्य: sūrya	Sonne
संभव:	saṃbhava	Entstehen, Auftreten; Bestehen	चन्द्रमा: candramas	Mond
भूमिप:	bhūmipa	Fürst, König	नियति: niyati f.	Bestimmung, Schicksal
अनल:	anala	Feuer	भेद: bheda	Spalten; Trennung; Unterschied
चौर:	caura	Dieb, Räuber	समय: samaya	Zusammentreffen; Bedingung; (bestimmter) Zeitpunkt; Gelegenheit
मूषक:	mūṣaka	= मूषिक: [8]		
कृपा	kṛpā	Mitleid		
जटा	jaṭā	Flechte, Zopf (Haartracht der Asketen)		

चपल: चपला चपलम् capala schwankend; unbeständig, flüchtig
द्रव: द्रवा द्रवम् drava laufend; flüssig
भगवान् भगवती भगवत् bhagavat/-vant gutbegabt, glückselig; hehr, erhaben
कृष्ण: कृष्णा कृष्णम् kṛṣṇa schwarz, dunkel, indigoblau

एकैक: एकैका एकैकम् ekaika je einer, jeder einzelne

विशेषतः	viśeṣatas	besonders, vor allem (vgl. विशेषः [14])
कष्टेन	kaṣṭena	mit Mühe/Anstrengung
यत्नेन	yatnena	sorgfältig, eifrig (vgl. यत्नः [15])

आत्मकर्म	ātman-karman	eigenes Tun, eigene Tat
रोगसंभवः	roga-sambhava	Auftreten/Bestehen einer Krankheit
नरकाधिकः	naraka-adhika	schlimmer als die Hölle
दशवर्षः ०वर्षा ०वर्षम्	daśan-varṣa	zehnjährig
द्रवीभूतः ०ता ०तम्	drava-bhūta	flüssig geworden, schmelzend
जगन्नेत्रम्	jagat-netra	Auge der Welt
वसन्तसमयः	vasanta-samaya	Zeitpunkt des Frühlings

20

Tatpuruṣa

अनुगच्छति	anu-gam (1)	nachgehen, nachfolgen; suchen, aufsuchen
प्रकाशयति	[Kaus. von pra-kāś (1) sichtbar werden]	sichtbar machen, enthüllen
लक्षितः ०ता ०तम्	lakṣita [lakṣ]	bemerkt, erblickt, wahrgenommen
समुत्पन्नः ०न्ना ०न्नम्	samutpanna [sam-ud-pad]	entstanden, gekommen (Zeit)
इष्टः इष्टा इष्टम्	iṣṭa [iṣ]	erwünscht, gewünscht, lieb

त्वरा	tvarā	Eile, Hast
परिश्रमः	pariśrama	Ermüdung; Anstrengung
पुस्तकः	pustaka	Handschrift, Buch
धेनुः	dhenu f.	Kuh
सहस्रम्	sahasra	Tausend
वत्सः	vatsa	Kalb, Junges; Kind, als Vok. mein Kind! Lieber!
अनुष्ठानम्	anuṣṭhāna	Verrichten, Ausführen, Handeln
सत्त्वम्	sattva	u. a. Wesen, auch Lebewesen
तीरम्	tīra	Ufer; Rand (Gefäß)
साफल्यम्	sāphalya	Von-Nutzen-Sein
मज्जनम्	majjana	Versinken; Untertauchen
अलम्बनम्	ālambana	Stützen, Befestigen; Stütze, Halt
सुरः	sura	(ein) Gott
मन्दिरम्	mandira	Haus, Wohnung, Palast, Tempel
तरुः	taru m.	Baum

निवासः nivāsa	wie वासः [8]
शय्या śayyā	Lager
भूः bhū	= भूमिः [11]
अजिनम् ajina	Fell
वासः vāsa	[8] 2. Gewand, Kleid
परिग्रहः parigraha	Umfassen; Ergreifen; u. a. auch Besitzergreifung; Besitz(tum)
भोगः bhoga	1. Windung – 2. Genießen, Essen; Genuss
विरागः virāga	Entfärbung; Gleichgültigkeit (besonders auch gegenüber der Welt:) Weltabkehr
रतिः rati f.	Lust; Gefallen (an)

विनाशी विनाशिनी विनाशि vināśin	zugrunde gehend, vergänglich; zugrunde richtend, verderbend
अपनयनः ०ना ०नम् apanayana	wegnehmend, raubend
प्राणी प्राणिनी प्राणि prāṇin	atmend, lebendig (vgl. प्राणः [3]); m. Lebewesen, Tier, Mensch
आकुलः आकुला आकुलम् ākula	1. in Verwirrung geraten, verwirrt, verzweifelt 2. erfüllt/voll (von), überhäuft (mit)
अनित्यः अनित्या अनित्यम् anitya	nicht ewig dauernd, vergänglich, unbeständig

21

Bahuvrīhi

म्रियते mṛ/mar (6)	sterben
जीवति jīv (1)	leben, am Leben sein/bleiben
dṛś/darś (ohne die Formen des Präsenssytems)	sehen, wahrnehmen; Pass. दृश्यते
अपास्य apāsya [Abs. von apa-as]	weg-/abgeworfen habend; beiseite lassend
गूढः गूढा गूढम् gūḍha [guh]	zugedeckt, verborgen; unsichtbar
आसादितः āsādita [P. P. Kaus. von ā-sad]	erlangt, zuteil geworden
विद्धः विद्धा विद्धम् viddha [vyadh]	durchbohrt
संस्पृष्टः ०ष्टा ०ष्टम् saṃspṛṣṭa [sam-spṛś/sparś]	berührt
दान्तः दान्ता दान्तम् dānta [dam]	gezähmt, zahm, sanft, gezügelt (auch innerlich)
शान्तः शान्ता शान्तम् śānta [śam]	zur Ruhe gekommen (auch innerlich); still, sanft, mild; erloschen
संतुष्टः संतुष्टा संतुष्टम् saṃtuṣṭa [sam-tuṣ]	befriedigt, zufrieden

आवृतः आवृता आवृतम् āvṛta [ā-vṛ/var] — bedeckt, bezogen (mit); voll (von); umringt, umgeben (von)

गृहीतः गृहीता गृहीतम् gṛhīta [grah] — ergriffen, gepackt

भाग्यम् bhāgya	Sg. u. Pl. Schicksal; Glück; Lohn	
नक्रः nakra	Krokodil	
पद्मिनी padminī	Lotusteich	
विग्रहः vigraha	Trennung; u. a. Zwist, Kampf, Schlacht	
नृपतिः nṛpati	= नृपः [3]	
क्षणः kṣaṇa	Augenblick	
वराटकः varāṭaka	Otterköpfchen, Kauri[1]	
गोपालः gopāla	Kuhhirt	
अग्रम् agra	Spitze	
दिक् diś f.	Richtung, Himmelsrichtung/-gegend; Pl. die Welt	
संपत् saṃpad f.	= संपत्तिः [6]	
उपानत् upānah f.	Sandale, Schuh	
पाद् pāda	Fuß	
चर्म carman	Leder, Fell	
मरः mara	= मरणम् [2]	
केशः keśa	(Kopf-)Haar, Mähne	
दर्वी darvī	Löffel	
सूपः sūpa	Suppe, Brühe	
नारिकेलः nārikela	Kokosnuss	
आकारः ākāra	Gestalt, Form, (äußere) Erscheinung	
बदरिका badarikā	Jujube (Brustbeere)	
पारम् pāra	das andere Ufer; (allg.) Ufer; (äußerste) Grenze	
शब्दः śabda	Laut, Ton; Wort; Sprache	
विघ्नः vighna	Hemmnis, Hindernis	

कातरः कातरा कातरम् kātara — mutlos, verzagt, kleinmütig

दीर्घः दीर्घा दीर्घम् dīrgha — lang

प्रफुल्लः प्रफुल्ला प्रफुल्लम् praphulla — aufgeblüht, blühend

सुखमयः ॰यी (!) ॰यम् sukhamaya — voller Freude(n), genussreich

निजः निजा निजम् nija — eigen

मनोहरः ॰रा ॰रम् manohara — reizend, schön, ansprechend

फल्गुः phalgu — winzig, schwach, unbedeutend, nichtig

मध्यः मध्या मध्यम् madhya — in der Mitte befindlich; n. Mitte, Zentrum

ननु nanu — nicht? denn nicht? (Ist es nicht so, dass...?)

केवलम् kevalam — einzig, allein, nur

बहिः bahis — draußen, von außen, hinaus, außerhalb

इव iva — [3] auch wie एव [1]

---

1 Die als kleinstes Zahlungsmittel verwendete Porzellanschnecke des Indischen Ozeans.

Sentenzen in der Übersetzung von Otto Böhtlingk (1815–1904)[1]

1.3 Tot [ist] ein Heer ohne Führer. [7362]

1.5 Habsucht ist die Wurzel des Übels. [5882]

1.6 Von keinem Bestand [ist] Reichtum und Jugend, von keinem Bestand ist in der Welt das Leben.[2] [796]

1.7 Der Kinder Kraft [ist] das Weinen. [2866/7579]

1.8 Wie käme der Träge zu Wissen? [641]

1.9 Ein Leben ohne Wissen ist leer. [685]

1.11 Die Gattin ist die eine Hälfte des Menschen. [623]

1.12 Die Wissenschaft ist ein Schmuck für jedermann. [3212]

1.13 Eine gute Gemütsart ist besser als ein vornehmes Geschlecht, Armut besser als Krankheit. [1831]

1.18 Den Bäumen droht Gefahr vom Winde, den Wasserrosen von der Kälte. [4037]

1.19 Wie könnte man Rechtssinn beim Diebe finden? Wie Nachsicht beim Bösewicht? [2511]

1.22 Es gibt keine höhere Tugend als die Wahrheit und keine schlimmere Sünde als die Lüge. [3683]

1.24 Mit einem abgemagerten Rosse kann man noch Staat machen, nimmer aber mit einem fetten Esel. [3790]

1.26 Die Gier hat kein Ende, die Genügsamkeit dagegen ist das höchste Glück. [353]

1.27 Keine Freundschaft gibt es mit Fürsten, keine Freundschaft mit Bösen, keine Freundschaft mit Toren und kein Spiel mit Schlangen. [3677]

2.1 Das Alter richtet die Schönheit zugrunde. [2351]

2.3 Tue niemandem Schaden [...] beobachte das ewige Gesetz. [2624]

2.5 Die Zeit bringt die Geschöpfe zur Reife, die Zeit rafft die Geschöpfe auch weg.[3] [1688]

2.7 Feuer brennt, käme es auch vom Sandelholz. [2241]

2.8 Der Scheiterhaufen versengt den Entseelten, die Sorge versengt, o weh, die Seele. [2281]

2.9 Eine Eule sieht nicht bei Tage, eine Krähe nicht bei Nacht. [2805]

---

1 Otto Böhtlingk: *Indische Sprüche*, Sanskrit und deutsch, 2. Aufl. (3 Bde.), St. Petersburg 1870–1873. – Es ist zu beachten, dass einzelne der hier wiedergegebenen Sentenzen nur Vers*fragmente* darstellen. – Die Nummern in eckigen Klammern beziehen sich auf die Versnumerierung der *Indischen Sprüche*. Die runden Klammern im Text stammen von Böhtlingk.

2 Böhtlingk liest: **अस्थिरं धनयौवनम्**; vgl. Dvandva A. 2. (S. 109).

3 Vgl. 13.12. Forts. 2.5: Die Zeit wacht, wenn die anderen schlafen, der Zeit vermag man ja nicht zu entgehen.

2.12 Man freue sich nicht auf den Tod, man freue sich aber auch nicht über das Leben: man erwarte ruhig den Augenblick, wie ein Diener einen Befehl. [3600]

2.13 Durch Anstrengung kommen ja Werke zustande, nicht durch Wünsche: es laufen ja die Gazellen nicht in den Rachen eines schlafenden Löwen. [1249]

2.14 Aus der Habsucht entsteht der Zorn, aus der Habsucht geht das Verlangen hervor, so auch die Verblendung und das Verderben: Habsucht ist die Wurzel des Übels. [5882]

2.15 Dem Brahmanen steht Selbstbeherrschung wohl an, dem Krieger Sieg, dem Vaiśya Reichtum, dem Śūdra aber steht stets Rührigkeit wohl an. [2709]

2.16 Die Freude, die uns zuteil ward, sollen wir hinnehmen, so auch das Leid, das uns zuteil ward: wie ein Rad wenden sich Leiden und Freuden. [7080]

3.1 Rasch ist der Gang des Gesetzes. [2002]

3.4 Leidzufügung ist die Macht der Schlechten. [7391]

3.6 Für einen Alten ist eine junge Frau Gift. [2836]

3.7 Unsere Weiber sind ja schon von Natur gelehrt. [7196]

3.8 Wankend ist das Glück, wankend der Lebensodem. [2267]

3.9 Diejenigen, denen Wissen abgeht, stehen den Tieren gleich. [1077]

3.10 Belehrung reizt Toren ja nur zum Zorn, beruhigt sie aber nicht. [1287]

3.11 Unnütz ist der Regen dem Meere, unnütz die Speise dem Satten. [6256]

3.12 Nachsicht gegen Feind und Freund ist ein Schmuck nur für Weise, die der Welt entsagt haben. [2012]

3.13 Der Mensch ist, o Fürst, nicht des Menschen, sondern des Geldes Sklave. [3320]

3.15 Noch so viel Holz macht Feuer nicht satt, noch so viele Flüsse machen das Meer nicht satt. [3547]

3.16 Sogar ein kleiner Wassertropfen wird in einer Muschel zur Perle. [1544]

3.18 Unsterblichkeit und Tod, beide wohnen in unserem Körper: der Tod wird uns infolge des Irrtums, Unsterblichkeit infolge der Wahrheit zuteil. [530]

3.19 Unter den Flüssen steht, wie man sagt, die Gaṅgā oben an, unter den Frauen die treue, unter den Menschen der Fürst, unter den Orten der, wo man sich glücklich fühlt. [7560]

3.20 Man sagt, dass eine Angelegenheit auf dreierlei Weise misslinge: wenn man an unmögliche Sachen geht, wenn man aus Unverstand an mögliche nicht geht oder an mögliche zu spät geht. [6007]

4.2 Der Gatte ist des Weibes höchste Zier. [4542]

4.3 Durch Gehorsam gegen ihren Gatten gewinnt eine Gattin den höchsten Himmel. [4548]

4.4 Selten aber trifft man jemanden an, der etwas Unangenehmes aber Heilsames sagen oder hören möchte. [4358]

4.6   Wenn Frösche reden, steht ja Schweigen wohl an. [4531]

4.8   Ein zur Unzeit begonnenes Werk bringt dem Täter keinen Nutzen. [24]

4.9   Wer von Mutter, Vater, Söhnen, Gattin und Vermögen sich trennt, empfindet nicht solchen Schmerz, wie ihn die Trennung von der Gaṅgā verursacht. [4808]

5.4   Der Brahmanen Gott ist das Feuer, die Weisen haben die Gottheit im Herzen. [66]

5.5   Ein Strohhalm ist für den Philosophen der Himmel, ein Strohhalm für den Helden das Leben. [2587]

5.9   Wissen [ist] besser als Königtum und Nachsicht besser als Kasteiungen. [1831]

5.12   Mit Erlangung des Erwünschten tritt noch keine Befriedigung ein: durch Wasser wird der Durst nicht gestillt. [3272]

5.13   Wie die Gedanken, so die Worte; wie die Worte, so die Handlungen: gute Menschen sind in Gedanken, Worten und Handlungen dieselben. [5105]

5.14   Des Brahmanen Askese ist das Wissen, des Kriegers Askese das Schützen, des Vaiśya Askese das Gewerbe, des Śūdra Askese der Dienst. [4506]

6.2   Alles, was entsteht, muss auch zugrunde gehen. [1664]

6.6   Selbst ein Sehender wird ohne Licht keines Dinges gewahr.[1] [1872]

6.7   Jeder Reiche ist überall und immer mächtig in der Welt. [3056]

6.8   Jedermann ist ja sein eigener Freund, jedermann sein eigener Feind. [893] [Oder:] Die eigene Seele ist ja dein Freund, die eigene Seele ist auch dein Feind. [923]

6.9   Selbst hat man seine Leiden bestimmt, selbst hat man seine Freuden bestimmt. [895]

6.11   Dem Geborenen ist ja der Tod gewiss und dem Gestorbenen die Wiedergeburt. [2383]

6.12   Obgleich der Mond stets abnimmt, so wächst er doch fürwahr immer wieder. [2021]

6.15   Sogar einen mächtigen Elefanten zieht ein Krokodil, obgleich kleiner, im Wasser mit sich fort. [200]

6.16   Bei Klugen stellt sich das Alter zuerst am Geiste, dann am Körper ein; bei Dummen dagegen stellt es sich wohl am Körper, aber nie und nimmer am Geiste ein. [939]

6.17   Wohin der Wind und der Sonne Strahlen den Weg nicht finden, selbst dahin dringt schnell der Verstand des Verständigen. [3385]

---

1 Anmerkung von Böhtlingk: „In नालोकात् ist nicht die Negation, sondern ना *Mann* enthalten.“

6.18 Rot geht die Sonne auf, rot geht sie auch unter:[1] im Glück und im Unglück bleiben Große sich gleich. [1237]

6.19 Zuerst suche man sich einen Fürsten, hierauf ein Weib und schließlich Geld; wenn es in dieser Welt[2] keinen Fürsten gäbe, woher käme dann das Weib und woher das Geld. [5758]

6.20 Der Brahmane, er mag ungelehrt oder gelehrt sein, ist eine große Gottheit, wie auch das Feuer, es mag zu den Altären hingetragen sein oder nicht, eine große Gottheit ist. [686]

6.21 Wie die Wasser der Flüsse strömen die Nächte und Tage, der Menschen Leben mit sich führend, ohne Unterlass dahin und kehren nicht wieder. [7264]

7.3 Was [ist] eine Rede ohne Wahrheit? [1720]

7.4 Was [ist] das Leben auf Erden ohne Ruhm? [1710]

7.6 In dir, in mir und auch im anderen ist nur der eine Viṣṇu. [2670]

7.7 Ich sage, und dieses ist wahr, dass nur du in meinem Herzen wohnst. [1157]

7.9 Denn wer irgendeinen Samen säet, der erntet auch die Frucht von diesem Samen.[3] [1462]

7.12 Was ist Glück? Gesundheit des Menschen hier auf Erden. [882]

7.13 Was nützt eine Spende einem Reichen? Was Speise einem Satten? [1929]

7.14 Es gibt nichts in der Welt, was sich nicht mit Geld machen ließe. [3262]

7.15 Wer Geld hat, hat auch Freunde; wer Geld hat, hat auch Angehörige; wer Geld hat, gilt in der Welt für einen Mann; wer Geld hat, ist auch gelehrt. [5409]

7.16 Es ist wahr, o Großkönig, dass der Mensch des Geldes Sklave, das Geld aber niemandes Sklave ist. [593]

7.18 Es gibt hier auf Erden keinen glücklicheren als den, der mit einem Freunde sich begrüßen, mit einem Freunde zusammen wohnen und mit einem Freunde sich unterhalten kann. [5390]

7.19 Wer uns im Herzen wohnt, steht uns nicht fern, ob er auch fern weilte; wer uns nicht im Herzen ist, bleibt uns fern, ob er auch in der Nähe wäre. [2906]

7.20 Je nach dem Winde, bei dem eine Wolke ihr Wasser entlässt, hält der Kluge den Regenschirm. [5532]

7.22 Niemand ist (von Hause aus) eines andern Freund, niemand eines andern Feind: durch den Verkehr entstehen Freunde wie Feinde. [3189]

8.1 Das Leben schwindet Tag für Tag. [1690]

8.2 Ich preise Vālmīki, den Mond unter den Dichtern. [1586]

8.5 Süß schläft derjenige, welcher allen Hoffnungen entsagt hat; das Aufgeben aller Hoffnungen ist das höchste Glück. [7078]

---

1 Die von Böhtlingk bevorzugte Lesart: उदेति सविता ताम्रस्ताम्र एवास्तमेति च ।
2 B. liest: लोकेऽस्मिन्   3 तत्फलम् wird von B. als Tatpuruṣa (vgl. S. 110) verstanden.

8.6   Der Arme schläft und erhebt sich mit Wohlbehagen. [25]

8.7   Glücklich die Fürsten, welche in der Nacht ruhig schlafen. [3083]

8.8   Ein Brunnen pflegt den Durst zu löschen, nimmermehr aber das Meer. [1271]

8.10 Unebene, mit Wasser durchzogene und gebirgige Gegenden soll man mit Elefanten betreten, ebene mit Reiterei, Wasser mit Schiffen; mit dem Fußvolk kann man überall gehen. [6867]

8.11 Geh, wenn du, Geliebter, zu gehen gedenkst! Glückliche Reise! Was mich betrifft, so möchte ich (die ich aus Gram jetzt sterbe) dort wiedergeboren werden, wo du sein wirst. [2057]

8.13 Man sage, was wahr ist, und sage, was angenehm ist; doch sage man nicht, was wahr, aber unangenehm ist, und auch nicht, was angenehm, aber nicht wahr ist: dies ist ewiges Gesetz. [6732]

8.14 Wer selbst Vorzüge besitzt, kennt die Vorzüge anderer, nicht der, welcher selbst ohne Vorzüge ist; der Starke kennt die Stärke anderer, nicht der Schwache: der Kokila kennt die Vorzüge des Frühlings, nicht die Krähe; der Elefant kennt die Stärke des Löwen, nicht die Maus. [2152]

9.1   Im Unglück lerne man den Freund kennen. [954]

9.3   Tue nicht einem andern, was dir selbst nicht gefallen würde (wenn man es dir täte). [3253]

9.7   Wohin richten wir unsere Schritte? Wo bleiben wir stehen? Was tun wir? Was lassen wir? [1994]

9.8   Nur mit Guten soll man wohnen, mit Guten Umgang haben. [6769]

9.9   Hundert Goldstücke hingeben um nicht zu streiten, ist des Klugen Merkmal; sogar ohne Veranlassung Streit anfangen ist des Toren Merkmal. [6360]

9.10 Aus kleinen und großen Büchern, von allerwärts her nehme der erfahrene Mann das Beste, wie die Biene aus den Blumen. [121]

9.11 Zu Wissen, Reichtum und Kunst gelangt der Mensch in gründlicher Weise nicht eher, bis er wohlgemut von Land zu Land auf der Erde gewandert ist. [6082]

9.12 Wohin jemand beständig geht und wo er regelmäßig speist, da büßt er sein Ansehen ein, stände er auch so hoch wie Indra. [5638]

9.13 Alles, was der vornehme Mann tut, tun auch die gewöhnlichen Menschen: was jener zur Richtschnur macht, dem folgt der große Haufe. [5274]

9.14 In der ersten Jugend handle man so, dass man im Alter glücklich leben kann, und während des ganzen Lebens handle man so, dass man jenseits glücklich leben kann. [4179]

9.15 Was morgen zu tun ist, tue man schon heute, und was am Nachmittage zu tun ist, tue man schon am Vormittage, da ja der Tod nicht darauf wartet (achtet), ob man sein Werk vollbracht hat oder nicht. [6595]

9.16 Man tue keinem Geschöpf ein Leid an, lege Wohlwollen an den Tag und lebe um dieses Lebens willen mit niemandem in Feindschaft. [3510]

9.17   Ein Gast, ein Kind, ein Fürst und so auch die Gattin fragen nicht darnach, ob
       man etwas hat oder nicht, sondern rufen fort und fort „gib, gib". [133]

10.1   Wer weiß es, wann für ihn die Todesstunde kommen wird? [7507]
10.2   Was wird ein Bösewicht dem anhaben können, der das Schwert der Gemütsruhe
       in der Hand hält? [6438]
10.5   Der die Gänse weiß, die Papageien grün und die Pfauen bunt färbt, wird dir den
       Lebensunterhalt gewähren. [5537]
10.6   In einer halben Strophe [bzw. einem Halbvers] will ich euch sagen, was Millionen
       von Schriften verkündet haben: andern zu helfen bringt Verdienst, andere zu
       peinigen Sünde. [7507]
10.7   Wenn ein Fürst nicht unverdrossen Strafe verhinge über diejenigen, welche Strafe
       verdienen, dann würden die Stärkeren die Schwächeren wie Fische an Spießen
       braten. [5213]

11.1   Durch Spenden, nicht durch Sammeln von Reichtümern, gelangt man zu
       Ansehen. [2209]
11.2   Mit Geld fängt man Geld, wie große Elefanten mit anderen Elefanten. [619]
11.3   Reichtümer sind zunächst schwer zu erwerben; sind sie erworben, so ist es
       schwer, sie zu hüten. [3044]
11.4   Ein Tor steht in Ehren in seinem Hause, ein reicher Herr in seinem Dorfe, ein
       Fürst in seinem Lande, ein Gelehrter steht überall in Ehren. [7267]
11.5   Angehörige halten einen Mann für ihresgleichen, Fremde dagegen erkennen in
       ihm den vorzüglichen Mann: die Hirten hielten Viṣṇu für einen Hirten, die
       Götter dagegen erkannten in ihm den Herrn der Welt. [7273]
11.6   Wo die Frauen geehrt werden, da freuen sich die Götter; wo aber jene nicht
       geehrt werden, da bleiben alle heiligen Werke fruchtlos. [5063]
11.7   Unsere Weiber sind ja schon von Natur gelehrt, während der Männer
       Gelehrsamkeit erst aus Büchern erlernt wird. [7196]
11.8   Gras (zum Lager), Erde (zum Ausruhen), Wasser und freundliche Rede als
       Viertes, keines von diesen geht im Hause der Guten jemals aus. [2589]
11.9   Wie man eine Kuh hütet und melkt zur rechten Zeit, und wie man einen Blumen-
       stock begießt und pflegt, so macht man es auch mit den Untertanen. [5099]
11.10 Ein Tiger ohne Wald (so v. a. der sich auf dem freien Felde bewegt) wird getötet
       und ein Wald ohne Tiger wird niedergehauen; darum hütet der Tiger den Wald
       und schützt der Wald den Tiger. [3766]

12.1   Im Sommer dörrt die Hitze die Erde aus und die Regenzeit nährt sie mit ihrem
       Wasser. [4337]

12.2 Ein Stein wird mittels der Hände nicht so leicht aufgehoben wie mittels eines Hebels. [3261]

12.3 Aus Gräsern windet man einen Strick, mit dem man sogar einen Elefanten bindet. [4425]

12.4 Kein Feind, keine Waffe, kein Gift, keine schreckliche und gefährliche Krankheit regen einen Menschen dermaßen auf wie beißende Worte. [3258]

12.5 Kein Mond, kein Wasser, keine Sandeltinktur, kein kühler Schatten erquicken einen Mann dermaßen wie süße Worte. [3260]

12.6 Solange eine Gattin nach ihres Gatten Tode sich nicht im Feuer verbrennen lässt, wird sie nicht vom Körper befreit. [5470]

12.7 Fünf Jahre soll man einen Sohn hätscheln, zehn Jahre ihn züchtigen; hat er aber sein sechzehntes Jahr erreicht, dann behandle man ihn als Freund. [5848]

12.8 Eine Schlange, einen Fürsten, einen Tiger, einen Greis, ein Kind, einen fremden Hund und einen Toren, diese sieben soll man nicht wecken, wenn sie schlafen. [827]

12.9 Der Kummer vernichtet die Einsicht, der Kummer vernichtet die Gelehrsamkeit, der Kummer vernichtet die Standhaftigkeit: es gibt keine Verirrung des Geistes, die dem Kummer gleichkäme. [6529]

13.1 Für den, der das Feld bearbeitet, gibt es keine Hungersnot. [7505]

13.2 Wer dem Studium obliegt, dem bleibt Torheit fern. [3871]

13.5 Dass dieser unser Körper mit jedem Augenblick schwindet, merkt man nicht. [4227]

13.6 Ein Elefant tötet uns sogar dann, wenn er uns berührt; eine Schlange sogar dann, wenn sie uns beriecht; ein Fürst sogar dann, wenn er lacht; ein Bösewicht sogar dann, wenn er uns ehrt. [7249]

13.7 Wie mit dem wachsenden Rinde das Horn, so wächst mit dem wachsenden Reichtum die Habsucht. [5168]

13.8 Arme haben gegen ihren Willen Kinder in Hülle und Fülle und Reiche haben keinen Sohn: gar wunderbar ist des Schicksals Treiben. [6787]

13.9 Diese sieben werden nimmer satt, stopfte man sie auch in einem fort: das Feuer, ein Brahmane, der Todesgott, ein Fürst, das Meer, ein Bauch und ein Haus. [6831]

13.10 Die beste Arznei gegen einen Schmerz ist die, dass man nicht mehr an ihn denkt; denn wenn man an ihn denkt, vergeht er nicht und wird nur noch größer. [4627]

13.11 Der Missgünstige, Wortbrüchige, mit fremden Weibern Verkehrende und andern Schaden Zufügende wird, durch seine eigene Tat versengt, in einer schrecklichen Hölle gebraten. [54]

13.12 Die Zeit schafft die Geschöpfe und rafft sie wieder hinweg, die Zeit bringt auch die Zeit, welche die Geschöpfe hinrafft, wieder zur Ruhe. [1696]

14.1 Verloren ist, was ins Meer fiel; verloren ist die Rede bei dem, der nicht hört. [3471]

14.2 Ist ein Elefant im Schlamm versunken, so setzt sich ein Frosch auf seinen Kopf. [2074]

14.3 Wenn der Mensch (nach dem Tode) ins Feuer geworfen wird, so folgt ihm die selbstvollbrachte Tat nach. [72]

14.4 Verlorenes, Verstorbenes und Vergangenes beklagen Verständige nicht, da, wie es heißt, hierin der Unterschied zwischen Verständigen und Toren besteht. [3473]

14.5 Ungefragt sage man niemandem etwas, auch antworte man nicht dem, der nicht in gehöriger Weise frägt: der Verständige, wenn er auch Kunde hat, benimmt sich in der Welt, als wäre er stumm. [3594]

14.6 Was man einem zu geben verspricht oder durch andere gibt, das kann dieser erhalten, vielleicht aber auch nicht; was man aber einem mit eigener Hand gibt, das erhält dieser ohne allen Zweifel. [4006]

14.7 Über alles freut sich der Weise und überall glänzt er; niemandem jagt er Schrecken ein und erschrickt auch nicht, wenn man ihn schreckt. [6917]

14.8 Auch ein abgehauener Baum wächst wieder, auch der hingeschwundene Mond nimmt wieder zu: Kluge, die solches erwägen, härmen sich bei Widerwärtigkeiten nicht ab. [2314]

15.1 Es kommt, was kommen muss. [1248]

15.2 Zu beklagen [ist] ein Reich ohne König. [684]

15.3 Ein Gatte soll seine Gattin stets ernähren und schützen. [4539]

15.4 Wo schon gute Worte zum Ziele führen, da soll ein Verständiger keine Gewalt anwenden. [7021]

15.5 Niemals soll der Mensch sich selbst geringachten. [3279]

15.6 Man darf nicht zu milde sein,[1] da ein Milder bei jeder Gelegenheit gedrückt wird. [3558]

15.7 Was man nicht tun soll, das tue man auch nimmermehr, selbst wenn Verlust des Lebens drohte, und was man tun soll, das lasse man nicht ungetan: dies ist ewiges Gesetz. [40]

15.8 Zu dem einen kommt das Glück, auch wenn er ohne sich zu rühren dasitzt;[2] ein anderer arbeitet sich ab und erlangt doch nicht, was er nicht erhalten soll! [91]

15.9 Um Vergangenes soll man nicht trauern, an Zukünftiges nicht denken, nur um das, was die Gegenwart heischt, sollen Weise sich kümmern. [2073]

15.10 Wer ins Haus tritt, er sei Kind, Greis oder Jüngling, dem muss Ehre erwiesen werden: der Gast ist überall und immer ehrwürdig. [4448]

1 Konstruktion: „es ist nicht **ein** von (einem) als einem zu Milden **zu seiendes**".
2 Die von Böhtlingk bevorzugte Lesart: अचेष्टमपि चासीनं

15.11 Ein begründetes Wort, käme es auch von einem Kinde, soll sogar ein Weiser stets annehmen; ein schlechtes Wort dagegen, käme es auch von einem Bejahrten, soll man nicht beachten. [5506]

15.12 Sechs Vorzüge soll ein Mann nie und nimmer aufgeben: Wahrhaftigkeit, Freigebigkeit, Unverdrossenheit, Freundlichkeit, Nachsicht und Zufriedenheit. [6614]

15.13 Wo man dem Lehrer etwas Böses nachsagt oder ihn tadelt, da soll man die Ohren zuhalten oder von dannen gehen. [2181]

15.14 „Gedenke meiner, Geliebte!" – „Nicht werde ich deiner gedenken." – „Das Gedenken ist eine Pflicht des Herzens." – „Dies Herz hast du geraubt." [7259]

15.15 Eine leicht zu erlangende Sache wird von niemandem beachtet. [7130]

15.16 Was nicht kommen soll, kommt ja auch nicht, und was kommen soll, das kommt auch ohne Anstrengung von deiner Seite; was aber nicht kommen soll, das entwischt dir, läge es dir auch schon auf der Hand. [3519]

16.1 Springt eine Erbse auch in die Höhe, so vermag sie ja doch nicht die Pfanne zu zerbrechen. [5677]

16.2 Was ein Mensch erhalten soll, das erhält er auch; selbst ein Gott vermag ihm dieses nicht zu wehren. [5830]

16.3 Wie ein Mensch gegen einen anderen verfährt, so soll dieser gegen ihn verfahren: dies ist Gerechtigkeit. [5357]

16.4 Die Götter töten nicht nach der Art eines Feindes, indem sie etwa im Zorn einen Dolch ergreifen; wem sie aber ein Leid zuzufügen gewillt sind, den berauben sie des Verstandes. [3304]

16.5 Der Geizhals vermag seine Reichtümer weder zu spenden noch zu genießen, befühlt sie aber mit der Hand, wie der Eunuch ein Weib. [3282]

16.6 Sogar einem Feinde muss angemessene Gastfreundschaft erwiesen werden, wenn er ins Haus kommt: ein Baum enthält seinen Schatten sogar demjenigen nicht vor, der ihn zu fällen kommt. [573]

16.7 Dienste erweisen, Freundliches reden, unerkünstelte Liebe zeigen, dies ist guten Menschen schon von Natur eigen: wer hat dem Monde sein kühles Wesen verliehen? [1272]

16.8 Dem Geborenen ist ja der Tod gewiss und dem Gestorbenen die Wiedergeburt; darum darfst du dich über eine unvermeidliche Sache nicht betrüben. [2383]

16.9 Der angeborene Charakter lässt sich durch keine Unterweisung ändern: Wasser wird, würde es auch noch so stark erwärmt, wieder kalt. [7302]

16.10 Den gedankenschnellen Wind im Luftraume kann man nicht mit Stricken fesseln und auch die reinen Flammen eines lodernden Feuers nicht mit den Händen fassen. [3459]

17.1   Man gebe nicht die eigene Arbeit auf, bei sich denkend, das Schicksal wird es tun:
        wer vermöchte ohne Arbeit Öl aus Sesamkörnern zu gewinnen? [3306]

17.2   Wer, bevor er an ein Werk geht, seine eigene und des Gegners Macht sowie Ort
        und Zeit genau erwägt, der gilt für klug. [7326]

17.3   Ein Landmann aber, welcher sein Feld bestellt, ohne die Regenzeit zu kennen,
        kommt um seine Arbeit und gelangt nicht zum Korn. [5337]

17.5   Sobald ein Mensch das Unrecht, das er begangen, selbst bekennt, wird er von
        diesem Unrecht befreit, wie eine Schlange von ihrer (alten) Haut. [5129]

17.6   Wie, vom Feuer berührt, ein Baumwollhaufe alsbald verschwindet, so
        verschwindet jegliche Sünde durch der Gaṅgā Strömung. [63]

17.7   Wer nicht entsagt, gelangt nicht zur Freude, wer nicht entsagt, findet nicht das
        Höchste; wer nicht entsagt, schläft nicht ohne Furcht: darum entsage allem und
        werde froh. [3563]

17.9   Sind Leute reich geworden, so verlangen sie ja alsbald nach dem Königtum; vom
        Königtum verlangen sie nach der Stellung der Götter, von der Stellung der Götter
        nach Indras Macht sogar. [4699]

17.10   Durch Zuhören lernt man das Rechte kennen, durch Zuhören entsagt man
        falschen Begriffen, durch Zuhören erlangt man Erkenntnis, durch Zuhören kann
        man der Erlösung teilhaftig werden. [6573]

18.2   Diejenigen, welche Großes zu erreichen trachten, ersinnen zuvörderst einen Plan.
        [2294]

18.3   Der vergängliche Himmel darf das Herz derer, die nach Erlösung Verlangen
        tragen, nicht verlocken. [7318]

18.4   Ohne auszuruhen trägt er seine Last, empfindet weder Kälte noch Hitze und ist
        stets zufrieden: diese drei Dinge lerne man vom Esel. [694]

18.5   Wer das zu Tuende von einem Tage zum andern schiebt, bei jeder Sache im
        Zweifel ist und da, wo es schnell zu handeln gilt, säumt, der ist, o Bester der
        Bharatiden, ein Tor. [6635]

18.6   Jedem ist das Leben lieb, jedem sind die Kinder lieb, jeder hat eine Scheu vor
        Leid, jedem ist Freude erwünscht. [6934]

18.7   Selbst bewusstlose Samenkörner keimen ja, wenn ihre Zeit gekommen ist, und
        blühen auch mit der Zeit und setzen Früchte an. [2321]

18.8   Unter allen Geschmäcken gilt ja der salzige für den vorzüglichsten; Salz führe
        man bei sich, ohne dieses schmeckt eine Brühe wie Kuhmist. [2050]

18.9   Das Mädchen hier stellt einen Jäger dar, ihre Braue den Bogen, ihre Seitenblicke
        die Pfeile und mein Herz die Gazelle. [1124]

18.10   Wer alle möglichen Schriftwerke liest und nichts davon versteht, gleicht einem
        Esel, der beständig eine Last Juwelen trägt und diese, wie man weiß, nie genießt.
        [4053]

19.3 Wie Licht und Schatten stets auf das Engste miteinander verbunden sind, so sind auch Tat und Täter (in diesem Leben) durch die eigenen Taten (in einem vorangehenden Leben) miteinander verbunden. [5106]

19.5 Einen zehnjährigen Brahmanen und einen hundertjährigen Fürsten sehe man als Vater und Sohn an, und zwar so, dass der Brahmane unter ihnen der Vater ist. [4504]

19.6 Vor Wasser, Feuer, Dieben, insbesondere aber vor Mäusen soll man ein mit Mühe geschriebenes Lehrbuch sorgfältig schützen. [1227]

19.7 Wessen Herz vor Mitleid gegen alle Geschöpfe schmilzt, der erlangt dadurch die richtige Erkenntnis und die Erlösung, nicht durch Zopf, Asche und Kutte. [5368]

19.8 Allein begibt man sich ins Leben und in den Tod, allein genießt man den Lohn für Gutes und Böses, allein fährt man zur Hölle, allein wird man des höchsten Lohnes teilhaftig. [2335]

19.9 Sieh, selbst Sonne und Mond, diese Hocherhabenen, der Welt Augen, gehen doch unter: wer entgeht dem Schicksal? [4527]

19.10 Schwarz ist die Krähe und schwarz auch der Kokila; welcher Unterschied besteht zwischen Kokila und Krähe? Wenn der Frühling kommt, dann ist die Krähe Krähe und der Kokila Kokila. [1612]

20.1 Bei keinem Geschäft Eile! Eile verdirbt ein Geschäft. [186]

20.2 Nur ein Gelehrter kennt die ermüdende Arbeit des Gelehrten. [6114]

20.3 Eine Sache, die man im Geiste ausgedacht hat, soll man durch das Wort nicht verraten, da eine Sache, die ein anderer gewahr wird, nicht zu gelingen pflegt. [4687]

20.4 Wenn die Zeit zum Handeln da ist, dann ist Wissen, das nur im Buche steht, kein Wissen, und Geld, das in fremden Händen sich befindet, kein Geld. [4156]

20.5 Wie ein Kalb unter tausend Kühen seine Mutter findet, so folgt auch eine früher vollbrachte Tat dem Täter auf dem Fuße nach. [5114]

20.6 Wenn es gilt, andere zu unterweisen, dann sind ja alle klug; wenn es aber gilt, etwas selbst auszuführen, dann sind sogar fromme Asketen nicht klug. [7586]

20.7 Wer den Geschöpfen kein Leid antut, weder im Geiste noch durch Worte noch durch Taten, den bekommen Menschen, die Leben und Gut zu rauben pflegen, nicht in ihre Gewalt. [5609]

20.8 Selbst dieses am Flussufer gewachsenen Grases Dasein ist von Nutzen, da es einen Halt abgibt für die Hand des Mannes, der im Augenblick des Untersinkens vor Angst vergeht. [2382]

20.9 Ein Obdach an der Wurzel eines Baumes bei einem Tempel, der Erdboden als Lager, ein Fell als Kleid, das Aufgeben alles Besitzes und aller Genüsse: wem bereitet nicht eine vollständige Entsagung Freude? [7126]

20.10 Wenn es keine Geburt, kein Altern und keinen Tod gäbe; wenn keine Furcht vor der Trennung vom geliebten Gegenstande bestände; wenn nicht alles dieses vergänglich wäre: wer hätte dann nicht seine Lust am Leben hier auf Erden? [5209]

21.2 Ein böses Weib ist wie ein Lotusteich mit blühenden Wasserrosen, in dem Krokodile verborgen hausen. [2462]

21.3 Jedermann ist ja ein Held, solange er nicht in der Schlacht gewesen. [6908]

21.4 Wie sich die Fürsten betragen, so betragen sich auch die Untertanen. [1652]

21.5 Ein König, der den Augenblick, und ein Armer, der ein Otterköpfchen geringachtet, sind Toren. [1535]

21.6 Wie Flüsse ohne Wasser, wie ein Wald ohne Gras und wie Kühe ohne Hirten ist ein Reich ohne Fürsten. [5159]

21.7 Ein Mensch, dessen Stunde noch nicht gekommen ist, stirbt nicht, auch wenn hundert Pfeile ihn durchbohren; derjenige aber, dessen Stunde gekommen ist, bleibt nicht am Leben, wenn ihn auch nur die Spitze eines Grashalms berührt. [3595]

21.8 Dem Armen, in seinen Leidenschaften Gezügelten, Beruhigten, Gleichmütigen und stets Zufriedenen ist die ganze Welt voller Freuden. [26]

21.9 Überall wird demjenigen Glück zuteil, dessen Herz zufrieden ist: ist nicht für den, dessen Fuß im Schuh steckt, der Erdboden wie mit Leder bezogen? [6918]

21.10 Der Verständige sinne über Wissenschaft und Erwerb nach, als wenn er nicht alterte und nicht stürbe; die Tugend übe er aber, als wenn der Tod ihn schon bei den Haaren gepackt hätte. [94]

21.11 Wer keinen eigenen Verstand besitzt, sondern nur vieles gelernt hat, der kennt den Sinn der Lehrbücher nicht, ebenso wenig wie ein Löffel den Geschmack einer Brühe. [5378]

21.12 Gute Menschen[1] erscheinen ja wie Kokosnüsse (rauh von außen, süß von innen); die anderen dagegen sind, wie Brustbeeren, nur von außen reizend. [3644]

21.13 Die Sprachlehre ist, wie bekannt, von unendlicher Ausdehnung; dabei ist das Leben kurz und die Hindernisse zahlreich: darum lasse man das Unbedeutende weg und nehme nur das Beste daraus, wie die Flamingo die Milch aus dem Wasser scheiden. [243]

Stellennachweise der von Böhtlingk aufgenommenen Verse auch bei L. Sternbach, *Supplement to O. Böhtlingks Indische Sprüche*, Wiesbaden 1965 [= Abhandlungen für die Kunde des Morgenlandes, 37,1.] In Böhtlingks Sammlung nicht enthalten sind, soweit identifiziert: **2.6** Mahābhārata [Mbh] 12.263.16 – **2.11** Mbh 8.67.1 – **3.14** Mbh 5.36.50 – **7.21** L. Sternbach: Mahā-Subhāṣita-Saṃgraha [MSS] 4901 – **8.3** Mbh 3.131.19 – **8.12** MSS 8672 – **10.4** Rāmāyaṇa 1.2.35 – **16.11** Yogavāsiṣṭha: Laghu 3.1.36 / Bṛhad 3.2.10 – **17.4** Mbh 11.3.6

1 Böhtlingk hat die Lesart इश्यन्तेऽपि हि सज्जनाः (Hitopadeśa 1.95).

Alphabetisches Wörterverzeichnis

अ॰ (vor Vokal an-) un-, nicht-

अकाले zur Unzeit, nicht zur rechten Zeit

अकिंचनः ohne irgendetwas seiend, besitzlos

अकृत्रिमः ungekünstelt, natürlich, echt

अक्षमः missgünstig

अक्षरम् Wort, Silbe

अग्निः m. Feuer

अग्रम् Spitze

अङ्कुरः Sprössling

अङ्कुरयति u. अङ्कू॰ sprießen, keimen

अङ्गम् Glied; Körper

अजिनम् Fell

अज्ञायि (besondere passive Aoristform für die 3. Sg., hier von jñā) wurde erkannt

अणुः (f. अण्वी) (sehr) klein, fein, dünn, schmal

अण्डम् Ei

अतन्द्रितः unermüdlich, unverdrossen

अतिक्रान्तः vorübergegangen; vergangen

अतिथिः m. Gast

अतीव über die Maßen, (zu) sehr

अत्ति (ad) essen, fressen

अद्भिः I. Pl. siehe आपः

अद्य heute, jetzt

अधिकः größer, besser, ärger, mehr (als)

अधिगच्छति kommen, gelangen (nach/zu)

अनन्तः unendlich, endlos

अनन्तरम् unmittelbar darauf

अनलः Feuer

अनसूया Nichtmurren, Freundlichkeit

अनायकः führerlos

अनालस्यम् Unverdrossenheit

अनित्यः vergänglich, unbeständig

अनुगच्छति nachgehen, nachfolgen; suchen, aufsuchen

अनुचिन्तयति nachdenken (über), seine Gedanken richten (auf)

अनुभाषते nachrufen; sagen; bekennen

अनुवर्तते nachgehen, folgen; sich richten nach

अनुशोचति schmerzliche Sehnsucht empfinden, trauern (um)

अनुष्ठानम् Verrichten, Ausführen, Handeln

अनृतः unwahr; n. Unwahrheit, Lüge, Betrug

अन्तः u. अन्तम् Ende

अन्धः blind

अन्यः anderer

अन्यतः anderswo, anderswohin

अन्यत्र bei/in einem anderen; anderswo, sonst

अन्यथा anders; andernfalls

अन्वेति (anu-i) nachgehen, folgen, verfolgen

अपनयनः wegnehmend, raubend

अपराधः Fehler, Schuld

अपास्य (Abs.) weg-/abgeworfen habend; beiseite lassend

अपि auch, selbst, sogar; aber (beim Wechsel der Person)

अप्रियः (etc.) unlieb, unangenehm, widerwärtig

अफलः fruchtlos, unfruchtbar, vergeblich

अबोधः keine Einsicht habend, unverständig

अब्धिः m. Meer

अभयः furchtlos; gefahrlos, sicher

अभिनन्दति ॰ते Gefallen finden an, sich freuen über; Verlangen haben nach, begehren

अभिवर्धते größer/stärker werden, zunehmen

अभ्यागतः herbeigekommen; m. Gast

अभ्यासः Wiederholung; Übung

अमन्दः nicht träge, stark, heftig; n. Großes

अमृतः unsterblich; m. Unsterblicher, (ein) Gott; n. Unsterblichkeit; Unsterblichkeitstrank, Nektar

अम्बु n. Wasser

अयनम् Gang, Lauf, Weg

अराजक: königslos

अरि: Feind

अरोगिता Gesundheit

अर्क: Sonne

अर्ककर: Sonnenstrahl

अर्थ: Ziel, Zweck; Sache; Bedeutung, Sinn; Nutzen; auch = धनम्

अर्थम् (auch अर्थेन अर्थाय अर्थे) wegen, für, um

अर्थवान् (-vat/vant) Zweck/Bedeutung habend; auch = धनवान्

अर्ध: halb, hälftig; m. n. Hälfte

अर्हसि dürfen, sollen, müssen, können

अलम्बनम् Stützen, Befestigen; Stütze, Halt

अलस: träge, faul, müde, stumpf

अल्प: klein, wenig, gering

अल्पीयान् (-yas/yaṃs) kleiner

अवट: Grube

अवमन्तव्य: geringzuachtend, zu verachtend

अवाप्नोति wie आप्नोति u. प्राप्नोति

अविद्य: ungebildet; ohne Wissen

अविश्रामम् ohne auszuruhen, unermüdlich

अशुभ: nicht schön, ungut

अश्नोति अश्नुते (aś) erreichen, erlangen

अश्व: Pferd

असत्य: unwahr (etc.; vgl. सत्य:)

असत्यसंध: wortbrüchig

असन् nichtseiend (etc.; vgl. सन्)

असाधु: ungut (etc.; vgl. साधु:)

अस्तम् heimwärts; unter (z. B. mit gehen)

अस्तमय: Untergehen

अस्ति sein, vorhanden sein, existieren

अस्थिर: unbeständig, vergänglich

अह: (ahan/ahas) n. Tag

अहम् ich

अहि: m. Schlange

अहो oh, ach (freudig u. leidvoll)

आकार: Gestalt, Form, (äußere) Erscheinung

आकाश: (freier) Raum, Luftraum

आर्किंचन्यम् Besitzlosigkeit

आकुल: 1. in Verwirrung geraten, verwirrt, verzweifelt – 2. erfüllt/voll (von), überhäuft (mit)

आगत: gekommen; zurückgekommen; geraten (in)

आचरति gehen zu; sich nähern (mit A.), behandeln; gehen an, begehen, tun, (aus-) üben, bewerkstelligen; sich verhalten

आढ्य: wohlhabend, reich

आतप: (Sonnen-)Glut, Hitze

आतिथ्यम् Gastfreundschaft

आत्मकर्म (-karman) eigenes Tun, eigene Tat

आत्मा (ātman) Selbst

आददाति आद्त्ते (ā-dā) nehmen, wegnehmen, herausnehmen, mit sich nehmen

आदरणीय: zu berücksichtigend/beachtend

आदाय (Abs.) mit sich nehmend, zusammen mit

आदि: m. Anfang

आदित्य: Sonne

आदित्यवत् wie die Sonne

आप: (ap/ad) f. Pl. Wasser

आपगा Wasserlauf, Fluss

आपत् (āpad) f. Sg. u. Pl. Unglück, Not

आपतित: zugefallen, zuteil geworden

आपद्यते gelangen, geraten (in); eintreten, geschehen; zuteil werden

आपराह्णिक: nachmittäglich

आप्नोति (āp) gelangen (zu), erlangen, erreichen

आभ्यन्तर: im Innern befindlich, innerer

आमय: Krankheit

आयु: (āyus) n. Leben; Lebenszeit

आरब्ध: angefasst; unternommen, begonnen

आरभते (1) (an)fassen; unternehmen, anfangen, beginnen

आर्य: (f. auch आर्री) ehrenhaft, ehrenwert, edel; m. Ehrenmann; ein Mann der drei oberen Stände

आलोक: Sehen; Licht

आवृत: bedeckt, bezogen (mit); voll (von); umringt, umgeben (von)

आवेष्टयति umhüllen; winden (Seil)

आशनम् Essen, Speisen; Speise

आशा Wunsch, Erwartung, Hoffnung

आशु schnell, sogleich

आसादित: erlangt, zuteil geworden

आसाद्य (Abs.) auch in, auf, bei (etc.); mit Rücksicht auf, um…willen

आसीन: sitzend, dasitzend

आस्ते (ās) sitzen; (ver)weilen; wohnen

आहन्ति (ā-han) schlagen, einschlagen

इच्छति (iṣ) wünschen, wollen

इतर: anderer

इति so (oft am Ende von Aussprüchen, Gedachtem, direkter Rede und Aufgezähltem)

इन्दु: m. Mond

इन्द्र: Götterkönig Indra

इन्द्रियम् (Sinnes-)Vermögen; Pl. Sinne

इव 1. wie – 2. auch wie एव

इष्ट: erwünscht, gewünscht, lieb

इह hier; auf dieser Welt

ईप्सित: begehrt, erwünscht

उक्त: gesagt, gesprochen

उचित: Gefallen findend (an); angemessen, entsprechend, passend

उच्छलित: aufgeschnellt, sich erhoben habend

उच्छिनत्ति (ud-chid) ausrotten, vernichten; hemmen, unterbrechen; Pass. aufhören, ausgehen, mangeln

उत्तम: höchst, oberst; vorzüglichst, best

उत्थापयति aufstehen lassen, aufstellen, aufrichten

उत्पाद: Hervorkommen, Entstehung, Geburt

उदकम् Wasser

उदय: Aufgehen, Hervorkommen

उदरम् Bauch

उदेति (ud-i) hinaufgehen; aufgehen; hervorgehen

उद्यम: Anstrengung; Mühe, Fleiß

उद्योग: Anstrengung, Bemühung, Arbeit

उद्विजते zurückschrecken, sich scheuen (vor); (einer Sache) überdrüssig werden

उद्वेजयति erschrecken, aufregen

उपकर्तुम् (Inf.) einen Dienst / eine Gefälligkeit (zu) erweisen, (zu) helfen

उपकार: Dienst, Hilfe

उपचिनोति ०चिनुते (upa-ci) aufhäufen, vermehren; Pass. उपचीयते sich vermehren, zunehmen

उपतिष्ठति ०ते sich nähern, sich begeben (zu)

उपदिशति anweisen; unterweisen, belehren, (etwas) beibringen

उपदेश: Anweisung, Unterweisung, Belehrung

उपभोक्तुम् (Inf.) (zu) genießen; (zu) verzehren; (zu) gebrauchen

उपसंहरते zusammentragen; einziehen, zunichte machen

उपादेय: anzunehmend, nicht zurückzuweisend

उपानत् (upānah) f. Sandale, Schuh

उलूक: Eule

उवाच (Perf. von vac) (er, sie, es) sagte

उष्ण: heiß, warm; n. Hitze, Wärme

ऋषभ: Stier; Bester (unter)

एक: ein, einzig, allein

एकरूपता Gleichförmigkeit, Übereinstimmung

एकैक: je einer, jeder einzelne

एव nur, eben, gerade, schon, allein

एवम् so, auf diese Weise

ओक: (okas) n. Wohnstätte

ओजः (ojas) n. Kraft, Stärke

औषधम् Kraut, Arznei

कटाक्षः Seitenblick
कटुक: scharf, beißend
कटुकाक्षरः mit beißenden Worten versehen
कथंचन irgendwie; mit Neg. auf keine Art
　　und Weise, auf keinen Fall
कथा Gespräch; Erzählung
कदा wann?
कदाचन irgendwann, jemals; mit Neg. nie-
　　mals
कनीयान् (-yas/yaṃs) kleiner; jünger
कपोतः Taube
कमलः Gott Brahmā (-man)
कमलम् Lotus(blüte)
करः Hand; Lichtstrahl
करतलगतः auf der Handfläche befindlich
करी (karin) Elefant
करोति कुरुते tun, handeln, machen (zu)
कर्णः Ohr
कर्तव्यः (Ger.) vgl. करोति (u. कार्यः)
कर्ता (kartṛ/-tar) tuend, machend;
　　m. Täter, Vollbringer, Urheber
कर्तुम् (Inf.) vgl. करोति
कर्म (karman) n. Tun, Handlung, Tat
कर्माणि करोति sich abmühen
कर्षकः pflügend, bebauend; m. Ackerbauer
कर्षति ziehen, schleppen; mit sich
　　fortziehen; an sich ziehen; überwältigen;
　　auch = कृषति
कल्पते passen; bewirken; verhelfen, dienen
　　(zu)
कविः Seher, Dichter
कवीन्दुः Mond unter den Dichtern
कश्चन (काचन किंचन) irgendein; irgend-
　　jemand/etwas
कश्चित् (काचित् किंचित्) = कश्चन
कश्चित् ... कश्चित् der eine ... der andere
कष्टेन mit Mühe/Anstrengung

काकः Krähe
कातरः mutlos, verzagt, kleinmütig
कान्तः begehrt, geliebt; liebreich, reizend;
　　m. Geliebter, Gatte
कामः Begehren, Wunsch; Lust, Liebe
कायः Körper
०कारः Tat, Anstrengung
कारणम् Ursache, Anlass
कार्मुकम् Bogen
कार्यः zu tuend, getan werden sollend/müs-
　　send; n. Obliegenheit, Vorhaben, Sache
कार्यव्यसनम् Misslingen einer Angelegenheit
कालः Zeit; (richtiger) Zeitpunkt
कालात् mit der Zeit, im Verlaufe der Zeit
काले zur (rechten) Zeit; mit der Zeit,
　　allmählich
कालहारः Zeitgewinn; Zeitverlust
कालेन wie कालात्
काष्ठः Holzstück, Scheit
किंतु jedoch, sondern
किल freilich; wie man sagt/weiß
कीर्तिः f. Ruhm
कीलः Pflock, Keil
कु० schlecht
कुकृतः schlecht getan
कुतः woher?
कुत्र wo?, wohin?
कुलम् Geschlecht; (vornehme) Familie
कुशलः bewandert, geschickt, erfahren
कूपः Grube; Brunnen
कूलम् Abhang; Ufer
कृच्छ्रः schlimm, arg; m. n. Schwierigkeit,
　　Ungemach, Jammer, Elend
कृतः gemacht, getan
कृत्यः = कर्तव्यः u. कार्यः
कृत्वा (Abs.) vgl. करोति
कृपणः arm, elend, jämmerlich; geizig;
　　m. Geizhals; n. Elend, Jammer
कृपा Mitleid
कृशः mager
कृषति ०ते Furchen ziehen, pflügen

कृष्ण: schwarz, dunkel, indigoblau
केवलम् einzig, allein, nur
केश: (Kopf-)Haar, Mähne
कोटि: f. äußerste Spitze; zehn Millionen
कोऽपि (कापि किमपि) = कश्चन
क्रिया Tun, Handlung; Ritus, Zeremonie
क्रीडा Spiel, Scherz
क्रुधा im Zorn
क्रोध: Zorn
क्लेश: Qual, Plage, Leiden, Beschwerde
क्व wo?, wohin?
क्षण: Augenblick
क्षत्र: u. क्षत्रम् Macht; Bezeichnung des Adels
    bzw. Kriegerstandes; auch = क्षत्रिय:
क्षत्रिय: Krieger, Adliger
क्षमा Geduld, Nachsicht
क्षयी (kṣayin) abnehmend, vergänglich
क्षिणोति (kṣi) vernichten, zerstören, ein
    Ende machen; Pass. क्षीयते abnehmen,
    schwinden; aufhören
क्षिति: f. Erde
क्षितितलम् Erdboden; Erde
क्षिप्र: schnell, rasch
क्षिप्रार्थ: eilige Sache
क्षीण: geschwunden; abnehmend (Mond)
क्षीरम् Milch
क्षीराब्धि: m. (das mythische) Milchmeer
क्षेत्रम् Feld; Gebiet
क्ष्मा Erde, Land

खड्ग: Schwert
खर: Esel
खल: boshafter/böser Mensch, Schurke
खलु freilich, gewiss, nun, ja (unbetont)
ख्यात: genannt, bekannt (als)

ॱग: gehend in/auf/zu; sich befindend
    in/auf; sich beziehend auf
गङ्गा Gaṅgā (= Ganges)
गङ्गाप्रवाह: die Strömung der Gaṅgā
गङ्गावियोगज: entstanden aus dem Getrennt-
    sein von der Gaṅgā

गच्छति (gam) gehen; fortgehen
गज: Elefant
गजेन्द्र: Elefantenbulle, großer Elefant
गत: gegangen, vergangen; gekommen;
    befindlich
गतायु: (-yus) tot
गति: f. Gehen, Gang; Weg, Bahn; Zustand,
    Sein; Erlangen
गन्तव्य: (Ger.) vgl. गच्छति
गरीयान् größer, gewichtiger, ehrwürdiger
गर्दभ: Esel
गायति singen
गाहते eintauchen, eindringen, sich hinein-
    begeben
गिरि: m. Berg, Gebirge
गुण: Faden, Schnur; Eigenschaft; gute
    Eigenschaft, Vorzug, Tugend
गुणवान् (-vat/vant) mit guten Eigenschaf-
    ten/Vorzügen/Tugend(en) versehen
गुणी (guṇin) = गुणवान्
गुरु: (f. गुर्वी) schwer; gewichtig, viel gel-
    tend; ehrwürdig; m. (Respektsperson)
    Vater, Mutter, insbes. Lehrer
गुरुशुश्रूषा f. Gehorsam gegenüber dem
    Lehrer
गूढ: zugedeckt, verborgen; unsichtbar
गृहम् Haus
गृहीत: ergriffen, gepackt
गृह्णाति गृह्णीत (grah) greifen, festhalten;
    rauben; sich aneignen; gewinnen, erlan-
    gen; mit sich führen
गेहम् Haus
गोप: (Kuh-)Hirt; Wächter
गोपाल: Kuhhirt
गोमयम् Kuhmist
गोमायते Kuhmist gleichen, wie Kuhmist
    schmecken
गौ: (go) f. Kuh; m. Rind, Stier
गौरवम् Schwere; Wichtigkeit; Würde, An-
    sehen; Respekt (vor)
ग्रन्थ: Text, Schrift, Buch

ग्रन्थकोटिः Millionen von Schriften
ग्रहीतुम् (Inf.) (zu) fassen, (zu) ergreifen
ग्रामः Dorf
ग्रावा (grāvan) Stein, Felsblock
ग्राहः Krokodil
ग्राह्य zu ergreifend, zu fassend; anzunehmend
ग्रीष्मः Sommer; Sommerhitze
ग्लायति Unlust empfinden, verdrossen sein;
   sich erschöpft fühlen, hinschwinden

घोरः grausig, schrecklich, furchtbar
घ्रात्वा (Abs.) vgl. जिघ्रति

च und (auch metr. bedingtes Füllsel)
चक्रम् Rad; Kreis
चक्रवत् wie ein Rad/Kreis
चक्षुः (cakṣus) n. Sehen, Auge
चक्षुष्मान् (-mat/mant) mit Augen versehen,
   sehend
चणकः Kichererbse
चतुर्थः (f. ॰र्थी) vierte
चन्दनः u. नम् Sandelbaum, -holz
चन्दनरसः Sandelholzwasser
चन्द्रः Mond
चन्द्रमाः (-mas) Mond
चन्द्राकौँ Mond und Sonne
चपलः schwankend; unbeständig, flüchtig
चरति sich bewegen, gehen; sich verhalten
चर्म (carman) Leder, Fell
चलः sich bewegend, schwankend; unstet,
   wandelbar, vergänglich
चिता Scheiterhaufen
चित्तम् Denken, Gemüt, Herz
चित्रित bunt gemacht
चिन्तयति denken (an), nachsinnen (über),
   ersinnen, ausdenken
चिन्ता Nachdenken; Gedanken; Sorge (um)
चिरं करोति lange machen, säumen, zögern
चीवरम् Lumpen, Fetzen; Bettlergewand
चेत् wenn

चेतः (cetas) = चित्तम्
चेष्टति ॰ते in Bewegung sein, sich rühren,
   sich Mühe geben; sich abgeben mit, tun,
   handeln
चेष्टितम् Bewegung, Gebärde; Tun und Treiben, Benehmen
चौरः Dieb, Räuber

छत्रम् (Sonnen-/Regen-)Schirm
छाया Schatten
छिनत्ति (chid) abschneiden, umhauen; spalten; vernichten
छिन्न abgeschnitten (etc.)
छेतुम् (Inf.) vgl. छिनत्ति

॰ज: geboren, entstanden, hervorgegangen
   (aus)
जगत् n. Welt
जगत्पतिः Herr der Welt
जगन्नेत्रम् Auge der Welt
जटा Flechte, Zopf (Haartracht der Asketen)
जडः stumpf; starr, empfindungslos; dumm;
   stumm
जनः Mensch; Sg. und Pl. Leute
जन्तुः m. Geschöpf; Mensch, Person
जन्म (janman) n. Geburt, Leben, Dasein;
   Wiedergeburt
जयः Sieg
जरा Alter
जलम् Wasser
जलाढ्यः wasserreich
जलौकाः (-kas) im Wasser wohnend;
   m. Wasserbewohner, -tier; f. Blutegel
जवः eilend, rasch; m. Eile, Schnelligkeit
जातः geboren, entstanden, geworden, daseiend
जानाति जानीते (jñā) (er)kennen, wissen; mit
   Neg. nichts wissen von, keine Rücksicht
   nehmen auf
जायते geboren/hervorgebracht werden; entstehen; werden

जाह्नवी ein Name der Gaṅgā

जिघ्रति (ghrā) riechen; beriechen

जितः besiegt

जितेन्द्रियः der die Sinne besiegt hat

जीर्णः gebrechlich, alt geworden; alt, abgenutzt, verfallen, morsch

जीवः u. जीवम् m. n.: Leben; m. Seele

जीवति leben, am Leben sein/bleiben

जीवनम् Leben

जीवितम् do.

ज्ञानम् Erkennen; Erkenntnis, Wissen

ज्येष्ठः best, oberst, größt; ältest

ततः (als Adv.) dann, darauf; darum, deshalb; (von) dort

तत्त्वतः der Wahrheit gemäß, genau, sorgfältig

तत्र dort, dorthin

तथा so

तपः (tapas) n. Hitze, Glut; Schmerz; Kasteiung, Askese

तपति erwärmen, erhitzen; bescheinen (Sonne)

तप्तः erwärmt, erhitzt, beschienen

तमः (tamas) n. Finsternis, Dunkel

तरुः m. Baum

तरुणः (f. ०णी) jung, neu, frisch; f. junge Frau

तलम् Fläche, Ebene

तस्करः Dieb, Räuber

तस्मात् (als Adv.) daher, deshalb, darum

ताडयति schlagen; (mit Schlägen) züchtigen

तापः Hitze, Glut; Schmerz

तावत् solange; zunächst

तिलः Sesam, Sesamkorn; Körnchen, Partikelchen

तिष्ठति (sthā) stehen; bestehen, (vorhanden) sein

तीरम् Ufer; Rand (Gefäß)

तु aber, jedoch

तूलम् Baumwolle

तूलराशिः m. Baumwollhaufen, Menge Baumwolle

तृणम् Gras, Grashalm, Stroh

तृप्तः gesättigt, satt, befriedigt

तृप्तिः f. Sättigung, Befriedigung; Sattsein

तृप्यति sich sättigen, satt od. befriedigt werden von

तृषा Durst; Begierde, heftiges Verlangen

तृष्णा = तृषा

तैलम् Sesamöl; allg. Öl

तोयम् Wasser

त्रयः (f. तिस्रः n. त्रीणि) (tri) drei

त्रिधा dreierlei; auf drei Arten

त्यक्त्वा (Abs.) vgl. त्यजति

त्यजति aufgeben, fahrenlassen, loslassen, verlassen, meiden

त्यागः Aufgeben, Verlassen

त्वक् (tvac) f. Haut; Fell; Rinde

त्वम् du

त्वरा Eile, Hast

त्वरितः eilend, rasch, schnell

०दः gebend, spendend

दण्डः Stock, Stab; Gewalt, Strafe

दण्ड्यः zu bestrafend

दत्तः gegeben

ददाति दत्ते (dā) geben

दमः Bändigung; Selbstbeherrschung

दयितः geliebt, lieb, teuer

दरिद्रः umherschweifend; arm; m. Bettler

दर्दुरः Frosch

दर्वी Löffel

दश (daśan) zehn

दशवर्षः zehnjährig

दहति brennen, verbrennen, versengen; vernichten

दाक्ष्यम् Geschicklichkeit; Fleiß

दातुम् (Inf.) vgl. ददाति

दानम् Geben; Gabe, Spende; Freigebigkeit

दान्तः gezähmt, zahm, sanft, gezügelt (auch innerlich)

दाराः m. Pl. Frau, Ehefrau

दारिद्र्यम् Armut

दारु Holzstück/-scheit, Pflock; Hebel

दारुण: hart, rauh; streng, heftig, intensiv

दास: Knecht, Sklave

दिक् (diś) Richtung, Himmelsrichtung/ -gegend; Pl. die Welt

दिने दिने Tag für Tag

दिवा bei Tag

दीप्यते flammen, brennen, leuchten

दीर्घ: lang

दु:० (dus-) schlecht

दु:ख: unglücklich etc.; n. Unglück, Leid, Schmerz

दुर्ग्राह्य: schwer zu ergreifen/fassen

दुर्जन: schlechter/böser Mensch

दुर्बल: machtlos, schwach

दुर्भिक्षम् Hungersnot

दुर्मति: f. üble Gesinnung; falsche Meinung, falsche Begriffe

दुर्लभ: schlecht/schwer zu erlangen; selten

दुष्कर: schwer zu tun/vollbringen

दु:स्पर्श: schwer zu berühren/anzufassen

दुहिता (duhitṛ/-tar) Tochter

दूर: fern, entfernt, weit

दूरत: (Adv.) von fern; weit weg, in der Ferne

दूरस्थ: in der Ferne weilend, entfernt

दृश्यते (Pass.) gesehen/erblickt/wahrgenommen werden

दृष्ट्वा (Abs.) gesehen/erblickt/wahrgenommen habend

देव: (f. देवी) himmlisch, göttlich; m. Himmlischer, (ein) Gott; Fürst, Herr; f. Göttin, Königin, Herrin

देवता Gottheit

देश: Ort, Platz, Gegend; Land

देशान्तरम् anderer Ort

देह: u. देहम् Körper

दैवतम् = देवता

दैवम् Schicksal

दोग्धि दुहते (duh) melken

दोष: Fehler, Übel; Vergehen

द्रव: laufend; flüssig

द्रवीभूत: flüssig geworden, schmelzend

द्रव्यम् Gegenstand, Ding, Substanz; Habe, Gut, Besitztum

द्रुम: Baum

द्वंद्वम् Paar; Gegensatzpaar; (Wett-)Streit, Zank

द्वय: (f. द्वयी) zweifach, doppelt, zweierlei; f. n. Paar

द्विजाति: Brahmane

धनम् Besitz, Reichtum, Vermögen, Geld

धनयौवने Geld und Jugend

धनवान् (-vat/vant) begütert, reich

धन्य: reich; glücklich

धर्म: Recht, Gesetz, Ordnung; Pflicht; Tugend; das Gute

धृति: f. Fest-/Stillhalten; Standhaftigkeit, (fester) Wille, Entschlossenheit; Befriedigung, Zufriedenheit

धेनु: f. Kuh

ध्रुव: feststehend; sicher, gewiss

न nicht

न किंचित् pron. nichts; adv. überhaupt nicht

न किंचिदपि pron. überhaupt/gar nichts, nicht das Geringste

नक्र: Krokodil

नक्तम् bei Nacht

न तु jedoch nicht

नदी Fluss

ननु nicht? denn nicht? (Ist es nicht so, dass...?)

नपुंसक: hermaphroditisch; m. n. Hermaphrodit; Eunuch; n. Neutrum

नमति sich beugen, sich verneigen (vor)

नय: Führung; Handlungsweise; Grundsatz, Methode, Plan

नर: Mann, Mensch

नरक: Unterwelt, Hölle

नरकाधिकः schlimmer als die Hölle

नरेन्द्रः Fürst, König

नरेश्वरः Fürst, König

नश्यति ver-/entschwinden; vergehen; zugrunde gehen

नष्टः verschwunden; vergangen (etc.)

न हि denn nicht

ना (nṛ/nar) Mann, Mensch

नागः Schlange (sp. Kobra); Elefant

नाम namens; nämlich; in der Tat, gewiss

नारिकेलः Kokosnuss

नारी Frau

नाशः Verlust, Zunichtewerden, Untergang, Verderben

नाशयति vertreiben; zugrunde richten, zerstören

निः० (nis-) ohne

निजः eigen

नित्यम् stets, immer, beständig

नित्यशः beständig, stets

निधानम् Niederlegen; Aufbewahren; Behälter; Schatz

निन्दति schmähen, tadeln, schimpfen (auf)

निन्दा Schmähung, Lästerung; Tadel; Schimpf

निबध्नाति (ni-bandh) wie बध्नाति

निमग्नः wie मग्नः

नियतिः f. Bestimmung, Schicksal

निरन्तरम् ununterbrochen, regelmäßig; dicht, fest

निराशः alle Wünsche/Erwartungen/Hoffnungen aufgegeben habend, ohne alle Wünsche (etc.) seiend

निर्गुणः ohne gute Eigenschaften/Vorzüge/Tugend(en) seiend

निर्जीवः entseelt, leblos, tot

निर्देशः Anweisung, Befehl

निर्धनः ohne Habe, besitzlos, arm

निर्बलः = दुर्लभः

निर्वनः keinen Wald habend

निर्विचारः nicht überlegend, urteilslos

निर्वृतिः f. Zufriedenheit, Wohlbehagen, Glückseligkeit

निर्व्याघ्रः tigerlos

निर्हन्ति (nis-han) hinausschlagen

निवर्तते zurückkehren; innehalten, aufhören

निवासः wie वासः (1.)

निशि in der Nacht, nachts

निश्चयः Überzeugung, Gewissheit; Entscheidung, Wille, Gesetz

निसर्गः Natur, Naturell

निहन्ति (ni-han) einschlagen; treffen, herfallen (über); vernichten, töten

नीचः niedrig

नृपः König, Fürst

नृपतिः = नृपः

नृशंसः niederträchtig, gemein

नृशंसकृत् niederträchtig handelnd

नेत्रम् Auge

नैराश्यम् Erwartungslosigkeit (vgl. निराशः)

नो und nicht; meist nur = न

नौः f. Schiff

नौति (nu/nū) schreien; jubeln, jauchzen; preisen

न्यायेन regelkonform, wie es sich gebührt

पक्षी (pakṣin) mit Flügeln versehen; m. Vogel

पङ्कः u. पङ्कम् Schlamm, Schmutz, Kot

पचति kochen, backen, braten; zur Reife bringen

पञ्च (pañcan) fünf

पठति rezitieren; lesen, studieren; lehren

पण्डितः gelehrt, gebildet, klug; m. Gelehrter

पतति fliegen; fallen

पतिः m. Herr; Gatte

पतितः (herab/hinab-)gefallen

पतिव्रता dem Gatten gehorsam, gattentreu

पथ्यः angemessen; heilsam

पदम् Schritt; Ort; Amt, Rang; Fuß; Wort

पदस्थः in Amt und Würden stehend, hochrangig; auf den Füßen stehend

पदाति: zu Fuß gehend; m. Fußgänger, Fußsoldat

पद्म: u. पद्मम् Lotusblume

पद्मिनी Lotusteich

पन्था: (path) m. Pfad, Weg, Bahn

पर: 1. anderer (auch fremder) – 2. höchst, größt; höher, größer (als)

परदारी (-rin) mit anderen/fremden Frauen verkehrend

परम: höchst

परशक्ति: andere/eines anderen Kraft

परश्वा (-śvan) anderer Hund, Hund eines anderen, fremder Hund

पराजय: Verlust, Einbuße; Niederlage

परार्थम् für einen andern

परिग्रह: Umfassen; Ergreifen; u. a. auch Besitzergreifung; Besitz, Besitztum

परितुष्ट vollkommen befriedigt/zufrieden

परित्याज्य: wie त्याज्य: (Ger.) (vgl. त्यजति)

परिपालयति bewachen, schützen, hüten

परिवर्तते sich drehen, sich im Kreis bewegen; sich umwenden

परिवाद: u. परी॰ üble Nachrede, Tadel

परिश्रम: Ermüdung; Anstrengung

परिहार्य: zu vermeidend; umgehbar, vermeidbar; zu unterlassend

परोपकार: Hilfe für andere, Hilfeleistung

पशु: m. Vieh, Tier

पश्चात् (von/nach) hinten; hinterher; rückwärts

पश्यति sehen

पाणि: m. Hand

पाण्डित्यम् Klugheit, Gelehrsamkeit

पातक: u. ॰कम् (schweres) Vergehen

पाद: Fuß

पादप: Baum

पानीय: zu trinkend, trinkbar; n. (Trink-)Wasser

पाप: übel, böse; n. Übel, Böses

पापठीति (Int.) intensiv lesen, oft hersagen; fleißig studieren

पारम् das andere Ufer; (allg.) Ufer; (äußerste) Grenze

पाल: Wächter, Hüter

पालयति bewachen, bewahren, schützen, hüten

पाश: Schlinge, Fessel, Strick

पिक: Pika oder Kokila: indischer Kuckuck

पिता (pitṛ/pitar) Vater

पिधातव्य: zuzudeckend, zu verstopfend, zu verschließend (Ohren)

पिपर्ति (pṝ/par) füllen; Pass. पूर्यते sich füllen, voll/satt werden

पिपीलिक: Ameise

पिपासा Trinkenwollen, Durst

पिशाचिका Piśācikā = Piśācī, weibl. Piśāca (Dämon)

पीडनम् Quälen

पुण्य: günstig; schön, gut; rein, heilig; n. das Gute, moral. od. rel. Verdienst

पुण्यवान् (-vat/vant) tugendhaft; glücklich

पुत्र: Sohn, Kind

पुन: (punar) wieder, erneut; aber, dagegen

पुन: पुन: immer wieder; unaufhörlich

पुरुष: Mann, Mensch

पुरुषकार: Tat des Menschen, menschliche Anstrengung, Arbeit

पुष्ट (wohl)genährt

पुष्पप्रद: Blumen spendend; blühend

पुष्पम् Blüte, Blume

पुष्प्यति blühen

पुष्यति gedeihen; ernähren; pflegen, fördern

पुस्तक: Handschrift, Buch

पूजयति ehren, verehren

पूजा Ehrerbietung, Ehren; Verehrung, Anbetung

पूर्व: vordere, erste; früher; östlich

पूर्वाह्ण: Vormittag

पृच्छति fragen (nach), er-/befragen

पृथिवी Erde

पृथिवीपाल: Fürst, König

पृष्ट: gefragt

पेयः trinkbar; n. Getränk

पोषयति gedeihen lassen, nähren

प्रकाशयति sichtbar machen, enthüllen

प्रकृत्या von Natur, an und für sich

प्रकोपः Aufregung, Zorn

प्रचरति (pra-car) gelangen zu; hervortreten; im Umlauf sein

प्रजा Geschöpf; Leute, Volk

प्रजायते geboren werden, entstehen aus

प्रज्ञा Urteilskraft, Einsicht, Verstand

प्रणयति (pra-nī) führen; anwenden

प्रणीतः (an)geführt; hingeführt/-gebracht (speziell das Opferfeuer zu den Altären)

प्रतिकीलः Gegenkeil

प्रतिकूलः widrig, entgegen gerichtet

प्रतिक्रिया Gegenmaßnahme

प्रतिक्षणम् in/mit jedem Augenblick, beständig

प्रतिष्ठितः stehend, seinen Sitz habend (in), sich befindend (in/auf)

प्रतीकारः = प्रतिक्रिया

प्रतीक्षते entgegensehen, hinblicken (auf); er-/abwarten

प्रथमम् als erstes, zuerst

प्रदः gebend

प्रधानः vorzüglichste, beste; n. Hauptsache, Hauptperson

प्रफुल्लः aufgeblüht, blühend

प्रभवति hervorkommen, entstehen (aus)

प्रभुः Herr, Gebieter

प्रमाणम् Maß; Maßstab, Norm; Autorität

प्रयच्छति darreichen, geben, verleihen, schenken

प्रवक्ति (pra-vac) verkünden, mitteilen

प्रवर्तते u. a. auftreten, entstehen, sich zeigen; sich vorfinden, vorhanden sein

प्रवर्धते wie वर्धते

प्रविशति hineingehen, eintreten, geraten in

प्रशाम्यति zur Ruhe kommen; erlöschen; aufhören

प्रदाहयति verbrennen lassen

प्रवाहः Strömung, Fließen, Fluss

प्रह्लादयति erfrischen, erquicken, erfreuen

प्राज्ञ (f. auch प्राज्ञी) klug, weise

प्राणः Hauch, Atem, Wind; Pl. Leben

प्राणत्यागः Hingeben des Lebens

प्राणी (prāṇin) atmend, lebendig; m. Lebewesen, Tier, Mensch

प्राप्तः erlangt, erreicht

प्राप्तुम् (Inf.) vgl. प्राप्नोति

प्राप्नोति (pra-āp) gelangen (zu); erlangen, bekommen, erhalten

प्राप्य (Abs.) vgl. प्राप्नोति

प्राप्यः (Ger.) vgl. प्राप्नोति

प्रायः (prāyas) u. प्रायेण meistens, gewöhnlich

प्रास्तः geworfen

प्राहुः (Perf. von pra-ah) (sie) sagten; bezeichneten od. (sie) sagen; bezeichnen

प्रिय lieb, geliebt, erwünscht

प्रियलाभः Erlangen von Erwünschtem

प्रेत्य (Abs.) gegangen/gestorben seiend

फलति Früchte ansetzen/tragen; reifen, in Erfüllung gehen

फलम् Frucht; Wirkung; Lohn

फल्गुः winzig, schwach, unbedeutend, nichtig

बदरिका Jujube (Brustbeere)

बध्नाति (bandh) (an)binden, festbinden, fesseln; in seine Gewalt bringen

बन्द्धुम् (Inf.) vgl. बध्नाति

बन्धुः Verwandter; Freund

बलम् Gewalt, Stärke, Macht; Heer

बलवत्तरः stärker, kräftiger, mächtiger

बलवान् (-vat/vant) stark, kräftig, mächtig

बलात् mit Gewalt, gewaltsam

बली (balin) = बलवान्

बहिः draußen, von außen, hinaus, außerhalb

बहुः (f. बह्वी) viel

बहुल: umfänglich, ausgedehnt; zahlreich, viel

बाधते (be)drängen, verdrängen, belästigen, plagen

बान्धवः = बन्धुः

बालः jung, kindlich; m. Kind, Knabe; f. Mädchen

बालकः Kind, Knabe

बाहुः m. Arm

बिन्दुः m. Tropfen; Punkt; Null

बिभर्ति (bhṛ/bhar) tragen; unterhalten, pflegen, hegen, ernähren

बिभेति (bhī) sich fürchten (vor)

बीजम् Samen, Korn; Keim

बुद्धः erwacht; klug, weise

बुद्धिः f. Einsicht, Verstand, Geist; Meinung, Ansicht, Gedanken

बुद्धिमान् geistbegabt, klug, verständig

बुधः klug, verständig; m. Kluger, Weiser

बोधयति aufwecken; belehren

बोबुध्धीति (Int.) (bestens) verstehen; mit Neg. überhaupt nicht verstehen

बोभुजीति (Int.) (voll) genießen; mit Neg. überhaupt nicht genießen

ब्रवीति (brū) sprechen, sagen

ब्रह्मवित् (-vid) das Brahman kennend; m. Weiser

ब्राह्मणः Brahmane, Priester

भगवान् (-vat/vant) gutbegabt, glückselig; hehr, erhaben

भङ्क्तुम् (Inf.) (zu) zerbrechen

भङ्गुरः zerbrechlich, vergänglich

भजति aus-/zuteilen; wählen, sich entscheiden für

भयम् Angst, Furcht (vor); Not, Gefahr

भरतः Name von Fürsten; Pl. Name eines Geschlechts

भरतर्षभः Bester der Bharata oder Bharatiden

भर्गः Glanz; Gott Śiva

भर्तव्यः (Ger.) vgl. बिभर्ति

भर्ता (bhartṛ/-tar) Erhalter; Herr, Gebieter; Gatte

भवति werden, sein

भवान् (-vat/vant) du

भवितव्यः sein/geschehen sollend/müssend

भविष्यः sein werdend, zukünftig

भस्म (bhasman) Asche

भाग्यम् Sg. u. Pl. Schicksal; Glück; Lohn

भाति scheinen, leuchten; erscheinen

भारः Last, Bürde

भार्या Gattin

भावी (-vin) werdend, seiend; zukünftig, bevorstehend, sein müssend

भाव्यः = भवितव्यः

भाषा Sprache, Rede

भिनत्ति (bhid) spalten, teilen; durchbrechen; zerbrechen, zunichte machen

भिषक् (bhiṣaj) Arzt

भीषितः erschreckt, eingeschüchtert

भुक्त्वा (Abs.) vgl. भुनक्ति

भुङ्क्ते siehe भुनक्ति

भुजंगमः Schlange

भुनक्ति भुङ्क्ते (bhuj) genießen; kosten, speisen

भूः Erde; Erdboden; Platz, Ort

भूतः geworden (gewesen; seiend); n. Wesen, Geschöpf; Element

भूपः Fürst, König

भूपतिः Fürst, König

भूमिः f. = भूः

भूमिपः Fürst, König

भूयः (bhūyas) (noch) mehr; sehr; wieder, von Neuem

भूयात् (Prekativ von bhū) (er, sie, es) möge sein

भूयो भूयः (bhūyas) immer wieder

भूषणः (f. भूषणी) schmückend; n. Schmuck

भृतकः besoldet, Lohn empfangend; m. Diener

भेकः Frosch

भेदः Spalten; Trennung; Unterschied

भेषज: gesund machend, heilend; n. Heilmittel, Arznei, Gegenmittel
भेषज्यम् Arznei, Heilmittel
भोग: 1. Windung – 2. Genießen, Essen;
  Genuss
भोजनम् Genießen, Essen; Mahlzeit; Speise
भ्राष्ट: Röstpfanne
भ्रू: Braue

मग्न: versunken; eingetaucht, geraten (in)
मज्जनम् Versinken; Untertauchen
मति: f. Denken, Verstand
मत्कुण: Wanze
मत्कुणशङ्का Furcht vor Wanzen
मत्स्य: Fisch
मधुर: süß; reizend
मधुराक्षर: mit süßen Worten versehen
मध्य: in der Mitte befindlich; n. Mitte,
  Zentrum
मन: (manas) n. = चित्तम्
मनुष्य: Mensch, Mann
मनोजव: gedankenschnell
मनोरथ: Wunsch; Fantasie
मनोहर: reizend, schön, ansprechend
मन्त्री (mantrin) Ratgeber, Minister
मन्दिरम् Haus, Wohnung, Palast, Tempel
मन्यते meinen, denken, glauben
मयूर: Pfau
मर: Sterben, Tod
मरणम् = मर:
मर्त्य: Sterblicher, Mensch
महा० groß
महान् (-hat/hant) groß; mächtig, wichtig
महाराज: großer König
मही „die Große" = Erde
महीतलम् = क्षितितलम्
महीधर: Berg
महीयान् (-yas/yaṃs) größer; m. großer/
  vornehmer Mann
महोदधि: f. Meer, Ozean
माता (mātṛ/-tar) Mutter

मानयति ehren
मानव: Mensch
मानसम् = चित्तम्
मारणीय: (Ger.) zu tötend
मारयति sterben lassen, töten
मारयितुम् (Inf.) vgl. मारयति
मित: (ab)gemessen; bemessen, karg
मितभाषा karge Sprache
मितभाषी (-ṣin) wenig sprechend, wortkarg
मित्रम् (auch m.) Freund
मित्रवत् wie ein Freund
मुक्ताफलम् Perle
मुखम् Mund, Maul; Gesicht, Schnauze
मुग्ध: verwirrt; dumm; unerfahren, naiv
मुञ्चति losmachen, befreien; entlassen; loslassen, aufgeben
मुनि: Weiser, Seher, Asket
मुमुक्षते sich zu befreien wünschen, Befreiung
  suchen
मूढ: verirrt; verwirrt; dumm, töricht
मूर्ख: dumm; m. Tor, Dummkopf
मूर्खत्वम् Dummheit, Torheit
मूर्धग: auf dem Kopf befindlich; sich auf den
  Kopf setzend
मूर्धा (mūrdhan) Stirn, Schädel, Kopf
मूलम् Wurzel; Ursprung
मूषक: Maus, Ratte
मूषिक: = मूषक:
मृग: Wild; Gazelle, Antilope, Hirsch
मृत: gestorben, tot
मृत्यु: m. Tod
मृत्युकाल: Zeit des Todes, Todesstunde
मृदु: (f. मृद्वी) weich, zart; schwach
मेधावी (-vin) mit Verstand versehen, klug,
  weise
मैत्रम् Freundschaft
मैत्रायणगत: gütig, wohlwollend
मोक्ष: Befreiung (auch von der Welt)
मोह: Verwirrung, Verblendung, Irrtum
मौनम् Schweigen
म्रियते sterben

यत् (Konj.) dass; wenn; weil

यतः (yatas) weshalb; da, weil

यतिः Asket

यत्नः Bemühung, Anstrengung, Mühe

यत्नेन sorgfältig, eifrig

यत्र wo, wohin

यथा wie

यथा यथा wie auch immer; sobald

यदि wenn

यमः Hemmung, Unterdrückung; Regel; Name des Todesgottes

यशः (yaśas) n. Ehre, Lob, Ruhm

याति gehen; vergehen

यावज्जीवेन während des ganzen Lebens

यावत् als, bis; „wielange" (Korrelativ zu तावत्)

युक्तः u. a. verbunden, versehen (mit), begleitet (von)

युक्तिः f. Verbindung; Anwendung, Gebrauch, Praxis; Mittel, Kunstgriff; Argument, Argumentation; Angemessenheit, Richtigkeit

युक्तियुक्तः mit Argument versehen, begründet

युवा (yuvan) Jüngling

योगः Anwendung; Verbindung; Anspannung (der Kräfte), Konzentration; (innere) Sammlung

योगी (yogin) m. Yogin

योधः Krieger, Soldat

यौवनम् Jugend

रक्तः gefärbt; rot

रक्षणम् Schützen, Hüten

रक्षति ०ते = पालयति

रक्षितव्यः (Ger.) vgl. रक्षति

रज्जुः f. Strick, Seil

रणः Kampf

रतिः f. Lust; Gefallen (an)

रत्नभारः Last von Juwelen

रत्नम् Juwel, Edelstein, Perle

रमते verweilen, (gern) bleiben (bei); Gefallen finden (an), sich vergnügen

रश्मिः m. Strahl

रसः Saft; Flüssigkeit; Bestes, Feinstes; Geschmack

राजा (rājan) König

राज्यम् Königtum; Reich

रात्रि f. Nacht

रात्र्यहानि n. Pl. Tage und Nächte (eigentl. Nächte und Tage)

रामायणकथा Erzählung vom (Lebens-)Weg des Rāma (= das Rāmāyaṇa-Epos)

राशिः m. Haufen, Menge, Schar

राष्ट्रः u. राष्ट्रम् Reich; Land; Volk

रिपुः Feind

रुजति zerbrechen, zertrümmern, zerstören

रूपम् Form, Gestalt; (schönes) Aussehen

रोगः Gebrechen, Krankheit

रोगसंभवः Auftreten/Bestehen einer Krankheit

रोचयति Gefallen finden (an)

रोदनम् Weinen

रोहति ersteigen; wachsen

लक्षणम् Merkmal, Zeichen

लक्षति ०ते bemerken, wahrnehmen; betrachten

लक्षितः bemerkt, erblickt, wahrgenommen

लक्ष्मीः Glück, Reichtum, Schönheit; Name einer Göttin

लगति sich heften, haften (an)

लघुता Kleinheit; Unbedeutendsein; Leichtsinn

लङ्घयति (über)springen; entgehen

लता Liane, (Kletter-)Pflanze

लब्धः erlangt

लब्धव्यः (Ger.) vgl. लभते

लभते finden; erhalten, erlangen

लवणः salzig, gesalzen

लाभः Finden; Erhalten, Erlangen

लालयति liebkosen, hätscheln

लिखितः geritzt, gezeichnet, geschrieben, gemalt
लोकः Welt; Sg. u. Pl. Leute, Menschen
लोभः Habsucht, Gier

वक्ता (vaktṛ/-tar) sprechend, aussagend; m. Sprecher, Verkünder; Lehrer, Meister
वक्तुम् (Inf.) (zu) sagen, (zu) reden
वचः (vacas) n Rede, Wort, Sprache
वचनम् Sagen; Ausspruch, Wort, Rede
वत्सः Kalb, Junges; Kind, als Vok. mein Kind! Lieber!
वदति reden, sagen, sprechen; bezeichnen, nennen
वध्यते (Passiv von vadh; Präs. Akt. ungebräuchlich) wird geschlagen/getötet
वनम् Wald
वपति streuen, säen; bestreuen, besäen
वयः (vayas) n. Alter, Lebensalter
वरम् besser als
वराटकः Otterköpfchen, Kauri
वर्तते u. a. bestehen, vorhanden sein; sich verhalten (bei/gegenüber); verweilen
वर्तनीयः (Ger.) vgl. वर्तते
वर्तमानः (Part. Präs.) vgl. वर्तते; auch gegenwärtig
वर्तितव्यः = वर्तनीयः
वर्धते wachsen, sich mehren, zunehmen, sich verstärken
वर्षः u. वर्षा u. वर्षम् Regen, Regenzeit (meist Pl.); m. n. auch Jahr, Lebensjahr
वल्लभः lieb; m. Liebling
वसति verweilen, wohnen, leben
वसन्तः Frühling
वसन्तसमयः Zeitpunkt des Frühlings
वस्तु n. Ding, Gegenstand; Sache, Angelegenheit
वस्त्रम् Gewand, Kleid; Tuch
वहति führen, bringen; tragen
वह्निः m. Feuer
वा oder

वाक् (vāc) f. Sprache, Rede, Wort
वाक्यम् Sg. u. Pl. Ausspruch, Rede, Worte
वाङ्मयः (f. ॰यी) aus Rede/Sprache/Worten bestehend
वाञ्छा Verlangen, Wunsch (nach)
वाणी Stimme, Laut, Ton; Rede, Worte
वातः Wind
वायसः Krähe
वायुः m. Wind, Luft, Hauch
वारयति zurückhalten, abhalten
वारयितुम् (Inf.) vgl. वारयति
वारि n. Wasser
वारिदः Wasser gebend; m. (Regen-)Wolke
वारिधिः = अब्धिः
वार्ता 1. Lebenserwerb (Gewerbe, Handel, Ackerbau etc.) – 2. Kunde, Nachricht, Geschichte
वाल्मीकिः Name (Verf. des Rāmāyaṇa)
वावहीति (Int.) (hin und her) tragen
वासः 1. Haltmachen, Übernachten, Verweilen; Aufenthaltsort, Wohnung, Obdach, Stätte – 2. Gewand, Kleid
विग्रहः Trennung; u. a. Zwist, Kampf, Schlacht
विघ्नः Hemmnis, Hindernis
विचक्षणः sehend, scharfsichtig; einsichtig, klug, weise
विचिकित्सते zu unterscheiden suchen; überlegen, zweifeln
विचित्रः bunt; verschiedenartig; seltsam, wunderbar
विजयः Sieg
विजानाति ॰नते (er)kennen, kennenlernen, wahrnehmen, vernehmen; ansehen (als)
विज्ञाय (Abs.) vgl. विजानाति
विज्ञेयः (Ger.) vgl. विजानाति
वित्तम् = धनम्
विदधाति (vi-dhā) ordnen; anordnen, bestimmen; schaffen, hervorbringen, machen
विद्धः durchbohrt

विद्या Wissenschaft, Wissen
विद्वान् wissend; m. Weiser, Gelehrter
विधातव्यः (Ger.) vgl. विदधाति
विधि: m. Regel; Art und Weise; Werk;
   Schicksal; Schöpfer
विधिचेष्टितम् das Verhalten des Schicksals
विधुरः mitgenommen, mangelhaft; widerwärtig, widrig; n. Widerwärtigkeit,
   Ungemach
विनश्यति wie नश्यति
विना ohne
विनाशी (vināśin) zugrunde gehend, vergänglich; zugrunde richtend, verderbend
विनियोज्यः anzuwenden, zu gebrauchend
विन्दति ०ते finden, erwerben, gewinnen;
   empfinden
विपत् (vipad) f. Missraten; Sg. u. Pl. Unglück, Ungemach
विपत्ति: f. = विपत्
विप्रः Priester, Brahmane
विभीषयति ०ते schrecken, einschüchtern
विभूषणम् Schmuck
विमलः makellos, rein, klar
विमुक्तः befreit/frei von; gekommen um,
   verloren habend
विमृशति überlegen; prüfen
वियोगः Getrenntwerden, Trennung
विरागः Entfärbung; Gleichgültigkeit (besonders auch gegenüber der Welt:)
   Weltabkehr
विराजति ०ते sich auszeichnen, prangen,
   glänzen
विलोभयति irreführen; locken; zerstreuen
विवदति (etwas) widerreden; streiten
विवस्वान् (-vat/vant) aufleuchtend;
   m. Sonne
विवेकः Trennung, Unterscheidung; Verstand
विशेषः Unterschied; Besonderheit, Spezies
विशेषतः besonders, vor allem
विश्लेषयति trennen; mit I. bringen um

विषम् Gift
विषमः uneben; ungleich; schlimm
विषयः Gebiet, Bereich; Objekt; Pl. Sinnesobjekte, Sinnenwelt, Sinnesgenüsse
विषादः Niedergeschlagenheit, Kleinmut,
   Verzweiflung
विष्णुः Gott Viṣṇu
विस्मयः Erstaunen; Hochmut
विहितः hervorgebracht; verursacht
वृक्षः Baum
वृत्तम् Lebenswandel, Benehmen
वृत्ति: f. Verfahren; Funktion; u. a. auch
   Lebensunterhalt
वृथा vergeblich, nutzlos
वृद्धः groß geworden, vermehrt, stark; alt,
   bejahrt; m. alter Mann, Greis
वृष्टि: f. Regen
वेत्ति (vid) wissen, (er)kennen
वै das vorangehende Wort hervorhebend
वैद्यः Arzt
वैरम् Feindschaft
वैरी (vairin) feindselig, feindlich; m. Feind
वैश्यः Angehöriger des dritten Standes:
   Mann des Volkes, Bürger
व्यञ्जनम् Zeichen, Schmuck; auch Würze,
   Sauce
व्यवहारः Verfahren, Handlungsweise;
   Verkehr, Umgang (mit); Tun und Treiben, das (gew.) Leben
व्यसनम् Sg. u. Pl. Missgeschick; Unglück
व्याघ्रः Tiger
व्याधः Jäger
व्याधायते einen Jäger darstellen
व्याधि: f. Krankheit
व्येति (vi-i) auseinandergehen; verschwinden, weichen
व्रजति gehen, sich begeben (in/zu)
व्रतम् Wille, Gebot; Gehoram; Pflicht;
   Regel, Gelübde, Vorsatz

शंसः Verwünschung, Fluch

शक्तः (etwas) könnend, fähig, gewachsen

शक्तिः Kraft, Können, Vermögen, Fähigkeit

शक्नोति (śak) vermögen, können

शक्यः möglich, ausführbar

शक्रः = Indra (der Götterkönig)

शक्रसमः dem Indra gleich

शङ्का Furcht; Zweifel; Annahme

शतम् Hundert

शत्रुः Feind

शब्दः Laut, Ton; Wort; Sprache

शमयति ०ते zur Ruhe bringen; aufhören
   lassen, auslöschen

शय्या Lager

शरः Pfeil

शरणं व्रजति Zuflucht suchen

शरणम् Obdach; Schutz, Zuflucht

शरीरम् Leib, Körper; Person

शरीरी (śarīrin) vgl. शरीरम्; auch Geschöpf,
   bes. Mensch; Seele

शशी (śaśin) Mond

शस्त्रम् Messer, Dolch, Schwert; Waffe

शान्तः zur Ruhe gekommen (auch innerlich); still, sanft, mild; erloschen

शान्तिः f. Ruhe; Seelenruhe, (innerer)
   FriedeF

शान्तिखड्गः Schwert des (inneren) Friedens

शार्दूलः Tiger

शास्त्रम् Vorschrift; Unterweisung, Belehrung;
   Theorie, Lehre (von)

शिक्षते lernen (von)

शिक्षितः unterrichtet, belehrt, gelehrt

शिखा Kamm, Flamme

शिखी (śikhin) Feuer

शिल्पम् Kunstfertigkeit, Kunst, Handwerk

शिवः gütig, segensreich; glücklich; m. Gott
   Śiva

शिशिरः kühl, kalt; m. n. Kälte, Frost

शिशिरीकृतः kühl gemacht

शीतः kühl, kalt; n. Kälte, Frost

शीतलः kühl, kühlend

शीतलच्छाया kühler Schatten

शीतोष्णम् Kälte und Hitze

शीलम् Sinnesart; (edler) Charakter

शुकः Papagei

शुक्तिः f. Muschel

शुक्लः hell; weiß, rein

शुक्लीकृतः weiß gemacht

शुभः schön, gut

शुश्रूषा Hörenwollen; Gehorsam

शूद्रः Angehöriger des vierten Standes

शून्यः leer

शूरः Held

शूलम् Spieß, Speer, Lanze; Bratspieß

शृङ्गम् Horn

शृणोति (śru) hören, vernehmen

शेते (śī) liegen, ruhen; schlafen, sich schlafen legen

शोकः Schmerz, Kummer

शोकसमः dem Kummer gleich

शोचितुम् (Inf.) (zu) trauern; Schmerz (zu)
   empfinden; sich (zu) betrüben

शोच्यः zu beklagend; beklagenswert

शोभते schmücken; sich schmücken, sich gut
   machen, einen guten Eindruck machen

शोभनः (f. auch ०नी) schön, prächtig; vor-
   züglich; am Platze seiend, passend

शोभा Schönheit, Glanz

शोषयति trocken werden lassen

श्येनः Falke, Habicht

श्रमः Ermüdung; Anstrengung, Mühe

श्रीः = लक्ष्मीः

श्रुतः gehört; bekannt; berühmt; n. das Ge-
   hörte, Überlieferte; (heiliges) Wissen;
   Gelehrsamkeit

श्रुत्वा (Abs.) vgl. शृणोति

श्रेष्ठः best, vorzüglichst, vornehmst, erst

श्रोता (-tṛ/tar) hörend; m. Hörer, Zuhörer

श्लोकः Ruf; Vers; ein Versmaß

श्लोकार्धम् (od. ०र्धः) halber Vers/Śloka

श्वः morgen

श्वा (śvan) Hund

षट् (ṣaṣ) sechs
षट्पद: sechsfüßig; m. Insekt; Biene
षोडश: (f. ॰शी) sechzehnte

स॰ versehen mit
संलाप: Gespräch
संशय: Zweifel, Bedenken, Ungewissheit
संसारयति umhergehen lassen; auch auf-
   schieben
संस्थित: stehend; vorhanden; auftretend
संस्थिति: f. u. a. Zusammensein (mit)
संस्पृष्ट: berührt
संहरति ॰ते zusammennehmen; rauben,
   weg-/dahinraffen
सकल: ganz, vollständig, gesamt, all
संगति: f. Zusammenkommen; Verkehr,
   Umgang (mit)
संग्रह: Ergreifen; u. a. auch Sammeln,
   Anhäufen
सज्जन: guter Mensch
संचिन्त्य (Abs.) gedacht habend
सततम् fortwährend, immer, regelmäßig
सत्त्वम् u. a. Wesen, auch Lebewesen
सत्य: wirklich (vorhanden), wahr; n. das
   Wirkliche; Wirklichkeit; Wahrheit;
   Wahrhaftigkeit
सत्यम् in Wirklichkeit, fürwahr, gewiss
सदा immer
सद्य: sofort, sogleich; plötzlich
सन् (sat/sant) seiend, vorhanden; gut, edel,
   klug
सनातन: (f. ॰नी) ewig, unvergänglich,
   beständig
संतपति erhitzen; Schmerz empfinden; Pass.
   gequält werden, leiden
संतुष्ट: zufrieden
संतोष: Zufriedenheit
संदधाति (sam-dhā) zusammensetzen, verbinden; u. a. auch (jdm. etwas) zufügen
संधा Übereinkommen; Versprechen
सप्त (saptan) sieben

सम: eben; gleich(artig); ausgeglichen;
   neutral
समय: Zusammentreffen; Bedingung;
   (bestimmter) Zeitpunkt; Gelegenheit
समहीधर: mit Bergen versehen, gebirgig
समाज: Versammlung
समान: gleich; übereinstimmend (mit)
समीक्ष्य (Abs.) angeschaut/betrachtet
   habend
समीप: nahe, in der Nähe weilend, benach-
   bart; n. Nähe
समीपस्थ: in der Nähe befindlich
समुत्तिष्ठति (sam-ud-sthā) aufstehen; sich
   erheben; hervorgehen
समुत्पन्न: entstanden, gekommen (Zeit)
समुद्यम: Bemühung (um), Anstrengung
समुद्र: Meer
समुपेप्सु: zu erlangen wünschend, erreichen
   wollend
समृद्ध: wohlhabend, reich
समैति (sam-ā-i) (zusammen)kommen; sich
   hinbegeben; betreten
संपत् (sampad) f. Gedeihen, Gelingen;
   Sg. u. Pl. Glück
संपत्ति: f. = संपत्
संपद्यते entstehen, eintreten, sich einstellen
संप्राप्य wie प्राप्य
संबद्ध: verbunden (mit)
संभव: Entstehen, Auftreten; Bestehen
संभाषा Unterredung; Begrüßung
संभूत: entstanden, hervorgegangen aus
सम्यक् richtig, recht, genau, wahrhaft; vollständig, durchaus
सरित् f. Bach, Fluss
सर्प: Schlange
सर्व: ganz, all, jeder
सर्वत: aus allem; (von) überall; vollständig,
   ganz und gar
सर्वत्र bei allem; überall; jederzeit
सर्वदा allzeit, stets, immer
सर्वभूतानि alle Wesen (mit Neg. kein Wesen)

सर्वलोकस्थः in der ganzen Welt befindlich, allgegenwärtig

सर्ववित् (-vid) alles kennend, gelehrt

सलिलम् Wasser

सविता (savitṛ/-tar) m. Sonne

ससंतोषः zufrieden

सस्यम् Saat, Korn; Frucht

सह (zusammen) mit

सहस्रम् Tausend

साधुः (f. साध्वी) gut

सान्त्वम् Güte, Milde; freundliche Worte

साफल्यम् Von-Nutzen-Sein

साम Lied, Gesang; gute Worte, Milde

सारः u. सारम् Kern, Hauptsache, (Quint-)Essenz; (Haupt-)Bestandteil

सिंहः Löwe

सिञ्चति ०ते begießen

सिद्धिः f. Zum-Ziel-Gelangen, Gelingen, Erfolg; Vollendung; übernat. Kraft

सिध्यति zum Ziel kommen; zustande kommen, gelingen

सु० gut; sehr

सुखः glücklich; angenehm, mühelos; n. Glück, Lust, Freude, Behagen

सुखमयः (f. ०यी) voller Freude(n), genussreich

सुखी (sukhin) glücklich, froh; behaglich

सुजनः = सज्जनः

सुतः Sohn

सुता Tochter

सुप्तः schlafend; ruhend, untätig

सुबहुः (f. सुबह्वी) sehr viel

सुरः (ein) Gott

सुलभः gut/leicht zu erlangen

सुहितः sehr passend/ersprießlich; ganz satt, voll

सुहृत् (suhṛd) gutherzig, gutgesinnt; m. Freund

सूनृतः fröhlich; freundlich

सूपः Suppe, Brühe

सूर्यः Sonne

सृजति ०ते entlassen; aus sich entlassen,

hervorbringen, erzeugen, erschaffen; (herbei-/ver-)schaffen

सेना Heer

सेनापतिः Heerführer

सेवति ०ते sich aufhalten (bei), besuchen, bewohnen; hinnehmen, sich (einer Sache) hingeben

सेवनम् Besuchen; Dienen, Bedienen; Ausüben

सैन्यम् Heer

सौख्यम् Wohlbefinden, Glück

स्त्री Frau

०स्थः stehend, befindlich in/bei

स्थाणुः m. (Baum-)Stumpf; Pfosten

स्थितः stehend; verweilend, befindlich

स्थितिः f. Stehen; Bestehen; Zustand; Regel

स्नेहः Öl; Anhänglichkeit, Zuneigung, Liebe

स्पर्शः Berührung

स्पृशति berühren; streicheln; (be)fühlen

स्पृष्ट्वा (Abs.) vgl. स्पृशति

स्मरणम् Sich-Erinnern, Gedenken; Überliefern, Lehren

स्मरति sich erinnern, im Gedächtnis haben, sich vergegenwärtigen, gedenken

स्मर्तव्यः (Ger.) vgl. स्मरति

स्मृतः überliefert, gelehrt; geltend (als), heißend

स्रवति fließen, strömen

स्रोतः (srotas) n. Strömung; Strom

स्वः sein, eigen

स्वपिति (svap) schlafen

स्वभावः eigene Art des Seins, (eigentliches) Wesen, (wahre) Natur

स्वयंकृतः selbstgetan

स्वयम् (von) selbst; ohne äußeren Anlass, spontan; ohne Anstrengung

स्वरूपम् eigene Gestalt/Form; (inneres) Wesen

स्वर्गः (Götter-)Himmel

स्वल्पः sehr klein/wenig/gering

स्वात्मवत् wie sich selbst

ह häufiges Füllwort, besonders am Versende

हंसः (Wild-)Gans; allg. ein großer Wasservogel)

हतः geschlagen, getötet, vernichtet

हन्ति (han) schlagen; töten, vernichten; beseitigen

हरः Gott Śiva

हरति nehmen; wegnehmen, rauben

हरिः Gott Viṣṇu

हरिणः fahl, gelblich, beige; grünlich, grün; m. Gazelle

हरितः grün

हरितीकृतः grün gemacht

हसति lachen; verlachen; sich öffnen (Knospe)

हस्तः Hand

हातव्यः zu verlassend, aufzugebend

हारः Nehmen; Raub

हि denn, nämlich (auch Füllsel)

हिंसा Schädigung, Verletzung, Gewalt

हिंसति (hiṃs) verletzen, schädigen, Leid zufügen

हिंसितुम् (Inf.) vgl. हिंसति

हिनस्ति = हिंसति

हिमः Kälte; Winter

हिमम् Schnee

हिमालयः Himālaya(gebirge)

हीनः verlassen; ermangelnd, frei von, ohne

हुताशनः Feuer

हृत् (hṛd) n. Herz; Inneres (auch Brust, Magen)

हृदयम् Herz; Inneres, Kern (einer Sache)

हृष्टः froh, munter, guter Dinge seiend

हृष्यति ०ते sich freuen, Freude empfinden

हेतुः m. Ursache, Grund, Quelle; Mittel